"十四五"时期国家重点出版物出版专项规划项目

★ 转型时代的中国财经战略论丛 ◢

泰山学者工程专项经费资助

国家自然科学基金面上项目资助：人居环境发展导向下农村居民点转型模式运行质量与优化机制研究

山东省高等学校"青年创新团队发展计划"项目资助：土地整治对现代高效农业发展的影响机制与优化模式研究

基于农户视角的平原农区空心化村庄宅基地退出模式研究

Homestead Withdrawal Mode of Hollowing Villages
in Plain Agricultural Area Based on Farmer's Perspective

曲衍波　赵伟英　赵丽銮　李慧燕　柴异凡　著

中国财经出版传媒集团

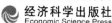

经济科学出版社
Economic Science Press

图书在版编目（CIP）数据

基于农户视角的平原农区空心化村庄宅基地退出模式
研究/曲衍波等著 . ‒‒北京：经济科学出版社，
2023.4
（转型时代的中国财经战略论丛）
ISBN 978 ‒ 7 ‒ 5218 ‒ 4674 ‒ 4

Ⅰ.①基… Ⅱ.①曲… Ⅲ.①农村 ‒ 住宅建设 ‒ 土地
制度 ‒ 研究 ‒ 中国 Ⅳ.①F713.1

中国国家版本馆 CIP 数据核字（2023）第 058858 号

责任编辑：于　源　冯　蓉
责任校对：王肖楠
责任印制：范　艳

基于农户视角的平原农区空心化村庄宅基地退出模式研究

曲衍波　赵伟英　赵丽鋆　李慧燕　柴异凡　著
经济科学出版社出版、发行　新华书店经销
社址：北京市海淀区阜成路甲 28 号　邮编：100142
总编部电话：010 ‒ 88191217　发行部电话：010 ‒ 88191522
网址：www.esp.com.cn
电子邮箱：esp@esp.com.cn
天猫网店：经济科学出版社旗舰店
网址：http://jjkxcbs.tmall.com
北京季蜂印刷有限公司印装
710×1000　16 开　16.25 印张　258000 字
2023 年 6 月第 1 版　2023 年 6 月第 1 次印刷
ISBN 978 ‒ 7 ‒ 5218 ‒ 4674 ‒ 4　定价：68.00 元
（图书出现印装问题，本社负责调换。电话：010 ‒ 88191545）
（版权所有　侵权必究　打击盗版　举报热线：010 ‒ 88191661
QQ：2242791300　营销中心电话：010 ‒ 88191537
电子邮箱：dbts@esp.com.cn）

总　序

　　"转型时代的中国财经战略论丛"是山东财经大学与经济科学出版社在"十三五"系列学术著作的基础上，在"十四五"期间继续合作推出的系列学术著作，属于"'十四五'时期国家重点出版物出版专项规划项目"。

　　自2016年起，山东财经大学就开始资助该系列学术著作的出版，至今已走过6个春秋，期间共资助出版了122部学术著作。这些著作的选题绝大部分隶属于经济学和管理学范畴，同时也涉及法学、艺术学、文学、教育学和理学等领域，有力地推动了我校经济学、管理学和其他学科门类的发展，促进了我校科学研究事业的进一步繁荣发展。

　　山东财经大学是财政部、教育部和山东省人民政府共同建设的高校，2011年由原山东经济学院和原山东财政学院合并筹建，2012年正式揭牌成立。学校现有专任教师1690人，其中教授261人、副教授625人。专任教师中具有博士学位的982人，其中入选青年长江学者3人、国家"万人计划"等国家级人才11人、全国五一劳动奖章获得者1人、"泰山学者"工程等省级人才28人，入选教育部教学指导委员会委员8人、全国优秀教师16人、省级教学名师20人。近年来，学校紧紧围绕建设全国一流财经特色名校的战略目标，以稳规模、优结构、提质量、强特色为主线，不断深化改革创新，整体学科实力跻身全国财经高校前列，经管类学科竞争力居省属高校首位。学校现拥有一级学科博士点4个，一级学科硕士点11个，硕士专业学位类别20个，博士后科研流动站1个。在全国第四轮学科评估中，应用经济学、工商管理获B＋，管理科学与工程、公共管理获B－，B＋以上学科数位居省属高校前三甲，学科实力进入全国财经高校前十。2016年以来，学校聚焦内涵式发展，全面实施了科研强校战略，取得了可喜成绩。获批国家级课题项目241项，教育部及其他省部级课题项目390项，承担各级各类横向课题445项；教师共发表高水平学术论文3700余篇，出版著作323部。同时，新增了山东省重点实验室、山东省重点新型智库、山东省社科理论重点研究基地、山东省协同创新中心、山东省工程技术研究中心、山东省两化融合促进中心等科研平台。学校的发展为教师从事科学研究提供了广阔的平台，创造了更加良好的学术生态。

"十四五"时期是我国由全面建成小康社会向基本实现社会主义现代化迈进的关键时期，也是我校合校以来第二个十年的跃升发展期。今年党的二十大的胜利召开为学校高质量发展指明了新的方向，建校70周年暨合并建校10周年校庆也为学校内涵式发展注入了新的活力。作为"十四五"时期国家重点出版物出版专项规划项目，"转型时代的中国财经战略论丛"将继续坚持以马克思列宁主义、毛泽东思想、邓小平理论、"三个代表"重要思想、科学发展观、习近平新时代中国特色社会主义思想为指导，结合《中共中央关于制定国民经济和社会发展第十四个五年规划和二〇三五年远景目标的建议》以及党的二十大精神，将国家"十四五"期间重大财经战略作为重点选题，积极开展基础研究和应用研究。

"十四五"时期的"转型时代的中国财经战略论丛"将进一步体现鲜明的时代特征、问题导向和创新意识，着力推出反映我校学术前沿水平、体现相关领域高水准的创新性成果，更好地服务我校一流学科和高水平大学建设，展现我校财经特色名校工程建设成效。通过向广大教师提供进一步的出版资助，鼓励我校广大教师潜心治学，扎实研究，在基础研究上密切跟踪国内外学术发展和学科建设的前沿与动态，着力推进学科体系、学术体系和话语体系建设与创新；在应用研究上立足党和国家事业发展需要，聚焦经济社会发展中的全局性、战略性和前瞻性的重大理论与实践问题，力求提出一些具有现实性、针对性和较强参考价值的思路和对策。

山东财经大学校长

2022年10月28日

前　言

以全面建成小康社会为起点，我国已经迈入全面建设社会主义现代化国家的新征程。新征程的前 15 年，对乡村能否跟得上国家现代化进程至关重要。长期以来，在快速工业化和城镇化进程的背景下，我国广大农村地区的村庄中心建设用地（主要是宅基地）出现废弃和闲置问题，形成空心化村庄。农村宅基地闲置是空心化村庄的开端，在城镇化进程中村庄空心化是一个相对不可逆的过程，最终将导致村庄消亡。《全国国土规划纲要（2016—2030 年）》强调要全面提升土地节约集约利用水平，严控农村集体建设用地规模，盘活农村闲置建设用地。空心化村庄类型的差异是由区域经济社会和自然条件的差异决定的，在我国空心村分布广泛的当属平原农区，尤其是以经济欠发达地区最为典型。基于此，本书以空心化村庄宅基地退出为主题，选取平原农区山东省禹城市房寺镇为例，对宅基地退出模式进行系统性研究。

农民是农村的主人，是农村建设与发展的主力军和成果的享有者。因此，本书以农户为研究视角，利用行动者网络理论分析空心化村庄形态以及治理过程中关键行动者、治理主体和治理客体交互形成的空心村治理机制；从满足农户多需求层次的视角，利用原型分析探讨宅基地退出模式运行过程，揭示平原农区宅基地退出政府集体行动逻辑。研究结果可以为不同地区空心化村庄背景下宅基地退出实践提供参考借鉴。本书讨论重点如下：

第 1 章分析空心化村庄背景下空心村治理和宅基地退出的现实与理论背景，回顾已有研究，凝练本书分析思路与整体框架。

第 2 章在界定空心村、宅基地退出等概念和介绍行动者网络理论的基础上，构建行动者网络理论下空心村治理结构，对宅基地退出模式进行划分和解构。

第3章回顾1949年新中国成立以来宅基地政策制度变迁，比较分析农村宅基地退出政策试点地区改革实践过程，系统总结实践中的经验与问题。

第4章从研究区概况和数据获取两方面介绍空心化村庄形态测度及治理模式绩效分析数据以及农户宅基地退出意愿及模式选择相关数据。

第5章从人口、产业、组织、文化、土地五个维度建立空心村测度指标评价体系，利用LSE模型对空心化村庄进行形态类型识别和主导因素分析。

第6章基于典型样本数据，利用Logistic回归模型对不同类型农户进行宅基地退出意愿影响因素分析，凝练并解释农户宅基地退出意愿机理。

第7章对农户宅基地退出意愿选择行为进行分析，通过灰色关联法分析不同类型农户特点与其所选退出模式之间的关联度。

第8章通过构建"诊断—设计—结果"框架研究宅基地退出集体行动逻辑，利用原型方法识别平原农区典型样本宅基地退出模式，探究不同宅基地退出模式运行机理。

第9章围绕典型宅基地退出模式，建立农户福利评价指标体系，测度宅基地退出模式农户福利水平，评价宅基地退出模式运行效果。

第10章识别行动者网络理论下平原农区空心村治理模式结构，剖析不同模式下空心村治理运行过程，提炼空心村治理机制，建立绩效评价体系，对不同空心村治理模式绩效进行分析。

第11章从农户需求和农户福利角度优化平原农区宅基地退出模式，从空心村治理主体和治理客体方面为平原农区典型空心化村庄治理模式提供优化策略。

第12章为本书的主要结论、研究特色与创新和展望。

村庄空心化以农村宅基地闲置为开端，形成原因复杂多样，对我国乡村振兴发展影响深刻，需要得到正确的认识和对待，农村宅基地制度改革更是涉及农民的切身利益。因此，在空心化村庄治理以及宅基地退出改革实践中，应注重农户主体地位，尊重农民意愿和需求，提高农村宅基地退出意愿，科学有序治理。受占有资料数据的限制以及笔者学识有限，本书难免有疏漏之处，敬请读者批评、指正。

本书分工如下：

（1）曲衍波：研究概念与设计；起草书稿；提供指导性支持与监督；获取研究经费；审阅与修订；书稿校对。

（2）赵伟英：研究概念与设计；起草书稿；实施研究过程；数据分析与图表制作；审阅修订；书稿校对。

（3）赵丽銮：起草书稿；文献整理；采集整理数据；统计描述与分析。

（4）李慧燕：起草书稿；数据整理与管理；统计描述与分析；数据结果可视化。

（5）柴异凡：起草书稿；采集整理数据；统计描述与分析；数据结果可视化。

目　录

第1章 导 论

国内外空心化村庄现象普遍，发展中国家尤其突出。自改革开放以来，工业化和城镇化的快速发展极大提高了我国的经济实力与国际地位。与此同时，经济的快速发展也促进了乡村地域的人地关系的转变，"人减地增"现象在广大农村地区越来越突出，村庄空心化日益显化。空心村的本质是城镇化过程中乡村人地系统要素配置失衡的表现，从而造成了土地资源的双向浪费，严重阻碍了农村社会经济的持续发展，加剧了我国城乡差距。在空心化村庄背景下，农村宅基地退出成为"十四五"时期农村土地改革中的一项重要内容。宅基地是农民安身立命之本，是集体建设用地的重要组成部分，也是农村土地制度改革牵涉利益最复杂、推进最为审慎的领域，未来进一步腾退乡村闲置宅基地是大势所趋。本章将研究四个问题：一是空心化村庄及农户宅基地退出的研究背景和研究意义；二是对国内外空心化村庄、宅基地问题的相关研究成果及研究进展进行回顾与分析；三是介绍本书的研究思路与研究方法；四是本书的主要研究内容。

1.1 研究背景及意义

1.1.1 研究背景

新中国成立以来，我国的城乡关系一直处于城乡二元结构下城市对农村剥夺的不平衡状态，城乡户籍制度使广大农民被禁锢在农村地域从事农业生产，呈现出大量农村人口对应庞大村庄用地规模的状态。随着家庭联产承包责任制在我国广泛的推行实施，农村生产力得到了很大的提升，促使农村大批劳动力摆脱了土地的束缚得以释放，农村劳动力在经营耕地之余开始在城乡之间流动。

进入 21 世纪以来，我国城镇化和工业化不断推进。新型城镇化和城乡融合发展的双轮驱动推动农村青壮年劳动力大量转移至城镇，留守老人、妇女、儿童为主的农村结构老弱化问题日益严峻。与此同时，农民收入水平的提高，导致农村建房需求不断增长，由于村庄宅基地建立审批与规划缺位，新建宅基地逐渐扩展到村庄外围，导致在大量农村人口"脱农"的同时，农村宅基地规模却一直不减反增，并且已经形成了相当的规模和比例，农村"人走屋空"的现象愈演愈烈。《中国农村发展报告（2018 年）》显示，全国空心村闲置宅基地规模约有 1.14 亿亩，根据国家行政学院的最新研究，在最保守的估算下，闲置宅基地规模将达到 1.33 亿亩，有的农户超标多占，而有的农户分户却无处建房。这种情况不仅导致乡村人地关系系统处于严重失衡的状态，同时，农村空心化日益严重化也带来了土地资源的浪费与未能充分利用的现象，严重威胁了我国的耕地保护以及粮食安全。根据国土资源部的统计，截至 2019 年末，我国的耕地面积为 20.23 亿亩，比上一调查年度净增 2 亿亩，但耕地面积的增加是由于调查标准和技术方法改进所引起，而非实质性增长，因此我国的人地矛盾依旧十分严峻。

在全面建设社会主义现代化的新征程中，农业农村优先发展成为全党工作的重中之重。2017 年，党的十九大报告中提出，实施乡村振兴战略，其根本目标在于打破城市与农村之间发展极度不平衡、农村资源闲置甚至荒废等不良状态，按照产业兴旺、生态宜居、乡风文明、治理有效、生活富裕的乡村振兴总要求，优先发展农村农业，建设现代化农业农村，形成与当前时代背景相结合的新的城乡融合发展政策体系。

在快速发展工业化、城镇化过程中，在社会主义新时代这一背景下提出一系列乡村发展战略，为有效解决当前我国面临的"三农"问题提供了思路与方向。在当下全国各地城乡区域发展失衡，农村发展落后、不充分的矛盾和问题依旧突出，农村公共服务和基础设施落后，乡村产业发展滞后，年轻人口大量外流，宅基地闲置废弃，文化传承与治理能力薄弱等农村空心化日益严重的情况下，空心村治理成为关系国家社会经济发展、关系到群众的切身利益、关系国家长治久安的首要问题。如何盘活闲置农村宅基地，提升农村宅基地利用效率成为新时期农村土地制度改革的核心课题。

"十四五"时期是中国经济社会发展承上启下的重要转折期，在这一新征程中，农村问题依然是最艰巨的任务，必须做好"三农"工作，稳住"三农"这个基本盘。为构建城乡融合发展新格局，近年来，建设用地"增减挂钩"、宅基地"三权分置"等一系列政策的出台与实施都旨在突破宅基地制度壁垒。然而，由于现行盘活制度的不完善，个别地方政府罔顾当事人意愿、变相强行推进等"一刀切"的退出方式导致农户合法权益受损，带来诸多社会矛盾。宅基地是农民最基本的生存资料，其享有农村宅基地的使用权，同时也是最直接的利益关联者，不管退出还是留用宅基地，都与农户的生产、生活等息息相关。未来进一步腾退乡村闲置宅基地是大势所趋，也是乡村振兴下土地制度改革中涉及利益最为复杂、亟须审慎推进的领域。因此，空心村治理应以立足实际为前提，基于区域社会经济特点及村庄现状探索合理有效的空心村治理模式。同时，如何在遵循农户主体需求和保护农户合法权益的前提下，引导农户积极有序退出宅基地，成为保障农村宅基地退出机制常态化和长效性的关键。

1.1.2　研究意义

1. 理论意义

一方面，空心村是我国城乡发展中乡村人地系统素配置失衡的表现，许多乡村劳动力的非农转移给城镇和工业的发展带来了积极影响，但由此形成的空心村的存在带来了农村地区土地资源浪费、宅基地空废及无序"市场化"的现象，成为农村发展的障碍，影响我国城乡要素自由流动，加剧城乡差距。另一方面，农户作为乡村地区的发展主体，保障农民的土地承包权、宅基地使用权等合法权益是宅基地退出政策推行的前提。在农村土地市场发育缓慢并严重抑制农村土地资源流动，以及农村土地改革试点不断扩大的背景下，坚持以人为本，深入研究农户行为视角下的农村宅基地退出机制、模式的选择和优化、加快推进空心村治理，对于实现城乡融合发展和乡村振兴势在必行。

发达国家在工业化进程中提出较多空心村治理措施，但由于社会经济发展及地区差异，空心村治理措施和模式不尽相同。此外，在现行农村宅基地退出政策的实施过程中，出现了许多不和谐的现象，部分农户的宅基地退出积极性不高，对于农户来说，现有的宅基地退出行为大多为政府或企业主导的被动退出，宅基地退出机制中缺乏对农户实际意愿的关注。因此，本书在借鉴发达国家及地区空心村治理经验的基础上，立足于区域发展实际情况，实施适合本地发展的治理模式。在探索平原农区空心化村庄形态识别上，依据乡村振兴20字要求，将空心村形态分为人口、土地、产业、组织和文化五个方面，探究空心村形成及治理的运作机制，并从行动者视角研究空心村治理的不同模式下各参与者之间的协同互动关系，全面解析典型空心村治理模式；同时，笔者从微观层面探究农户行为对农村宅基地退出的传导机制及作用机理，揭示了农户类型与农村宅基地退出模式的最优组配方式。借助系统论的观点对宅基地退出模式进行结构解析，综合考虑内外部多元要素识别出不同的宅基地退出模式类型，基于"诊断—设计—结果"理论框架理解宅基地退出的集体行动逻辑，创新地将原型分析法应用到宅基地退出模式集体行动与运行机理的提取凝练中，以可行能力理论为基础评估农户福利视角下不同宅基地退出模式的治理水平与效果，丰富和完善空心村治理的理论基础，为空心村治理提供更多思路。

2. 现实意义

党的十九大报告中指出："要始终把解决好'三农'问题作为全党工作重中之重，要坚持农业农村优先发展，按照乡村振兴战略的总要求，建立健全城乡融合发展体制机制和政策体系，加快推进农业农村现代化。"

在新型城镇化发展过程中，农村劳动力外流不断增加，乡村主体缺失引发农村一系列生产生活、土地利用、乡村治理等问题，进一步加剧了空心化程度。在农村土地制度对宅基地管理和改革的办法不断深化下，宅基地"变废为宝"成为推进农业农村现代化发展的垫脚石。坚持城乡一体化发展，对农村产业、土地、基础设施等进行有效治理，推动宅基地退出政策的实施，完善农村基层组织、重整乡村文化是实现空心村转型的必然要求。

本书以山东省禹城市房寺镇为例，探究平原农区空心化村庄及宅基地退出模式，在空心化村庄形态识别及治理模式上，选取镇域内4个典型空心村为研究对象，从治理主体和治理客体两方面探索其治理模式运作规律及治理效果，发现治理过程中有待改进的问题，完善现有典型的空心村治理模式，并寻找新的治理路径，为促进乡村振兴背景下新农村建设提供可行的决策依据。同时，本书从农户视角探究宅基地退出政策与农户需求，能够缓解农民退出意愿不高，退出缓慢甚至上访维权等不和谐问题的存在，为基于农户需求意愿和农户福利权益来制定相关退出补偿政策提供一定的参考；进一步对宅基地退出模式的运行效果进行评估能够发现退出过程中的不足并完善现有典型的宅基地退出模式，为深化宅基地制度改革探索新路径。

1.2 相关研究回顾

1.2.1 国外研究进展

1. 空心化村庄

空心化村庄即空心村，是我国在特定时期内经济社会发展中资源配置和制度错配等累积形成的特有村庄形态。西方发达国家在城市化过程中也存在农村空心化的过程，但我国空心村问题具有复杂性和本土性的特点，有别于其他国家。20世纪50年代，国外许多学者开始研究农村问题，主要探讨的是劳动力转移所造成的农村发展问题，并针对国家自身特点有针对性地探索村庄规划、农业发展、城乡关系等内容，为我国空心村治理提供实践经验。

（1）空心村概念及表现特征。在空心村概念界定及表现特征方面，日本学术界将空心村现象形容为乡村"过疏化"，对该问题的研究始于1960年前后，研究方向包括乡村"过疏化"的具体含义、"过疏化"村庄的形态以及此类村庄转型、发展或消亡问题。对于"过疏化"的具体含义，日本学者普遍认为，是指乡村人口大幅度流失，农民经济收入持续减少并降低的问题，后来，将城市发展和城市化纳入研究范围，认为"过疏化"是差距逐渐扩大的城乡发展导致了村庄过度衰败[1]。同时，日本学者还认为，乡村人口老龄化是"过疏化"村庄最显著的形态，因此，认为村庄超过65岁的老人数量占乡村总人口的一半及以上时，村庄已经进入"过疏化"状态，在"界限村落"概念中他认为人口结构比例是衡量"界限村落"的具体标准之一[2]。此外，相关学者一致认为日本"过疏化"村庄难以发展和转型，并且其最终消亡的风险巨大，这是由于"过疏化"村庄人口不足及老龄化严重增加了乡村社会、经济等各方面再生产的难度，在长时间的发展过程中，乡村生产系统、生活系统逐渐分离脱钩，导致乡村社会之间的联系最终割裂甚至消失[3]。

（2）空心村形成原因。在空心村形成原因方面，最典型的理论为"二元结构模型"[4]，该模型由美国经济学家威廉·阿瑟·刘易斯（William Arthur Lewis）提出，他深刻地揭示了二元社会经济结构中农村劳动力的流动。该模型认为工业和传统农业是大多数发展中国家的经济部门，在社会发展过程中，从事工业部门生产的劳动者的收入远远高于从事传统农业生产的劳动者，从而促使大量剩余劳动力被吸收到工业部门中去，在此过程中工资水平保持不变，工业部门持续增收，直到农业部门中的劳动力全部转移至工业部门。以此理论为根基，费景汉和刘易斯·拉尼斯（John C. H. Fei and Gustav Ranis）又加以丰富与改进，他们认为二元结构理论不应仅分析静态的现象，并且劳动力流动也不仅是某一个部门单独作用的结果，继而从动态角度出发，提出只有在农业生产率逐步提高的社会背景下，农业部门才会出现剩余的劳动力，从而会促使这些劳动力转移到工业部门，即，劳动力的流动是农业和工业共同提高的表现，以此形成了拉尼斯－费景汉模型（Ranis－Fei model）[5]。此外，对劳动力迁移和人口流动的理论研究还有著名的"推－拉理论"[6]，该理论由美国学者李（E. S. Lee）提出，他认为人口的迁移是两个力相互作用而产生的结果，"推力"推动居民迁出原居住地，对人口迁移起到了消极的影响，而"拉力"拉动了居民对提高生活质量的追求，促使其转移至新居住地，对人口迁移起到了积极的作用，正是在这两种力的相互作用下，才形成了城乡之间人口流动的现象。法国无论是在政治经济等社会方面，还是人文历史等方面，都可称为是欧洲大陆上与中国极具相似性的国家，尤其是在法国城市发展中，由于工业在城市中的发展，城市与乡村的不平衡，以及农村逐渐的空心化现象也与中国相似。法国学家认为，青年且高素质的人才从农村流向城市，农村不仅在文化方面落后，在经济、社会方面的发展也处在了停滞的状态。因此，1970年，法国政府依靠现代化农业的发展与完善，使得由于城市化发展而衰败的乡村实现了经济的发展和社会的转型，其成功的经验为我国空心村的转型与发展提供了借鉴[7]。

（3）空心村治理模式及路径。德国汉斯·赛德尔基金会（Hanns Seidel）在第二次世界大战后提出"等值化"理念[8]，他提出城市与农村之间虽然存在不同类型的发展方向和发展方式，但并不代表农村地区的生活质量要低于城市，城市生活与农村生活应该是等值和平衡的，只有实现了两者的等值化，才能更好地促进劳动力返回农村，才能达到实现乡村转型和城市减负的目的，因此，对于农村土地的整治和对乡村发展的规划与改革是必不可少的。基于这一理念在巴伐利亚州设计出"巴伐利亚实验"模式，即城乡居民在生产、生活条件和基础设施配备上享受同等待遇，在节约土地资源和保护生态环境上具有同等义务。英国改革家埃比尼泽·霍华德（Ebenezer Howard）认为，在新的社会结构下，城乡之间不应该维持割裂的关系，而是应该寻求二者一体化发展的新型结构。以此为理论基础，英国实行了大规模的农业集约化改革，传统且落后的农村逐步消失，取而代之的是现代化生产经营的新型农村[9]。1979年日本在全国范围内推行"一村一品"运动，根据每个村庄独具的特点开发各具特色且具有盈利效益的产业，培育成全国乃至世界的一流项目，在该运动推行的过程中，政府给予了大力的支持，同时坚持民间主导，在农工商互相结合的基础上，建立农村合作社及农村工业产业，有效改善了日本人多地少、土地资源稀缺及劳动力流失的问题。20世纪70年代初期韩国政府和学者为治理空心村逐步推行"新农村"运动[10]，其基本思路是以"勤奋、自助、合作"为导向，通过投资村庄基础设施建设，改善农村人居环境，为村民树立新的价值观念，从根本上转变了村民的思想观念，通过新思想和新风气的渗透，乡村风貌和秩序得以改善，实现乡村物质和文化的协同发展。

工业产业发展是我国城镇化及社会发展的核心驱动，农村人口过度流失，农村发展滞后是我国城镇化进程中严峻的考验，综上所述，对于农村的治理与发展，国外各发达、发展中国家均以本国农村的实际情况为依据，探索出适合本国农村现状的治理模式或路径，为我国的空心村治理提供了借鉴意义：一方面，空心村的治理要充分发挥主体的作用，德国"等值化"理念和日本"一村一品"运动成功实施，得益于坚实的群众基础，农民作为乡村的主体，其参与程度和支持力度是空心村治理的基础，而农民自身意愿和素质水平的程度是空心村治理的动力；另一方面，我国农业支持工业的发展模式是城乡贫富差距的症结所在，农村产业的培育是空心村治理的关键，将农业农村的现代化发展放在首位，是空心村治理物质基础。

2. 宅基地

"农村宅基地"一词源于新中国土地改革制度，具有概念上的特有性，其集体成员的福利属性导致无法进入市场进行交易，这与西方发达国家土地私有制下的自由交易有所不同。西方发达国家土地大多为私有制，土地产权关系比较明确，国家界定明晰的土地产权制度，可以在市场上自由交易，因此不存在农村宅基地退出的概念。国外的类似研究主要在乡村土地整治和土地市场等方面。不过与之相类似的研究如土地市场及征地补偿等方面对本书具有一定的理论借鉴。

土地整理作为城市和乡村协调发展的重要举措，一直受到世界各国的广泛关注，特别是波兰和德国在这一方面的研究较多。波兰的土地整理主要是对细碎地块的整合，与旅游发展和乡村景观改善相关，库皮杜拉等（Kupidura et al.）从景观评价角度对波兰的土地整理进行了分析，认为土地整理可以促进乡村景观的形成，在土地整理的过程中还应考虑景观要素的审美和文化价值[11]。德国具有比较健全的法律体系和地籍管理系统作支撑，其土地整理侧重于土地结构的调整和整理模式的创新等[12]。

在土地市场的研究方面，麦克米伦（Macmillan）从经济学角度分析了土地市场的运转，认为土地可以在市场上进行自由交易，但在交易的过程中可能会发生市场失灵，造成土地市场的动荡，因此财政部门应支持政府干预以弥补市场的缺陷[13]。安卡等（Anka et al.）认为模式化的交易是使农村土地交易程序优化的基础，因此模式化的交易有利于农村土地交易市场的发展[14]。这表明宅基地的流转也必须遵守市场规则，而规则要尽量简化和模式化。宁格尔（Deininger）分析了印度农村的土地市场，通过大量数据分析得出，若干个人被允许获得和处置土地的权利，可以使土地租赁市场更加有效和公平[15]。科斯（Coase）提出，所有的产权制度都可以通过市场交易实现资源的合理分配，以此成为土地市场交易的制度结构[16]。布格里等（Bugri et al.）指出可以通过健全的市场机制实现土地在公开市场中的自由交易[17]。萨尔达罗等（Sardaro et al.）分析了意大利农村的土地市场，通过实证探索关于土地要素如何在农地销售价格中资本化的过程，同时指出政策制定者应同时重视正资本化和负资本化，有必要对土地市场进行干预，以纠正市场失灵[18]。

在征地补偿方面，罗伊等（Roy et al.）研究指出农户作为征地过程中的利益主体，政府理应保障他们实现在土地资源有效配置中的公平补偿与权益保护[19]。格塔克等（Ghatak et al.）探讨了如何补偿因工业化取得农业用地而流离失所的农民问题，应努力实现农户在土地改变用途后的收益公平分配以消除契约摩擦[20]。普罗基奇等（Prokic et al.）认为征收是为了公共利益而对财产的强制剥夺，是对财产权利的一种限制，其核心问题是在确定公平的货币补偿时，必须找到保护双方的标准，并在社会利益和个人利益之间找到平衡和相称性[21]。乔杜里（Choudhury）以印度为研究对象，深刻探讨了农民在征地过程中公平补偿和透明度的权利，指出土地所有者提供补偿的公平性以及征用当局在征用土地过程中遵循公平性的重要意义[22]。

由此可见，西方发达国家建立在物权法基础上的土地制度与市场交易体系比较完善，关于乡村土地整理、农村住房发展[13,23]、土地产权流转交易[24,25]和土地发展权转移的研究与应用[26]等方面的探索与结论对我国农村宅基地退出的研究和探讨具有重要的借鉴意义。此外，西方发达国家在物权法下的土地交易市场与相关征地补偿制度起步较早且已相当成熟，同时它们均以本国农村现实情况为依据，有关土地整治、农用地产权与交易和土地产权流转等方面的成果均为我国农村宅基地退出制度的发展变革提供了宝贵的参考价值[27~30]。

1.2.2　国内研究进展

1. 空心村

国内学术界对空心村的讨论和研究较西方国家起步较晚，研究初期学者们更多探讨的是空心村的形成原因和空心村治理理论依据，随着"增减挂钩"政策在我国诸多试点地区的实施，空心村问题的严峻性逐渐被大众所认知，甚至部分学者认为若要有效解决"三农"问题，空心村问题是不可忽略的症结。此后，基于城乡一体化、新农村建设、乡村振兴等政策背景，学者们对空心村这一课题的关注度越来越高，与空心村问题相关的研究也逐渐增多在研究方向上，学者们较为关注对空心村形成机制与形态特征、治理理论及模式、治理效果等方面的研究。

（1）空心村形成机制与形态特征。目前，空心村形成机制方面研究主要是对于村庄向心力和离心力两种力量进行对比。学者们认为，村庄的产业滞后导致就业机会减少，人口的外流使村庄内部延续的邻里关系和亲缘关系逐渐弱化，加之国道、省道及交通区位的改变，村庄的向心力和离心力逐渐失衡，最终造成了村庄的空心化问题。在两种力量的共同作用下，刘彦随认为农村离心力包括了农户收入、企业及政府对村庄建设的投资以及农村人口转移到城镇的非农就业，而农村的向心力则包括根植于乡村土地中的乡土观念，延续数辈的邻里关系等情怀，因此空心村的形成机制实质上是城市与乡村之间要素的不平衡流动以及乡村内部各要素之间关系变动的复合反映[31,32]。另外，还有学者借鉴国外学者所提出的"推拉理论"，结合我国空心村的特点，从吸引力和拉力两方面的力量抗衡来分析空心村"外扩内空"形态形成的动力机制，学者们将搬建新住房的费用视为原住房对新住房的吸引力，而把村庄外围交通便利、环境宜居的条件视为村庄周边对新住房的拉力，由于拉力大于吸引力，农民会不断向村庄周边搬迁，形成"内空外扩"的不良格局。同时也要分析农村发展的内部与外部系统[33,34]。

在空心村形态表征方面大致可以分为静态和动态两个层面。静态研究从空心村的现状出发，崔卫国、李裕瑞等以河南省郸城县为研究区域分别从产业、人口、基建、宅基地四个方面对空心村的形态特征进行描述，为多数学者所认同[35,36]。徐安琪、高雪松等指出空心村形态表现有内核型和外缘型两个方面，并以成都平原为研究区域对不同形态空心村进行空心化程度测度[37]。关小克、王秀丽、张佰林等从农村居民点的景观结构与空间邻近特征、公共设施与住宅内部结构特征、农户生产生活与社会结构特征等要素出发，刻画出空心村的经济梯度分异特征[38]。另外，还有少数学者以新时期中国农村建设为背景，探讨全国空心村共同存在的形态特征，并提出普适性的调控策略[39~40]。动态研究是基于村庄形态的演替进行，郑小玉、王介勇等从历史角度出发，将空心村形态特征分为四个阶段，分别是资源稀缺、规模过大、内部空闲、远离村中心，从而形成了由内向外扩展而成的"外实内空"格局[41~42]。还有部分学者认为空心村的类型划分受村庄所处区域的社会经济条件、文化环境条件以及自然条件的影响巨大，因此，他们认为经济特征、自然特征、社会文化特征、制度与管理是空心村形态的四个主要方面，以此揭示了城乡接合部地区空心村发展的阶段性特点[43~44]。宋伟等认为空心村形态特征的主要表现为宅基地空废，因此，围绕农村宅基地对空心村形态特征进行阐述[45]。

（2）空心村治理理论及模式。我国幅员辽阔，气候、水文、地形地貌等自然条件复杂多样，另外，我国东、中、西部区域经济和社会发展存在差异，学者们对空心村的治理提出多方面、多样化的探讨，并提出多种治理模式及策略。在空心村治理理论方面，"乡村重构论"指出空心村治理需要在城乡统筹背景下与新农村建设相结合，乡村重构分为三个方面：一是经济重构，包括农业生产模式、规模以及城乡生产要素的自由流通；二是社会重构，包括基础设施、公共事业、农民参与权利等；三是空间重构，包括产业集聚、住房集中、土地集约[46,47]。"三整合论"指出空心村治理要以乡村人地关系系统优化重构为目标，通过政府和村民自治组织的引导推动乡村空间、组织、产业"三整合"，实现农村生产、生活、生态空间有序发展[48]。"整理分区论"指出，空心村治理要因时因地分类进行，依据治理潜力、治理能力和治理迫切度三个方面将研究区域村庄按照治理优先级别及发展阶段划分，继而提出不同类型村庄的治理模式[49]。"综合治理论"指出空心村治理要兼顾人口和土地意义的空心，不仅要通过迁村并居、原址优化等措施提高土地集约程度，更要保障迁入城镇中居民的社会权益以及改善留守人员的生产状况[50]。上述理论立足于全面空心村问题，便于从宏观上把握空心村治理的总体思路和方向。在空心村治理模式方面，部分学者以土地资源配置为治理关键，明晰了空心村治理和农村土地资源利用之间的内在关联，提出城乡一体、中心社区、就地改良三种土地配置模式[51]。曲衍波等以农村居民点为治理关键，以北京平谷区为研究区，利用系统学原理，诠释农村居民点治模式，归纳出建设新城区促进城乡间要素流动、

11

培育产业搬迁至中心村、原址保留发展现代农业、利用本地特色发展乡村旅游等多种村庄治理的路径与模式[52]。对于黑龙江平原农区的空心村，王语檬等提出多种治理模式，包括通过集约村庄大力开发耕地，盘活利用空闲、废弃的宅基地通过承包获得收益，修缮区位较好且可以使用的宅基地作为乡镇企业的厂房，节约村庄土地资源[53]。学者们普遍认为，空心村的治理最重要的是充分了解村民的治理意愿，因此，陈玉福等对平原农区的典型空心村的村民治理意愿进行调研，提出城镇化推动、建立中心村和村庄内部治理三种治理模式[54]。另外，少量学者从城乡一体化建设、人口学、空心村文化建设等视角切入，提出具有特色的空心村治理模式[55,56]。

（3）空心村治理绩效评价。学者们对空心村治理绩效评价的研究，均基于对研究区域的问卷调查和实证分析结果。在研究方法上，普遍使用的方法包括 AHP - 模糊综合分析法、聚类分析法、多指标综合评价法、空间分析法、回归分析与相关分析、结构方程模型、人工神经网络分析等[57,58]。在评价指标体系的构建上，多数学者们基于空心村形成机制及形态特征，构建空心化治理定量评价指标体系。以空心村形成机制为依据，原野等学者以晋城市为例，在分析其空心村空间分布及演化过程的基础上，从区位、经济、人口、交通等角度，构建该地区空心村治理的绩效评价体系。张甜等通过选取滇西南的大理市和山东半岛的禹城市、青州市作为典型村落案例区，在空心村多重演化动力机制下从社会经济视角，构建了空心村治理的绩效评价体系[59]。以空心村形态特征为依据，胡秀媚、贾岚等分别以长株潭地区和冉义镇为研究区域，从耕地、农村建设用地节约集约角度出发，构建了空心村治理绩效评价体系[57,60]。藏波等以农村宅基地空废率作为主要衡量指标，对空心村治理绩效进行评价，依据空心村形态特征，从人口、土地、经济三个方面，提出普适性的空心村治理绩效评价指标体系[61]。除上述以空心村形成机制和形态特征为基础的宏观评价指标体系以外，部分学者关注空心村治理主体的研究，比如依据成都城镇附近的郊区的自然环境条件、社会秩序情况和经济发展水平，进行村民满意度调研，以此反映所选地区空心村治理绩效水平，或者以农户参与度为评价标准，通过学区政策落实、资金补偿、民主决策等指标，对典型空心村治理进行评价[62~64]。

通过上述研究综述可知，目前我国的空心村研究一直以问题研究为主，在空心村形成机制、形态特征上，多从地理学角度出发，更多关注于土地问题，缺少从经济、社会、文化、历史等全方位的剖析；在空心村治理模式上，已有理论多是对总体区域的宏观归纳，集中于对治理的路径进行描述，在空心村治理主体间运作模式上缺少深入的探讨；在空心村治理后期的绩效评价研究有所欠缺，且在评价体系构建方面，大多基于空心村本身所反映的直观现象，忽略了政府和农民视角对治理效果的评价。

2. 宅基地

国内学者们对农村宅基地退出的研究是从 2007 年开始的，早期的研究主要是围绕宅基地退出机制的建立和制度立法的探讨，随着重庆、上海等地退出试点的实施，从 2010 年开始出现基于具体案例的退出方式的分析，也有学者开始研究影响宅基地退出的相关因素。此后，基于土地整治、城乡建设用地增减挂钩以及农村"三块地"改革等的政策背景，学者们对农村宅基地退出这一课题的关注度越来越高，与宅基地权益及退出补偿等相关的研究也逐渐增多。根据学者们的主要研究方向，可以将宅基地退出的相关文献分为制度立法、退出机制与模式、农户意愿与影响因素、增值收益与退出补偿等几大类。基于本书的研究重点，下面将从对宅基地退出的"农户意愿与影响因素"和"退出机制与模式""宅基地退出农户福利"这三个方面进行详细分析。

（1）农户意愿与影响因素。学者们对于农村宅基地退出意愿及其影响因素的研究，均基于对某一地区的问卷调查和实证分析的结果。在研究方法上，大多采用 Probit 模型、二元 Logistic 模型、结构方程模型等计量模型等量化分析法，少数采用描述性统计分析法。在评价指标的选取上，主要包括农民的个体特征（年龄、性别、受教育程度、工作稳定程度等）、家庭特征（非农收入比重、非农就业率、赡养老人数、抚养子女数等）、社会保障因素（是否参加养老保险、医疗保险等）、宅基地及住房特征（宅基地面积、距离城镇远近、是否确权等）以及政策认证程度等因素，个别研究根据研究的视角对部分指标有所调整。在研究区域上，主要关注的是大都市、江浙、沿海、闽南等经济发达地区的农村宅基地退出问题，对经济相对落后地区的农村宅基地退出问题的研究相对较少，对典型一般农区也缺少实证研究。

根据研究视角的不同，关于农村宅基地退出的农户意愿与影响因素的分析可以分为以下几个方面：

根据不同的政策背景，学者们分别从户籍制度[65,66]、宅基地确权[67]、农地流转[68]等角度对农户的退出意愿及影响因素进行了探究。按照研究理论的不同，杨玉珍基于行为经济学理论的视角，分析了农户认知的错定心理、农户的现状偏见、未来状态的不确定性厌恶以及群体社会特征等对闲置宅基地退出的影响程度[69]；许恒周等与郭贯成等基于推拉理论的视角，对农村宅基地退出的驱动力进行了分析，梳理了影响农户宅基地退出意愿的因素[70,71]；万亚胜等基于计划行为理论的视角，从行为态度、主观规范和知觉行为控制三个方面，分析了影响农户决策的因素[72]。

按照研究区域的不同，学者们对沿海地区、大都市边缘区、闽南等地区的农户宅基地退出意愿影响因素进行了分析。杨璐璐以福建省晋江市为例，分析了沿海经济发达地区农户的退出意愿，结果显示，在诸多变量中，只有家庭收入、是否有其他住房、是否有多处住宅和房产是否确权四个因素对宅基地退出意愿有显著性影响[73]。汤爽爽等通过分析发达地区大都市边缘区的农村居民的退出意愿得出，相当多的农村居民倾向于在邻近小城镇定居，对宅基地退出普遍持负面态度[74]。梁发超对闽南地区3个地市内21个自然村的农民意愿进行分析得出，愿意退出宅基地的农户比例较低，这可能与其生活环境、宅基地禀赋、对退地政策的了解及自身职业技能有关，提出了宅基地退出与就业培训、农民安居、政策宣传相结合的建议，强调充分尊重农户意愿[75]。部分学者又基于经济发展水平的不同，将研究区域内农户退出宅基地的意愿进行了对比分析。彭长生对经济欠发达地区的农村宅基地退出的影响因素进行了分析[76]；孙雪峰等对南京、盐城两地的不同经济发展水平地区的农户退出意愿的差异进行了分析[77]；夏敏对江苏省7个市125村庄的不同经济发展水平地区农民宅基地退出意愿的影响因素进行了实证分析[78]；秦怡得出经济发展水平不同的地区，农户退出宅基地的意愿也存在差别，其中经济发达地区老龄人口数对宅基地退出起着显著的负向影响，经济落后地区的未婚男性对宅基地退出有显著的负向影响[79]。

基于农户对政策或相关权益等的认知，彭长生从农民宅基地产权认知状况对安徽省6个县的农户进行了问卷调查的实证分析，结果显示农民的宅基地继承权认知状况对其退出意愿有显著的正影响，对抵押权的认知状况具有显著的负影响，而对所有权和处置权的认知状况对其宅基地退出意愿影响不显著[80]；邓梅娥等基于集体土地产权能对上海松江、金山区的农户宅基地退出意愿进行了实证分析，认为在上海市等经济发达地区，农户对宅基地权能认识清晰并且各项权能可以得到有效保障，因此退出意愿较高[81]；朱新华等通过检验感知价值与可行能力对农户宅基地退出意愿的效应得出，感知价值对农户宅基地退出意愿的影响显著，可行能力的提高对农户宅基地退出意愿具有正向影响，并建议提高农户对宅基地退出改革的认同感、加强对农民职业技能的培训以提高其可行能力[82]；高欣等基于上海市的经济发达地区的实证分析，探究了社会保障及非农收入预期与宅基地退出决策的行为的关系，认为在经济发达地区，完善的社会保障体系及稳定的就业和收入为宅基地退出提供了比较成熟的时机[83]。

　　而随着城市化的进程带来的农民工群体的日渐庞大，越来越多的学者开始关注农户分化的特征，探究不同类型的农户的宅基地退出意愿的影响因素。张怡然等通过对重庆市开县的部分农民工的问卷调查分析得知，农民工的退出意愿主要受农村宅基地的保障功能、经济补偿期望值、家庭经济收入状况及家庭赡养人口状况等因素的影响，建议在制定政策时应注重解除农民工的后顾之忧[84]；孙莉等基于农民工群体的角度，运用 Logistic 回归模型，对有进城定居倾向的农民工群体的意愿进行了研究，结果得知男性、目前在城市无自有住房、计划在城市买房、农村住房面积较大以及有企业职工养老保险的农民相对来说不愿意退出[85]。在农户的类型划分方面，黄贻芳等通过将农户划分为农业、兼业和非农等类型，研究分析了不同类型农户的宅基地退出的影响因素[86]；孙艳梅等以新疆特克斯县为例，将农户分为低等兼业、中等兼业与高等兼业三种家庭类型来进行分析[87]；刘同山、诸培新等从农户分化的角度，具体从人口分化、职业分化和经济分化等三个因素选取具体指标进行了检验分析，验证了不同类型农户的宅基地退出的偏好不同[88,89]；吴云青等基于天津市的实地调查数据，分析了生计资产差异对农户退出宅基地意愿的影响，认为物质资产对农户意愿的影响最大，其次是人力资产和心理资产，因此制定相关政策时应首先满足农户的基本物质需求与生活保障[90]。另外，许恒周、杨雪峰等研究了农户退出宅基地意愿的代际差异，得出不同代际间农户退出意愿的主要影响因素有所不同[91,92]，艾文琦基于祖业观视野探究了农户退出宅基地的意愿，发现祖业观越强的农户，其退出意愿越低[93]。

（2）退出机制与模式选择。宅基地退出机制的概念在我国最早是2008年提出的，主要包括农村宅基地退出的"引力—压力—推力"三力协调机制[94]、多元化补充机制、资金保障和利益保护机制[95]等。关于农村宅基地退出模式的研究呈现多样化特征，如按照实施主体不同的政府主导、完全市场主导和市场主导—政府监控模式[96]、基于空间形态差异的整村搬迁、原址改造、迁村并点模式[97~98]，以及考虑土地发展权的宅基地换房、宅基地收储和市场化交易模式[99~100]等。这些研究主要是从定性方面结合地方实际进行的经验综合和归纳，具有较强的条件要求，全面推广的难度较大，缺少与农户行为特征相匹配的模式分类及其农户选取的定量研究。

完善的宅基地退出机制是有效解决"有宅无人"和"有人无宅"矛盾的关键。目前，国内学术界关于退出机制的研究，集中体现在多力协调机制、多元补偿机制、权益保障机制等宅基地退出机制形式。欧阳安蛟等从激励与约束的角度总结出引导农户自愿退出宅基地的引力、推力与压力机制，指出宅基地退出引力机制应从完善退出补偿着手，压力机制的实施途径是增加费用负担倒逼农户退出，推力机制即结合各种宅基地退出复垦、整理等多项目加快推进农户有序退出[101]。刘丹丹立足于农村宅基地退出的多元补偿机制，旨在从保障农户权益、土地集约利用、资金平衡方式、工厂推广难度四方面对健全宅基地退出补偿机制提出建议[102]。周冠岚、许雪纯等从资金补偿和法律保障等方面构建宅基地退出的利益平衡机制，以解决农户利益受损、利益失衡等阻碍宅基地合理退出的问题[103]。

有关宅基地退出模式类型研究呈现多样化特征，分类体系也日趋完善。部分学者按照治理结构不同，提出层级制、混合制和市场制三种退出模式[104]。唐小宇立足不同的实施主体，总结归纳出政府主导、村民自发、企业推动和市场配置模式[105]。张世全、张长春等基于空间物理形态，以河南、河北为研究区诠释多种宅基地退出模式，如多产业汇合、城中村翻新等[106,107]。朱从谋、杨俊等归纳出土地储备、宅基地置换和市场交易模式等[108,109]。

根据研究方法的不同，学者们对宅基地退出机制与退出模式的探索和分析，可以大致分为案例分析法和比较分析法。基于案例分析法，高超、戴燕燕等研究分析了上海的农村宅基地置换模式和退出程序[110,111]；卢艳霞等研究分析了浙江丽水、海宁等地的退出模式[112]；陈科伟对浙江慈溪的"农房两改"退出模式进行了研究[113]；张世全等分析了河南商丘的退出模式，总结出迁村并点、村企合一、原址改造、整村搬迁和中心社区集聚等 5 种退出模式[97]；张长春等将河北省农村宅基地退出模式分为城镇化村庄改造、村庄内部改造、整体搬迁改造、中心村建设四种模式[107]。基于比较分析法，张秀智等通过对辽宁、湖南和北京的三个村庄的案例比较，对经济欠发达与偏远地区的宅基地退出机制进行了分析，得出政府财政投入和集体产权设置是影响宅基地退出的主导因素[114]。李艳等在案例分析法的基础上，提出了宅基地退出要具备一定经济基础、要以地方政府为主导、退出实质是土地发展权的退出等三个假说[99]。李长健等通过对具体案例的比较分析，将我国各地农村宅基地退出模式分为了三类，即以浙江嘉兴的"两分两换"、上海的宅基地置换、天津的"宅基地换房"为代表的"宅基地置换"模式，由地方政府指定专门的价格评估机构进行统一定价收购农村宅基地，以及无偿没收非法占有的宅基地为国有土地的"宅基地统购储备"模式和以四川成都为代表的"拆村并居"模式[115]。

　　根据研究角度的不同，一方面，部分学者基于宅基地产权和农民权益的视角，对农村宅基地的退出机制与模式进行了探究。如罗伟玲基于产权理论，提出了住房保障功能及宅基地资产价值的丧失是农民不愿退出宅基地的根源的观点，建议通过明晰宅基地产权、剥离宅基地的社会保障功能、建立其他利益导向机制等途径来推动宅基地的退出[116]；黄增健提出了充分尊重农民意愿和土地的资产价值、构建多方参与和政府主导的退出平台及机制[117]；而彭小霞基于农民权益保护的视角下，提出应从打破政府对"土地财政"的依赖、提高农民在宅基地退出中的主体地位等方面完善农村宅基地退出机制[118]。另一方面，基于不同发展阶段的政策背景，学者们对宅基地退出机制与模式也开展了相应的探究。如周军辉等基于城乡统筹发展的视角下，对宅基地的流转与退出机制进行了研究[119]；孔冬菊基于户籍改革背景，分析了宅基地退出机制的可行路径[120]；徐玉婷、黄贤金分析了经济新常态下的农村宅基地退出机制[121]；吕军书、张誉戈等分析了供给侧结构性改革背景下的宅基地有效退出的实现路径[122]。

17

（3）宅基地退出农户福利。宅基地作为一项福利安排，其退出切实关乎农户生产生活等各种福利，各试点地区在广泛推进宅基地退出过程中损害农户合法权益的问题时有发生。近年来，政府部门及学界对于农户实现宅基地退出的福利问题给予高度关注。在研究方法上，主要使用的是 OLS 模型、Logistic 回归模型等计量模型和熵权法、层次分析法、模糊评价法等量化分析法相结合测算农户福利水平变化状况[123~124]。在指标体系选取上，主要基于可行能力理论中的五项功能性活动构建评估农户福利的参考指标。如胡银根等基于森（Sen）所提出的工具性自由，结合研究区现状，从资源禀赋、居住环境、心理状况、市场机会等方面对宅基地置换后的农户福利水平进行定量分析[123]。李欢等将研究中农户福利指标选取为家庭经济、居住条件、退出成本、社会参与和政策感知五种评价指标[124]。朱玉蕾等通过选取家庭条件、社区居住状况与社会保障等要素构建农户福利测度指标体系[125]。

按照研究视角的不同，有关退出农户福利的研究可从以下几个方面展开：

根据研究区域的不同，诸多学者在新一轮农地确权、新型城镇化等不同背景下对江西试验区、江浙改革试验区、武汉城市圈等地区开展宅基地退出农户福利实证研究。如熊淑婷等对江西省余江区开展实证研究，分析得出退出后农户福利状态得到改善，指标福利达到较高水平[126]。杨丽霞等以义乌为研究区，分析宅基地退出后的农户福利状况，结果显示出明显的区域特征，表现在近城距离与农户福利水平提升呈正比关系[127]。邹伟等通过对江苏集中居住社区的农户福利进行实证调查与测算，结果发现宅基地退出统一安置后农户福利水平下降，且呈现区域差异性[128]。廖成泉通过对湖北省各市县，包括洪湖、仙桃、襄阳、鄂州等地的实地调查分析衡量了宅基地置换中农户福利，研究结果表明，农户在宅基地置换前对各项要素的重视度存在差异，这也为健全提升农户福利的宅基地置换机制提供了参考途径[129]。此外，还有蒋和胜等结合圈层差异的角度对比不同综合水平地区的农户福利现状，发现经济状况与农户福利呈正相关，进而提出因地制宜的优化方案[130]。

随工业城镇化及农业现代化的双轮推动，学者们开始将关注点聚焦到农户分化、生计异质性特征对宅基地退出过程中农户福利的影响。如刘成铭等在职业分化、经济分化标准对农户类型进行划分的基础上开展农户福利状况差异的实证分析，结果表明农户福利与分化类型存在相关性[131]。黄润韬基于农户生计类型开展宅基地农户福利状况的研究，研究发现退出农户福利水平存在生计类型上的效果差异[132]。此外，还有学者基于村庄类型分化，展开不同村庄下宅基地整理过程中农户福利需求的变化情况。如张苗等将研究行政村划分工矿型和普通型两类，通过对宅基地整治中不同村庄类型的农户福利需求进行对比分析发现，农户福利与村庄类型体现出一定相关性，主要体现为普通型村庄的农户福利需求层次略低于工矿型村庄[133]。

1.2.3　研究评述与启示

首先，从国内外学者的研究可以看出，学者们关于空心村问题主要集中从地理学、乡村地域学、人口学等方向对空心村进行概念界定和表现特征，继而提出相应的治理对策，而在空心村治理过程中，并不只是单一主体完成的，村民主体和潜在的社会力量也是重要的参与主体。所以，本书将从人口、产业、土地、组织、文化五个方面，全面剖析空心村的形态特征，利用行动者网络理论对典型空心村的治理模式深入分析，并构建合理的评价体系对不同模式下空心村治理绩效进行评价。

其次，已有的关于"农村宅基地退出"的研究，在评价指标的选取上已经研究得比较全面，为本书的评价指标体系的建立提供了借鉴；在研究方法的运用上，多用描述分析与量化分析相结合，量化分析多采用 Probit 模型或 Logistic 模型，呈现出单一化和趋同化的特点；在研究的内容方面，或侧重于对宅基地退出的"农户意愿及其影响因素"的研究，或侧重于对宅基地退出的"退出机制与模式选择"方面的研究，很少将两者进行综合分析，并且对于不愿退出宅基地的农户，很少针对其行为选择的原因进行退出模式的优化，将农村宅基地退出的农户意愿内容扩大到农户行为全过程研究还有待创新。因此，本书将在研究的方法上引入灰色关联分析法，在研究内容上进一步深化，在剖析积极农户退出意愿的作用机理的基础上，进一步针对消极农户的意愿选择原因进行退出模式的优化，基于功能诉求差异，分析适应不同类型农户的宅基地退出模式的最优组配方案。

此外，当前学者们关于"宅基地退出机制与模式"方面的研究，多是结合地方实际进行的经验总结与概括，缺乏对宅基地退出模式的系统结构剖析与理论判别，且现有研究较少地从整体上凝练不同宅基地退出模式下集体行动的属性关联关系及其运作机理。关于"宅基地退出农户福利"方面研究，在区域选择上更多关注的是试验区、江浙、大都市等经济发达区，而对经济落后地区的研究相对较少，对传统一般农区也缺乏实证分析，且多集中在农户分化、村庄分类等视角上的宅基地退出农户福利变化。鉴于宅基地退出是一个系统性工程，涉及资产置换、货币补偿、以地养老及土地入股等多种运行方式，不同退出模式由于各有其运行特点，其实施前后影响的农户福利水平也存在差异，现有研究较少基于不同退出模式视域对农户福利开展区分研究，导致研究的针对性不强。因此，本书将对宅基地退出模式进行系统解构与前提预设的基础上，结合农户多层次需求，全面剖析不同宅基地退出模式的集体行为运行逻辑。同时，从农户福利的角度出发，深入探究不同退出模式在运行前后的农户福利变化状况，以期实现宅基地退出模式能更好地满足农户多层次需求，促进农户福利均衡发展。

1.3　研究思路与方法

1.3.1　研究思路

在平原农区空心化村庄形态识别与空心化程度测度上，本书将按照"提出问题—理论模型构建—数据收集—实证分析—得出结论"的逻辑路径展开研究，运用文献研究法和深度访谈法进行理论演绎，基于行动者网络理论分析空心村基本形态及空心村治理中人类行动者和非人类行动者，即参与空心村治理的客体和主体，并建立空心村治理机制；从治理客体和治理主体两方面构建绩效评价指标体系，构建不同治理模式的行动者网络框架并对治理机制进行解析，运用 AHP – 熵权法赋予权重，利用协调度分析、多因素评价和模糊综合评价法进行绩效测算，揭示房寺镇空心村治理过程中存在的问题，并针对问题提出优化对策（见图 1 – 1）。

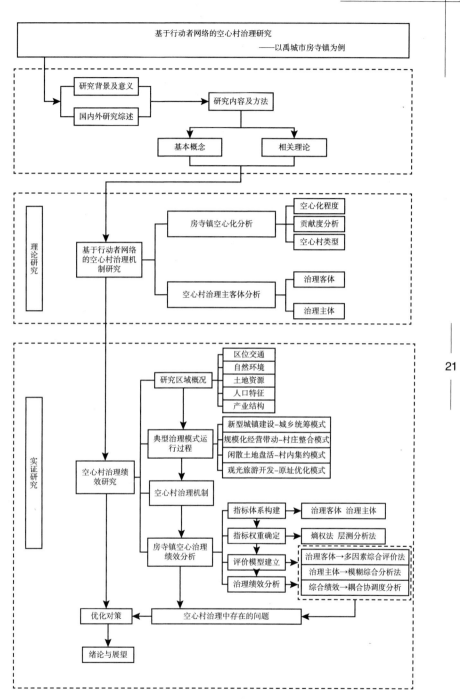

图1-1　空心村治理研究技术路线

在宅基地退出模式研究中，农户意愿层面，本书按照模糊综合评价法进行绩效测算，揭示房寺镇空心村治理过程中存在的问题，并针对问题提出优化对策（见图1-2）。运用文献研究法进行理论演绎，基于农户行为理论、利益相关者理论等建立农村宅基地退出意愿模型和退出模式选择模型；采用随机抽样法确定研究样本，通过问卷调查法、访谈法等获取研究数据；然后运用 Logistic 回归分析和灰色关联分析法，对不同类型的农户退出宅基地的影响因素和作用机理进行解释，揭示农户类型与农村宅基地退出模式之间的匹配关系，进而为优化农村宅基地退出模式提出建议。

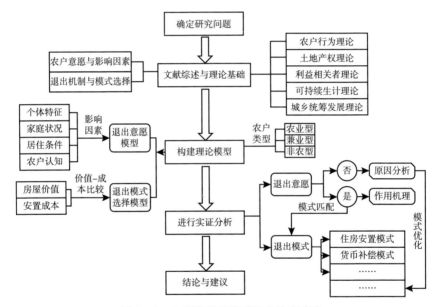

图1-2 宅基地退出模式研究技术路线

第一，利用农户行为理论等，构建农村宅基地退出的概念模型，通过对案例区农村宅基地退出的实践活动的分析，了解农村宅基地利用与退出的现实形态以及农户行为（包括感知、态度和响应）的发生过程与特征，检验理论模型的科学性与合理性，形成本书的理论架构。

第二，基于农户生活方式（定居）和生产方式（职业）的差异性，划分农户类型，开展案例区不同类型农户的问卷调查与深度访谈，获取农村宅基地退出的农户行为信息，并掌握农户分化的地域环境、区位条件、家庭情况和个体特征，运用多元选择计量模型，深入解析农村宅基地退出的影响因素与微观作用机制。

第三，按照不同类型农户对农村宅基地的功能诉求，设计农村宅基地退出的安置与补偿模式体系，并重点围绕"为什么退出（感知）、是否愿意退出（态度）、如何退出（响应）"等问题设定变量，建立农村宅基地退出的农户行为方程，求解不同类型农户对农宅基地退出模式的选择概率，揭示农户类型与农村宅基地退出模式的匹配关系，研制适应农户行为特征的农村宅基地退出模式最优组配方案。

第四，梳理与评价案例区农村宅基地退出的政策环境和运行模式，对比和借鉴国内其他试点地区的改革经验，以保障农户土地合法权益、提高农户自愿退出态度、尊重农户行为决策为目标，为农村宅基地退出的政策优化提出建议。

在以上宅基地退出模式研究基础上，选取典型宅基地退出模式，对农户需求层面分析宅基地退出模式效果，整体的逻辑路径为"模式识别—机理解析—模式效果—模式优化"（见图 1 - 3）。具体来说，以农户视角为研究主线，从农户需求与农户福利两条路径出发，分别对宅基地退出模式运行机理及其运行效果进行探究。第一，结合"外缘—内核"式多元要素对宅基地退出模式进行系统解构，综合政策导向、宅基地特征、农户特征等因子判别设计出四种典型的退出模式，形成本书的理论前提预设。第二，借助典型案例分析确定研究样本点，以调查访谈等方式构建后续实证研究的基础数据库。第三，从农户需求角度出发，在"诊断—设计—结果"框架下诠释满足农户需求的不同宅基地退出模式的行动逻辑与运行机理；同时，从农户福利的视角，测度不同退出模式运行前后农户福利水平变化状况。第四，综合农户需求和农户福利，揭示宅基地退出模式在实际运行过程中存在的短板与不足，进而为完善不同退出模式提出相应的优化策略。

1.3.2　研究方法

本书主要采用质化研究和量化分析相结合的方法，主要为数据收集法和数据分析法两类。

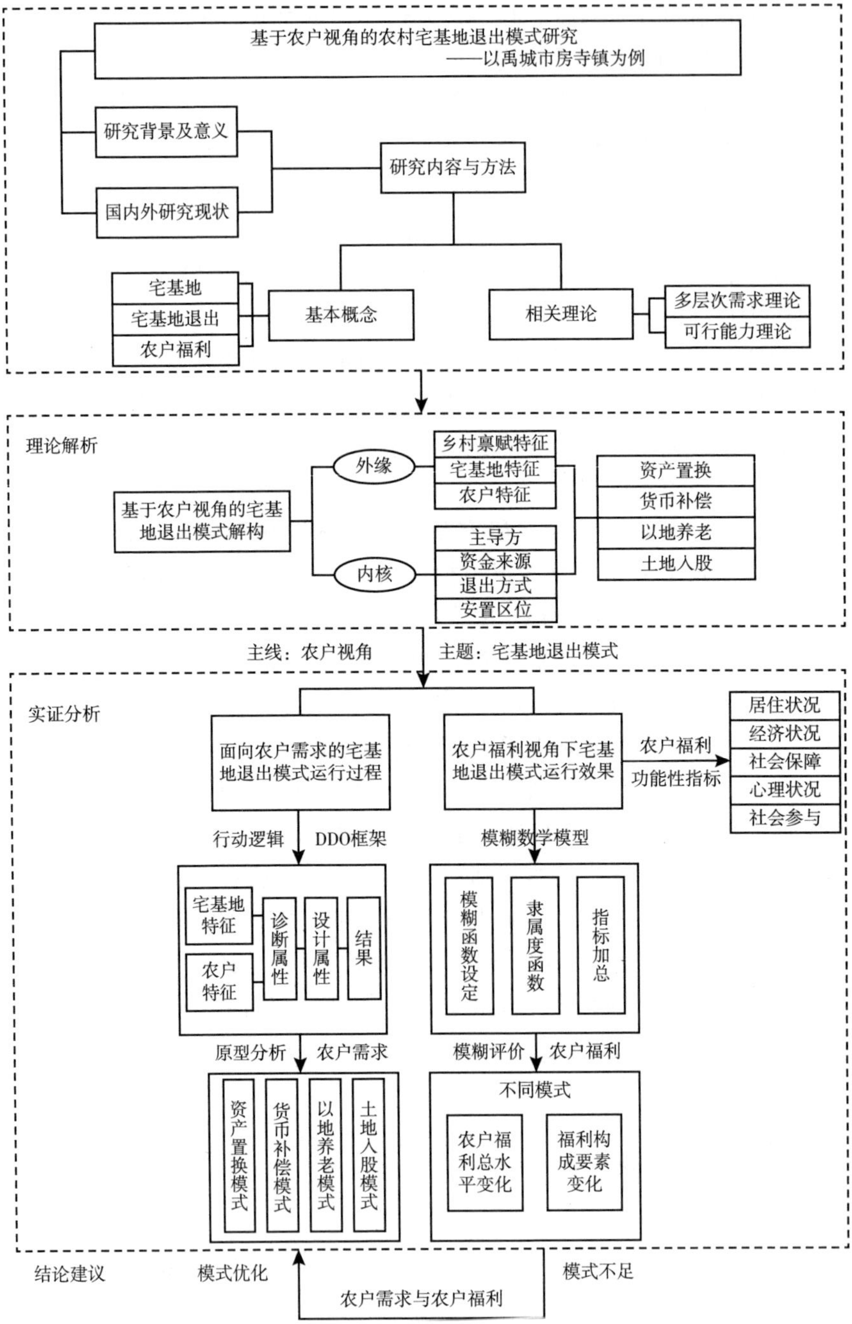

图 1-3 农户视角下宅基地退出模式研究技术路线

质化研究主要是采用文献研究、深度访谈法、问卷调查法、结构访谈法及案例分析法等对空心村治理过程中参与主体的行为信息进行获取。其次，围绕"宅基地退出"制度的现实推行情况，对案例区主要相关部门、村级干部、当地村民等进行半结构化采访。

1. 文献研究法

文献研究法，是指依据一定的研究目的而进行的通过收集整理文献资料来获取与研究问题相关信息的一种研究方法，是确定研究主题与研究方向的重要途径。本书借助中国期刊网、中国知网、EBSCO、Springer 等数据库，搜索与空心村有关的理论成果，将已有的文献资料进行分类，归纳整理出与本书研究有关的资料，并做进一步的分析，完成研究综述，了解学者们对空心村治理的重点研究方向以及薄弱之处，梳理我国农村宅基地退出的相关制度和法律规定，在政策层面对这一概念形成初步认识，了解目前我国宅基地退出的现状，同时通过总结归纳国内外学者的研究成果，了解宅基地退出的相关研究进展与研究动态，为本书确定基本的研究方法和研究思路奠定基础，为本书创新点和方向提供理论借鉴。

2. 深度访谈法与调查法相结合

问卷调查法，是指针对既定的研究目标和特定群体而设计统一的、具有一定结构和标准化问题的问卷，通过了解调查对象的情况、征询调查对象的意见来收集数据的方法。通过问卷和实地调查的形式，对研究区域参与治理的相关基层领导班子和农村居民等进行调研，了解不同村庄空心村治理的路径与过程，同时了解不同参与主体在空心村治理过程中角色的定位和转变，为空心村治理模式解析提供依据。根据研究目标，针对村庄和治理主体分别设计两份调查问卷，划分案例区的村庄类型并选取各类村庄，根据村庄规模差异，在各个村庄发放问卷进行调查。重点了解村庄的区位环境、产业、土地、人口规模以及农户的职业、经济状况、参与程度等，用于空心村治理绩效评价研究。其次，在农户意愿和农户需求层面进行宅基地退出模式研究时，采用半结构和非结构的访谈调查方法，围绕宅基地退出这主题，对研究区域的主要相关政府部门、村干部、农村居民等进行采访，了解农村宅基地退出的政策要素及其决策过程，同时了解不同利益主体对农村宅基地退出的作用，通过面对面深度交流的方法了解宅基地实际退出过程中的动力和阻力因素，了解农户对宅基地退出政策的认知程度，感受农户对宅基地退出所持有的态度和利益诉求，为退出的模式的识别与优化提供依据，深度了解农村宅基地退出的各项政策要点及其现实决策程序，同时通过交流的形式认识到各参与主体在退出中所发挥的功能，为退出的模式原型提取提供依据。最后，通过实地走访和借鉴相关资料，总结宅基地退出过程中可能对农户福利产生影响的几项指标要素，以此设计出调研问卷，了解有关农户居住状况、经济状况、心理状况、社会保障与社会参与等方面的信息，并根据不同模式及其代表村庄发放数量不一的问卷，获取后续实证研究的基础数据。

3. 一般性研究与典型案例分析相结合

一般性研究主要揭示空心村普遍性形态表征、形成过程及治理机制，形成空心村治理宏观的理论基础。但由于房寺镇空心村数量众多，无法一一进行研究从而得到一般规律，因此在资料搜集和实地调研的基础上，得到房寺镇地区的概况，选用典型村庄做具体的案例分析，与不同的治理模式相对应，利用行动者网络理论进行详细解析并对典型村庄进行绩效评价。

量化分析是通过建立数学模型，利用统计数据，对某一研究对象各项指标的特征、数量关系及其变化规律等进行分析的方法。本书主要涉及 Logistic 回归分析法、灰色关联分析法、原型分析法和模糊数学评价法。

运用 Logistic 回归分析法，构建农村宅基地退出意愿模型，分析农村宅基地退出中农户的行为特征及其影响要素与作用机理；运用灰色关联分析法，测算不同宅基地退出模式之下，不同类型农户的各项基本特征的关联程度，以确定适合不同类型农户的宅基地退出模式，为退出模式的优化提供思路。运用原型分析方法对宅基地退出集体行动逻辑进行剖析，借助"诊断—设计—结果"理论框架对研究区域多个宅基地退出实践案例的普遍性和特殊性内容进行抽象，进而制成宅基地退出集体行动编码手册，在一系列属性组合关系中提取并凝练多变量之间的复杂交互规律，以探析出宅基地退出各类模式的原型逻辑与运行规律。此外，本书采用模糊数学评价法对获取的各项表征农户福利的案例数据进行分析与处理，通过运用模糊数学评价法设定出宅基地退出农户福利测度模型，基于主客观综合权重的确定进行农户福利指数的加总，进而测度不同宅基地退出模式下农户福利各项功能性活动及其构成要素指标的隶属度，以对比分析不同退出模式的运行效果，进而发现宅基地退出模式的短板不足，为下一步模式优化提供方向与思路。

1.4　本书主要研究内容

1.4.1　导论和基础理论研究

此内容包括了第 1~4 章。在阐述本书的写作背景、研究意义、国内外研究进展及研究区域和方法的基础上，对我国宅基地相关政策与制度的演变进行梳理，整理了宅基地改革试点地区的经验与面临的挑战，并以乡村振兴战略的目标为切入点对空心化村庄及宅基地相关的概念进行了阐述，界定了空心化村庄、空心村治理、空心化村庄治理绩效、宅基地退出以及农户福利等内涵；借鉴行动者网络理论、农户行为理论、土地产权理论、空心村治理网络以及宅基地退出模式判别等，搭建了空心化村庄宅基地退出模式研究的理论框架。从镇级和典型村不同尺度介绍了本书的案例区，并对数据来源进行了简单介绍。

1.4.2　平原农区空心化村庄特征分析

此内容涉及第 5 章。该部分内容以乡村振兴发展目标下的空心村形态认知为依据，构建了"人口—土地—产业—组织—文化"多维空心村度量体系，利用指标贡献度、最小方差模型识别空心村主导因素和形态类型，为差别化的治理策略奠定基础。

1.4.3　基于农户视角的平原农区典型宅基地退出模式选择与优化

此内容包括第 6~11 章，是本书的核心章节。首先是从镇级尺度对不同类型的受访农户退出农村宅基地的意愿选择行为进行分析，探讨农户宅基地退出意愿（第6章）和差异化模式选择的形成机理（第7章）。其次，进一步选择典型案例村，从农户多层次需求的角度出发，基于"诊断—设计—结果"框架深入理解宅基地退出的集体行动逻辑，探索满足农户多元需求的不同宅基地退出模式的运行机理（第8章），并针对典型宅基地退出模式，通过模糊数学法测度不同退出模式下的农户福利模糊指数，进而从纵向与横向两个维度比较分析农户福利变化状况，以探究不同宅基地退出模式的运行效果（第9章），同时借助行动者网络对不同模式的运行过程进行剖析，从而总结出房寺镇空心村治理的总机制（第10章）。最后，针对面向空心化村庄治理过程中典型宅基地退出模式存在的主要问题提出针对性的优化对策（第11章）。

1.5 小　　结

城乡要素失衡使得农村劳动力人口不断外流，乡村地区"人减地增"现象不断凸显，农村地区宅基地闲置率高，乡村文化传承和基层治理薄弱等空心化村庄问题不断加剧。在这种背景下，空心化村庄宅基地退出成为解决乡村地区土地利用效率地下，促进城乡融合发展的重要途径。从国内外研究发现，空心村治理并不是单一主体完成的，而且现有宅基地退出研究对农户角度的关注度不足。因此，本书将从人口、产业、土地、组织、文化五个方面，全面剖析空心村的形态特征，利用行动者网络理论对典型空心村的治理模式深入分析，并构建合理的评价体系对不同模式下空心村治理绩效进行评价。基于农户行为理论、利益相关者理论等建立农村宅基地退出意愿模型和退出模式选择模型；运用 Logistic 回归分析和灰色关联分析法，基于农户视角对不同类型的农户退出宅基地的影响因素和作用机理进行解释，揭示农户类型与农村宅基地退出模式之间的匹配关系，进而为优化农村宅基地退出模式提出建议。

第2章 空心化村庄宅基地退出的基础理论研究

国家坚守 18 亿亩耕地红线、扎实推进新农村建设、实行耕地"占补平衡"、促进乡村空间重构与统筹城乡发展的乡村发展政策，都对深入开展空心村治理提出了迫切要求。在对空心化村庄治理模式、治理绩效以及农户视角下宅基地退出模式和农户福利在进行研究前，应先对相关概念以及确定的研究理论进行界定与研究。因此，在第 1 章的基础上，本章将研究三个问题：一是空心化村庄与宅基地的相关概念界定；二是基于行动者网络理论的空心村治理结构；三是宅基地退出模式判别与理论基础。

2.1 概念界定

2.1.1 空心化村庄相关概念界定

1. 空心化村庄

空心化村庄即空心村，是城乡发展过程中资源分配失衡及制度体系缺失的产物，许多发达国家，如美国、英国、日本等国家城市化基本完成，尽管在城市化的历史进程中也存在农村劳动力大量转移到城市的现象，但我国空心村现象规模之大，影响范围之广，持续时间之长实属罕见。空心村现象给我国经济社会发展带来了许多不利影响，引起社会各界的广泛关注，目前，国内围绕空心村问题的研究主要在内涵、形成机制、影响和治理方面，国外学者主要探究的是农村劳动力转移和发展中国家农村发展问题。由于研究切入点的不同，目前国内学术界并未对空心村的具体含义作出统一的解释。当前，对于空心村的具体含义有以空间形态为切入点，从土地资源的保护与开发、城市与乡村的协同发展或是乡村内部布局对空心村具体含义作出地理学解释，或者从产业发展、人口流失等角度对空心村进行界定，重点关注空心村的经济社会形态；还有从农村公共服务、文化建设等范畴对空心村进行界定，倾向于对空心村文化形态的研究。综合不同切入点对空心村内涵的研究，本章以乡村振兴战略的五大目标为切入点，根据空心村存在的样貌将其具体含义界定为：在工业化、城镇化进程中的特定时期，由于大量农村劳动力向城镇转移，农村呈现出不同程度的主体结构失衡、宅基地空闲废弃、产业经济落后、治理能力薄弱和文化生活贫乏等样貌，其本质是乡村系统运作过程中人口、土地、产业、组织和文化等要素配置失衡，并相互作用而导致农村生活、生产、生态、组织、文化等功能衰退的结果。空心村在现实表现中具有单一样貌主导和多种样貌综合的特点，为了全面认清人口、土地、产业、组织和文化五个方面的表现及其相互作用关系，将其抽象为空心村的五种形态，对空心村的不同形态的形成过程进行解析。

2. 空心村治理

农村治理是当前社会的重要任务，而空心村作为农村发展最大的阻碍，已经成为政府、学者和城乡居民关注的重点问题。空心村治理应以乡村振兴战略为导向，将农村发展与新型城镇化建设相结合，应以空心村形态表征与形成机制为基础，依托当地政府、村两委、企业，充分尊重村民的意愿及需求，采用政策手段和工程手段，促进农村经济水平提高，改善居民生活环境，激发村庄发展的内生动力，缓解农村空心化问题。

近年来，学者们对空心村治理进行大量探索，从不同方面提出了多样化的空心村治理理论、对策及模式，在学术研究与实践操作中具有一定的借鉴意义。在空心村治理理论方面，以"乡村重构"论、"三整合"论，"整理分区"论，"综合整治"论等具有全局性指导意义的理论为主，便于了解空心村治理的总体思路[134]。在空心村治理模式及对策方面，部分学者基于对研究区域的实地调查，从土地资源整治、宅基地制度改革、城乡一体化建设、人口学、空心村文化建设等视角切入，提出开发耕地、新增乡镇企业等治理对策及城镇化引领型、村庄合并型、村内集约型等治理模式[135]。尽管多数学者的研究是从宏观层面出发，但仍有少数学者选择微观视角，采用实证方法研究农户对空心村治理的意愿，从而提出治理模式并进行效果预测[136]。在空心村治理运作主体方面，存在政府与市场分别单独主导、政府与市场合作实施以及政府＋村集体＋市场模式。本章以行动者网络作为理论支撑，以平原传统农区禹城市房寺镇作为研究区域，选取房寺社区、邢店、郑牛、尉庄作为空心村治理研究案例，通过对四种典型治理模式分析，解释空心村治理中各参与主体的行为及互动，呈现出空心村治理与转型的全过程，借以丰富空心村治理模式研究的理论认识与应用实践。

3. 空心化村庄治理绩效

治理绩效评价是贯穿于空心村治理全过程的有机部分，目前虽然尚未形成绩效内涵的统一界定，但对于空心村治理绩效的研究已经取得了非常大的成果：第一，以空心村的形成机制、表现特征为视角，从空间结构维度对空心村治理绩效进行评价；第二，以农户、农民利益为视角，从治理结构维度对空心村治理绩效进行评价；第三，将土地整治项目的评价模型，用于对以闲散土地盘活为主要措施的空心村治理绩效评价[137~138]。本书认为，绩效评价本身是一个包含多视角的系统，同样，空心村治理也涵盖了多参与者。因此，从空心村治理的参与主体和客体双重视角为切入点进行绩效评价，不仅可以广泛的收纳主客体指标，而且也能够注重政府与农户目标的一致性。

2.1.2　宅基地相关概念界定

1. 农村宅基地

宅基地的内涵，从宅基地的自然资源属性出发，它是农民用来建造房屋和附属设施的土地；从宅基地的财产角度看，它是综合性的使用权的载体，包括房屋居住权、财产权等。宅基地承载的功能主要可以分为居住功能和劳作功能，分别为农民提供了生存权和生产权的载体。还有许多学者从社会、经济等角度等对农村宅基地的概念进行了界定。

通过借鉴学者们的总结和相关法律中的规定，本书将农村宅基地这一概念界定如下：农村宅基地是指农村集体组织按照国家的相关规定，依法长期、无偿交由农民使用，用以建造住房及其基础设施配置等的集体性建设用地。宅基地是农民的一项资产，具有价值性、福利性和排他性，任何人不得随意侵犯农民对其宅基地享有的合法权益。

宅基地有序退出可以缓解城镇化过程中的城乡用地结构不合理、人地关系紧张、土地资源浪费等问题。同时宅基地退出以维护农民的合理合法权益为出发点，以改善农村居民的生活环境、提高农村居民的生活质量为目的。在缓解城镇化进程中城乡用地不合理、人地矛盾突出等现实问题的同时，还能在一定程度上满足农户多元需求，提高农户的福利水平。

2. 宅基地退出

农村宅基地退出，是我国在城市建设用地资源紧缺、农村土地资源利用率低下的背景下提出的一项土地政策。其主要目的是通过引导农户退出闲置的或废弃的农村宅基地、通过规划调整让农村居民上楼等途径，使农村的土地资源能够得到更加合理的利用，从而为城市的建设提供相应的土地资源，以达到促进我国城乡统筹协调发展的目的。

农村宅基地退出是指，在政府及相关部门的引导下，农村居民自愿放弃其拥有的对农村宅基地的使用权，统一交由村集体组织或国家相关机构，并以此来获取相应的补偿条件的行为。宅基地退出政策可以缓解城镇化过程中城乡用地结构不合理、人地关系紧张、土地资源浪费等问题。同时宅基地退出以维护农民的合理合法权益为出发点，以改善农村居民的生活环境、提高农村居民的生活质量为目的。

3. 农户福利

福利是一个多元且模糊的概念，其内涵经历了从旧福利到新福利的阶段历程。以庇古（Arthur Cecil Pigou）为代表的旧福利经济学家从基数效用论的角度认为一个人的福利与收入水平和商品拥有量直接挂钩，也就是说，收入水平越高、商品拥有数量越多，其所享有的福利水平就越高。他重点关注便于计量的经济性福利，然而收入对于宅基地退出农户福利的分析具有片面性，即收入水平的高低并不能完全代表退出农户的福利好坏。马歇尔（Alfred Marshall）在效用论的基础上创新"消费者剩余"概念，并以此作为评估个人和社会福利的新内涵。在宅基地退出中，农户作为宅基地供应者，其福利表现为生产者剩余，即宅基地补偿价值减去宅基地成本的部分，而计算需要以宅基地的完全竞争市场为依据，鉴于当前我国尚未形成初步的农村土地市场，因此难以用来界定农户福利。立足于对旧福利理论的批判与反思，阿玛蒂亚·森（Amartya Sen）在先前成果的基础上提出了可行能力理论，该理论运用动态发展的观点看待福利，认为个人福利可以通过个人当前拥有的以及将来可能拥有的进行描述，并指出可行能力才是福利的本质，即福利可表示为各种潜在的功能性活动向量集。宅基地为农户提供了居住条件、财产经济、社会保障、心理寄托和地位代表等各项功能，因而退出宅基地不单单是空间物理层面的转移，还涉及生产、生活、心理及社会参与等方式的转变。

33

　　本书中的农户福利特指在宅基地退出实施前后的农户福利水平，即农户在宅基地退出过程中直接或间接相关的诸如居住状况、经济状况、心理状况、社会保障状况、社会参与等方面的功能和能力的大小，由此共同合成衡量农户福利的各项功能性活动向量，可通过相应的计量方法进行定量测度。

2.2　关于空心村问题研究的基础理论

2.2.1　行动者网络基本理论

　　行动者网络理论（ANT）丰富传统主体与客体的内涵，将宏观结构与微观行动相结合，有效连接知识和社会的复杂网络，是解释动态的科学实践研究的新方法。行动者、转译和网络是该理论的三个核心要义：

首先，行动者是实践的全部参与者，不仅包括人类，也就是参与主体，也包括作用的对象，即参与客体，理论上，所有的行动者都有其所谋求的利益和为实现利益所做出的行为，并且行动者之间的行为和利益均不是同质的，正是由于他们之间对非同质属性的消化与吸收，才会形成连接彼此之间网络，这种消化与吸收称作转译。其次，转译是行动者网络得以有效实现的关键环节，包括问题呈现，即通过关键行动将不同行动者关注的对象问题化，并提出实现各方目标必须解决的关键问题，各方此后的行为均围绕这个关键问题也就是强制通行点（OPP）所展开；利益赋予，即通过征召与被征召的方式将各方行动者纳入网络中；征召和动员，即指关键行动者为使网络有效运营，利用某些手段对促使网络内的行动者发挥自身的作用，同时，需化解运营中出现的异议。最后，网络则是在转译过程中人类和非人类行动者两方力量权衡下产生的动态框架，双方力量不断调整，逐步将所有的参与者纳入，形成一个具有异质性的解释框架。

2.2.2　行动者网络的结构

对于空心村治理，行动者网络由治理主体和治理对象组成，包括市政府、当地乡镇政府、村集体、村民、外来人员、开发商、用地企业等治理主体，以及人口、土地、产业、组织文化等治理对象，房寺镇在当地政府资金及政策支持下，将乡村振兴的五大发展目标充分与对空心村人口、土地、产业、组织、文化五方面的问题阻碍相对接，为空心村治理路径的方向性选择和治理方案构建提供了科学依据和有力保障。在空心村治理前，行动者将各自不同的利益目标和问题阻碍都集聚到强制通行点（OPP），通过克服各自的阻碍获得可预期的相关利益，然而想要克服各自的阻碍并实现他们的意图，最终落实为一个核心的目标，即空心村治理和推助乡村振兴（见图2-1）。可以看出，行动者网络理论体现的是关系和过程的逻辑思维，强调在一个动态、系统的框架下研究各目标对象及其之间相互作用关系，该理论既能解释事物的发展模式，又能描述其改变的过程。

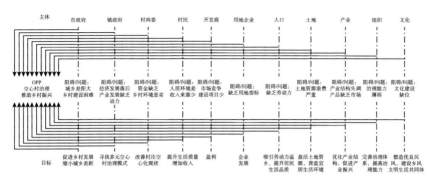

图 2 - 1　行动者网络理论的结构

2.3　关于宅基地退出问题研究的基础理论

2.3.1　宅基地退出模式判别

1. 宅基地退出模式解构

宅基地退出作为主体、客体与制度规则耦合作用下的长期任务、系统工程，其退出行为在闭环系统的内外循环方式下实现要素的特定组合形式，进而形成多样的宅基地退出模式。宅基地退出模式具体表征为"外缘—内核"式多要素交互作用构成的综合系统（见图 2 - 2）。其中，外缘系统承载影响内核运转的内、外部性因素。外部性突出刻画宅基地及其所处乡村的基本特征，如区位、禀赋条件及政策支持情况等，有力支撑着系统的良性运转；内部性揭示了退出客体（宅基地）与主体（农户）特征，分别诱发和引导内核系统的运作行为。此外，内核系统即模式内在的构成形式，是为实现与外缘内外部性因素相适应的行为响应与组合要素，通常囊括主导方、资金来源、安置区位与工程措施等。其中，主导方是退出实施的参与主体，为退出行为提供调控力量；资金是退出实施的物质基础，为退出行为提供必要的物力支持；安置区位是退出实施的规划，用以调动退出主体积极性；退出方式是退出活动开展的工程措施，以此助推退出程序的有序开展。这样，在外缘系统承载因素、内核系统构成要素，以及内、外系统间交互响应的多轮驱动下，形成不同类型的宅基地退出模式。

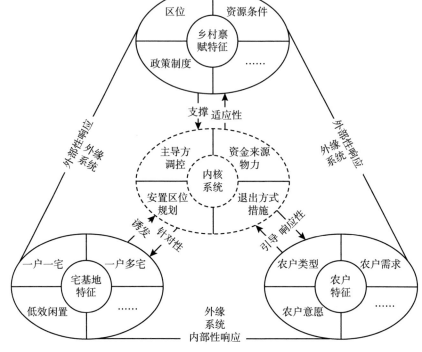

图 2-2　宅基地退出模式的系统结构

2. 宅基地退出模式划分

目前有关宅基地退出模式的分析多处于政府的单主体视角，在构成要素上多聚焦于村庄的外部性特征，这往往忽略了农户主体特征及其内部性要素在退出模式设计与识别的重要地位，且对不同退出模式如何围绕农户多层次需求而运作的逻辑过程分析较薄弱。因此，判别不同宅基地退出模式类型（见图 2-3）需要综合考虑多方面因素，且由于内核系统要素多是基于给定模式所进行的要点分析，本书主要考虑以外缘系统为主的"人—地"关系要素。一是农户自身的需求，包括马斯洛提出的五项基本需求，本章理论基础部分构建基于需求层次理论的农户需求体系。为满足逐渐升级的需求，不同类型的农户主体会选择不同的退出方式来实现其预期。二是农户特征，以农户家庭主要收入来源及从事职业为划分依据，可划分为纯农、兼业以及非农型。三是宅基地所处的地域环境，主要表现为宅基地所处的区位条件和资源禀赋条件。四是宅基地退出的政策驱动，如旧村改造、增减挂钩、精准扶贫与美丽乡村建设等。

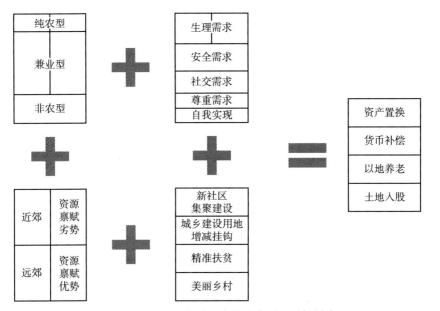

图 2-3　农村宅基地退出模式类型识别与划分

　　结合宅基地退出模式的系统解构，针对不同宅基地内外部性因素特征的综合研判，本书判别设计出四种适应不同地域环境和农户特征的宅基地退出模式，并通过对外缘与内核系统要素特征予以概括，如模式概念、参与主体、资金来源、退出方式等，形成不同宅基地退出模式的基本要点（见表 2-1）。此外，考虑到现实情况的复杂性，所凝练出的不同退出模式既可以作为主要补偿单独运用，也可以实现以主要与辅助补偿相结合的形式，实现多种模式的组合应用。例如，对部分兼业型农户来说，在持有两套及以上宅基地时，当他们放弃宅基地后，其最迫切的需求除了保障自身生活安置条件之外，有的也会考虑到进城后的生存成本问题，为了能够承担起城市中高昂的日常生活费用，他们可能会选择

表 2 – 1 　　　　　宅基地退出模式类型划分及其基本要点

标码	退出模式	基本内涵	外缘系统特征	内核系统特征		
				主导方与资金来源	安置区位	退出方式
A	资产置换	农户将其所退出的宅基地置换一定面积的社区安置房或城市商品房，解决退出后的住房难题，冲破城乡二元壁垒	远离城镇的村庄居民点规划滞后，布局散乱，人居环境相对陈旧；纯农与部分兼农农户基于住房需求，对优化人居环境及配套设施需求和进城安置意愿强烈	政府主导地方财政	统建：镇驻地或城区自建：原址或异址	为推动新社区集聚建设，鼓励农民市民化，地方政府主导规划农村土地整理拆迁，将农民原有宅基地指标转变为国有建设用地指标，同时统一规划建设安置小区，按照房地区位、状况等特征，通过允许自愿退出的农户置换一定面积社区安置房的形式，对农户进行实物补偿
B	货币补偿	按照退出补偿标准以货币的形式弥补因农户退出宅基地而带来的损失，使农户直接获得一次性经济收入	城镇建设用地紧缺地区，村庄空心化严重，宅基地长期废弃；进城落户的部分兼农或非农农户基于经济需求渴望通过退出获得资金，改善生活水平	政府主导与村集体引导；资金由政府财政和村集体经济构成	自主选择	当地政府贯彻城乡用地增减挂钩政策，对宅基地统一复垦，获取的建设用地指标一部分投入村内基础设施等用地需求，节余指标可在县（市）域内流转，村集体以指标市场交易价格为基准获取极差收益，同时根据房屋价值评估，对自愿退出村民提供价值不等的货币
C	以地养老	农村留守老人放弃自身闲置宅基地的使用权，用以置换统一的养老服务，在一定程度上破解养老困境	具有区位优势的村庄宅基地超标占用；退出农户中的年老夫妻留在乡村相依为命，子女离乡外出务工或求学，养老是其迫切需求	政企合作资金主要来源于社会资本与政府资助	养老公寓	结合精准扶贫，首先由政府资助引导对乡村闲置废弃宅基地进行整理与复垦工作，允许资方直接使用宅基地退出腾退的土地指标，将部分指标用于产业发展用地，积极吸引社会资本参与建设高标准集中养老机构并配套相应基础设施

标码	退出模式	基本内涵	外缘系统特征	内核系统特征		
				主导方与资金来源	安置区位	退出方式
D	土地入股	农户以闲置宅基地使用权入股参与村企合作社分红，实现土地增值收益价值分配	城市远郊或具备商业开发潜质村庄；兼业或非农型农户精神性需求程度高且渴望获得更多的收入来源	村企合作资金由企业投资与村级资金组成	自主选择	结合美丽乡村规划，村集体将入股的宅基地和房屋统一整理，经政府规划审批，由村企合作方式对宅基地统一开发和经营，成立股份有限公司，所得利润收入在预留出管理费用和创新开发成本的基础上，按村民股份份额进行统一分红

将其中一户宅基地置换房屋，而另一户则希望通过货币方式来补偿因放弃宅基地而丧失的财产功能，以此实现住房保障与货币保障的双需求，这时候就会出现"资产置换＋货币补偿"的模式结合形式，即"A＋B"模式。除此之外，针对不同情形，常见的退出补偿组合方式可能还包括"A＋C"和"B＋D"模式等。

2.3.2　相关理论基础

1. 农户行为理论

农户行为，指的是农户在一定的经济环境中，为了实现一定的经济利益目标而做出的决策行为。对农户行为的研究最早从西方开始，现阶段关于农户行为研究的观点主要分为以下三种：一是以俄国农业经济学家恰亚诺夫等为代表的组织与生产学派，他们认为小农经济具有保守性和低效性，因为小农生产者追求风险最小化而不是经济生产利益最大化，目的是为了满足家庭消费需求；二是以美国学者舒尔茨等为代表的理性小农学派，他们认为农户是具有理性的"经济人"，农户在农业生产的过程中以获取最大利润为目标；三是以美国学者赫尔伯特·西蒙等为代表的有限性理论，他们认为人的理性介于理性和非理性之间，农户在做出决策时，会受周围环境、政策条件、个人观念等不同外部因素的制约，因此其决策的理性是有限的。

我国学者也从不同角度对农户的行为特点进行了概述。学者们认为，农户是具有理性的个体，是追求利益最大化的，当某项决策会影响其自身利益时，他们会综合考虑自身的需求，对比决策可能会产生的收益和风险，从而做出对自己有利的决策。本书通过对农户行为理论的运用，分析不同类型农户的特点，进一步分析其做出是否愿意退出宅基地和选择何种退出方式等决策的主导因素，以制定适合不同类型农户的宅基地退出模式。

2. 土地产权理论

土地产权是指，以土地为载体而产生的权利的总和，包括土地所有权、使用权、收益权、处分权等。根据主体不同，我国的土地分为国有土地和农村集体土地两大类，国有土地由各级政府行使占有、使用、收益和处分的权利，集体土地则由农村集体组织代表全体农民行使经营、管理等各项权利。土地产权是我国不动产物权中的一种权利，土地产权具有流动性，它会随其权益主体进行的转让、租赁等各种土地市场活动而转移，权益主体可以通过对土地产权的有效利用来获取经济收益。

本书主要关注的是农村集体土地产权中的宅基地产权。宅基地作为农村居民日常生产生活的载体，在其被使用与流转等相关经济活动中产生的权益应该由谁来享有，以及交易和补偿过程中的各项行为准则，都应该有明确的规定。农民作为宅基地使用权的主体，应当享有一定的宅基地处置和收益的权益，而在我国现有的宅基地产权制度规定中，农民通过宅基地的流转与退出等途径来获取经济收益受到的限制很多。本书通过对土地产权理论的学习，了解农村宅基地在农户生产生活中所扮演的角色或承担的功能，进而分析宅基地退出可能会给农户带来的影响，从而有针对性地制定农村宅基地退出的补偿措施。

3. 可持续生计理论

可持续生计，是指个人或家庭具备的谋生能力、拥有的资产和能够产生收入的活动等的总称，它可以改善个人或家庭的长远的生活状况。在 20 世纪 80 年代末，可持续生计的概念出现在世界环境和发展委员会的报告当中。1992 年，联合国环境和发展大会将此概念引入，主张把稳定的生计作为消除贫困的主要目标。目前，在我国的科学发展观中，可持续生计的概念也有所体现，科学发展观倡导以人为本，全面、和谐和可持续的发展，强调城市与农村的协调发展、人与自然协调发展。

可持续生计理论在西方国家的发展，经历了从 20 世纪 60～70 年代的"专家设计、自上而下"的扶贫项目，到 80 年代"自下而上，本地人主导"的参与式综合发展，再到 90 年代把本地生产生活的各个环节作为一个整体系统来考虑的可持续生计手法的过程。可持续生计理论提出的初衷，是希望政策制定者多从对象人群（如农户）日常生产生活的角度来考虑问题，能够有效利用本地资源，寻找符合当地人意愿的解决方法，而不是一味依靠外来者通过带入大量资源来解决本地问题。对于以农业生产活动为主要收入来源的农民来说，农村土地是一种可持续生计资源，农村宅基地也是其可持续生计资源中非常重要的一部分，农户失去了宅基地就意味着失去了一部分可持续生计资本，因此，解决宅基地退出农户的问题，还应该注重新的可持续生计的替代。本书通过运用可持续生计理论，充分了解本地情况，考虑当地农户的主要生产特点，发现农户生计活动中存在的困难，合理运用本土资源及本土人才等优势来解决农村宅基地退出可能会带来的问题，完善退出补偿机制，从而促进农村宅基地退出的顺利进行。

4. 城乡统筹发展理论

城乡统筹发展是指，对城市和农村的发展进行统一协调规划，充分发挥城市对农村的辐射带动作用和农村对城市发展的促进作用，改变城乡分割、城乡分治的局面，建立以工促农、以城带乡的长效机制，实现城乡经济社会的共同发展，进而逐步缩小城乡居民生活水平间的差距的发展思路，对推进我国全面建成小康社会、实现共同富裕具有十分重要的意义。早在 1956 年，毛泽东同志就提出了注重城乡协调发展的思想，2002 年党的十六大阐述了"统筹城乡经济社会发展"的理念，2012 年党的十八大进步明确了加快完善城乡发展一体化机制的要求，2017 年党的十九大提出实施乡村振兴战略、促进区域协调和城乡融合发展的要求，统筹城乡发展已经成为我国经济新常态下改善城乡二元结构、解决"三农问题"的重要途径。

党的十九大报告中指出，农业、农村和农民问题是关系国计民生的根本性问题，城乡发展水平的不平衡是现阶段我国社会发展的主要矛盾之一，而城乡统筹发展可以有效促进人力、物力、财力等资源向农村流动，促进农村经济社会的发展。在现阶段，乡村振兴战略是推进我国城乡协调发展的一项重要举措，而农村宅基地退出政策是实施乡村振兴战略的重要的内容之一，因此，进一步分析和学习城乡统筹发展理论，对促进农村宅基地退出政策的制定和实施具有十分重要的意义。

5. 需求层次理论架构

马斯洛的需求层次理论认为人类需求表现为金字塔状的五级模型，依次表现为，生理需求是人类用以满足生存与发展的基本性需要；安全需求是人类对安全、稳定及免受恐惧的需要；社交需求是人类在群体交往中对心理依存关系的需要；尊重需求是人类对自身的尊重以及希望受他人尊重的需要；自我实现需求是人类希望最大程度发挥潜能、实现远大理想的需要。这五种层次需求之间重叠式演进且彼此依存，只有当低层次需要基本实现后，人类才会进而追求更高一层的需求，并成为激励个体行为的主因，但此时低层次需要仍然处于从属地位。以宅基地退出为出发点，农户多层次需求体系如图所示（见图 2-4）。其中，生理需

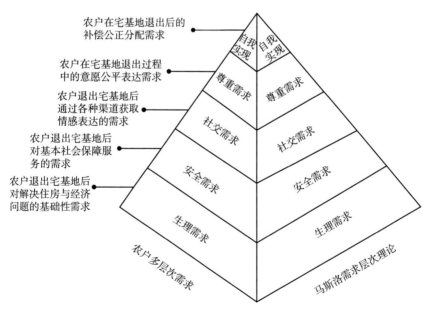

图 2-4　宅基地退出农户的需求构成

求主要涉及的是有关宅基地退出后农户对住房与经济问题的基础性需求。安全需求，即退出后农户对基本社会保障服务的追求，如对医疗、养老、就业机会和教育条件等的需求。社交需求，即宅基地退出后的农户渴望通过各种渠道获取情感表达的需求。尊重及自我实现需求，主要表现在农户对退出过程中的意愿公平表达与退出后补偿公正分配的需要上。

6. 可行能力理论架构

阿玛蒂亚·森（Amartya Sen）在借鉴以往学者研究成果的基础上提出了用以评估，福利的可行能力理论，该理论本质在于强调一种实现各种功能性活动的实质自由，福利水平与个人所拥有的可行能力相关，具体表现为，可行能力大小决定可实现功能性活动的多少，而功能性活动又与福利水平直接挂钩。他从经济条件、防护性保障、透明性保证、社会机会及政治自由等方面明确了构成人类福利的五项功能性活动（见表 2-2），在森的理念下，凸显了福利构成的多要素化及全面性特征。

表 2-2　　　　　　　　森的 5 种功能性活动及含义

功能性活动	基本含义
政治自由	参与主体充分表达政治意愿的自由
经济条件	个体可掌握的经济资产
社会机会	个体享受公共服务的机会，直接影响"实质性自由"
透明性保障	个体有关社会信息公开性与及时性等的心理感受
防护性保障	人们遭受突发事件时建立的安全网

本章基于可行能力理论提到的五种功能性活动与相关学者的研究指标体系的梳理，结合宅基地退出实践，确定文章中用来评估宅基地退出前后农户福利的功能性活动为居住状况、经济状况、社会保障、心理状况与社会参与五方面（见图 2-5）。其中，居住状况对应防护性保障，是指宅基地退出后为农户驱寒取暖的基本住房条件的保障。经济状况对应的是经济条件，是指宅基地退出后农户可获得的经济性补偿资源。社会保障对应社会机会，是指宅基地退出后农户可获得的良好的医疗保障、养老条件、就业技能培训与教育资源等社会保障条件。心理状况对应透明性保障，主要有关宅基地退出后农户的社会交往机会与基于宅基

地退出信息公开下的适应度、满意度等评价能力。社会参与对应政治自由，是指宅基地退出过程中决策参与机会与收益分配公正的实现的可能性。

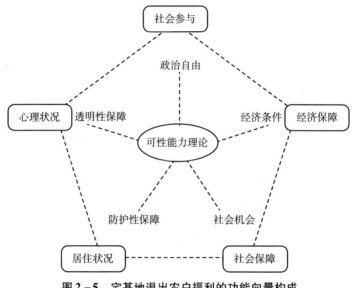

图 2 – 5　宅基地退出农户福利的功能向量构成

2.4　小　　结

　　本章系统地介绍了研究所涉及的空心村、宅基地退出等概念，行动者网络空心村治理结构、宅基地退出模式系统结构以及需求层次理论与可行能力理论等。空心村治理模式由治理主体和治理客体构成，行动者之间不同利益和目标以及阻碍汇聚到强制通行点，最终落到共同的治理目标上。宅基地退出模式承载着村庄区位、政策与资源禀赋等外缘要素以及主导方、资金来源与工程措施等内核元素，其本质是内外多要素耦合驱动的多元结果。在宅基地退出过程中，结合宅基地所处村庄的区位特征，在不同政策支持条件下，为满足不同类型农户的多层次需求，设计出资产置换、货币补偿、以地养老、土地入股等差异化的退出模式，为后续开展实证研究预设了理论前提。

第3章 我国农村宅基地政策制度变迁与实践

宅基地制度作为一种具有政治和社会属性的土地制度安排，已成为关系到社会稳定、和谐和执政基础的重要政治经济问题，其既是乡村振兴战略实施体系的制度基础，也是实现城乡要素双向流动、有效配置土地资源的紧迫任务。本章将对我国宅基地政策制度变迁进行梳理，简要系统的回顾自1949年以来中国宅基地政策制度演变，对现在宅基地退出改革试点地区的典型案例经验进行总结。

3.1 我国农村宅基地政策制度变迁

3.1.1 我国农村宅基地政策制度变迁的演变

宅基地退出是现今农村宅基地改革的一个重要政策制度，其是在宅基地制度的形成与演变过程中所不断探索的重要内容。农村宅基地制度的形成和演变历来以来国家发展战略为导向，以农民发展需求为基础，以政府和农民互动为推力，以处理好农民增收、农村发展与工业化、城镇化关系为基点，以发挥宅基地的多重要素功能为目标。结合历史背景和时间需求，本书将我国宅基地制度分为五个阶段：

1. 新中国成立初期：私有私用，自由支配

自新中国成立以来，我国宅基地制度与整个农村土地制度基本上保持了一致。1949年《中国人民政治协商会议共同纲领》规定，实施农民土地所有制；土地改革时期是"宅基地私有"时期，制定了《中华人民共和国土地改革法》，规定土改后农民对宅基地享有完全的所有权，可以买卖、出租、抵押及继承，农民可以根据法律的规定取得房地产权证书。1954 年《中华人民共和国宪法》增加了对土地征收的规定，同时也决心保护农民的土地和房屋所有权，并允许出售继承。在农村土地私有制下，只有单一所有制，农民有权自由支配土地，通过出售或租赁获得经济利益[139]。规定土改后农民对宅基地享有完全的所有权，可以买卖、出租、抵押及继承，农民可以根据法律的规定取得房地产权证书。1955 年《农业生产合作社示范章程草案》要求，包括土地在内的生产资料应当逐步公有，但生活资料应当私有。在这一时期，农村土地私有制保证了新制度的稳定过渡，政府也在意识形态领域逐步强化公有制，在实践中弱化私有产权，为农村宅基地的集体化和社会主义生产合作埋下伏笔[140]。

2. 合作社运动至改革开放前：私有私用和公有公用并存，"两权分离"形成

高级农业生产合作社运动后，1956 年国家实施《高级农业生产合作社示范章程》规定：入社农民必须把私有土地等生产资料转为合作社集体所有；社员原有房屋地基不必入社；社员新修房屋需要地基，由合作社统筹解决。因此，在高级农业生产合作社时期，我国农村房屋地基有两种产权形式，即老房屋地基私有私用，新修房屋地基公有私用。老房屋地基，可以自由出租、买卖和继承；新修房屋地基是否可以出租、买卖和继承，当时无明确规定，这种状况一直持续到 1962 年。1962 年颁布的《农村人民公社工作条例（修正草案）》中规定，宅基地归生产队所有，宅基地上的房屋为农民拥有；1963 年《中共中央关于各地对社员宅基地问题作一些补充规定的通知》提出宅基地使用权的概念，确定了农村宅基地所有权归生产队、使用权归农户的"两权分离"模式。在这一制度设计下，农民只享有宅基地使用权，且宅基地使用权归房屋所有者[141]。在这一时期，允许房屋买卖，但在计划经济体制下，其收益和范围都是有限的，宅基地一宅两制、两权分离的格局基本上形成。

据文献记载，将宅基地无偿收归生产队集体所有，在部分地区引发

了混乱和不安。为此，中央于 1963 年 3 月转发了上海、河北等五省份宅基地政策补充规定供各地参考，补充规定包括：社员宅基地，包括有建筑物和没有建筑物的空白宅基地，都归生产队集体所有，不准出租和买卖；宅基地由农户长期使用，长期不变；宅基地上的附着物，如房屋、树木、厂棚、猪圈、厕所等永远归社员所有，社员有买卖或租赁房屋的权利；房屋出卖后，宅基地使用权随之转移给新房主，但宅基地所有权仍归生产队所有；社员新建住宅占地无论是否耕地，一律不收地价。同年 8 月，最高人民法院有关审判宅基地使用权纠纷的意见认可五省份补充规定。至此，"宅基地集体所有、农户长期无偿使用、不准出租和买卖"政策正式形成并延续至今。

3. 改革开放时期（1978～1997 年前）：控制总量，调试管控

改革开放后，政策开始对宅基地总量进行控制。一方面，农村建房无序扩张、乱占耕地现象严重。1982 年，国务院发布了《村镇建房用地管理条例》首次提出农村土地用途管制和宅基地限额要求，也标志着我国农村宅基地建房进入指标时代。另一方面，为适应改革开放后的市场经济发展，激活农村经济和加强农村建设，一些宅基地政策申请将适度放宽，例如，除社员外，回乡落户的离退休军人、职工和华侨同样可申请宅基地；1986 年《中华人民共和国土地管理法》进一步明确非农户口可向县政府申请宅基地，以上政策制度将申请对象放宽，致使宅基地规模呈现暴涨态势[142]，例如全国农村人均住房面积由 1978 年的 8.1平方米，增加到 1989 年的 17.2 平方米。

与此同时，随着农村经济的快速发展，农村出现了建房热潮，农民建房热衷于占好地、多占地，出现大量占用耕地的势头[137]。为严格保护耕地，1988 年开始，国家在山东德州地区以及全国 200 多个县，选择经济基础较好、耕地资源紧张的县、乡、村试点实施农村宅基地有偿使用制度，建立和完善土地使用费管理制度。1990 年国务院批转了国家土地管理局《关于加强农村宅基地管理工作的请示》。进入 20 世纪90 年代后，农民负担日益加重，为此，中央不断出台措施减轻农民负担。1993 年中办国办颁布《关于涉及农民负担项目审核处理意见的通知》，明确为减轻农民负担取消农村宅基地有偿使用费和超占费，宅基地再次实行无偿使用[143]。

4. 改革开放时期（1997～2013 年）：探索宅基地退出机制，规范管理

为了有效抑制宅基地过度占用耕地的现象，1997 年 4 月 15 日，中共中央、国务院发布了《关于进一步加强土地管理切实保护耕地的通知》，明确"农村居民每户只能有一处不超过标准的宅基地"，初步确立了"一户一宅"的宅基地管理原则。

1998 年城镇住房分配体制改革后，大量城市居民下乡购买农民的房屋，为控制城镇居民购买农村房屋行为以顺利推进城镇住房制度改革，1998 年修订的《土地管理法》从法律上禁止了城镇居民购买农村宅基地和房屋，并规定农村居民一户只能拥有一处宅基地。禁止农民把住宅出售给城镇居民和农村村民"一户一宅"的规定，堵上了城市居民合法获得农村宅基地的途径。

以 2004 年中央一号文件开始再次聚焦"三农"为标志，我国工农城乡关系发生了重大转折，由农业支持工业、农村服从城市转向了工业反哺农业、城市反哺农村。随着大量农村劳动力进城务工，农村宅基地由总量紧缺矛盾转向总量不足与局部闲置的双重矛盾。特别是在农村劳动力转移充分的偏远山区或省份，农村空心化问题突显，宅基地浪费严重[139]。同年国土资源部《关于加强农村宅基地管理的意见》提出禁止城镇居民购买农村宅基地，清查、核实一户多宅和宅基地闲置等现象，2008 年，党的十七届三中全会审议通过了《中共中央关于推进农村改革发展若干重大问题的决定》，提出依法保障农户宅基地用益物权。同年国务院关于《促进节约集约用地的通知》再次提出鼓励人们利用闲置住宅用地建房和腾退措施。可以看出，该阶段农村宅基地仍是两权分离，在土地利用总量控制的管理体系下，既强调宅基地的严格审批也试图探索宅基地的有效腾退，同时在部分城郊和经济发达地区，宅基地的地下交易和隐性流转仍旧存在[144]。2010 年，原国土资源部《关于进一步完善农村宅基地管理制度切实维护农民权益的通知》提出选择合适地区开展宅基地有偿使用试点，宅基地有偿使用再次成为改革内容。

5. 深化改革时期（2013 年至今）：激活农村宅基地要素，三权分置

党的十八大以来，我国进入中国特色社会主义新时代，城乡基础设施互联互通、公共服务一体化迈出坚实步伐，工农互促、城乡互补、协调发展、共同繁荣的新型工农城乡关系格局初现端倪。农村转移劳动力由单纯进城成为农民工转变为部分农民工落户成为市民、老年农民工返乡、年轻农村劳动力持续外流的新态势，且老年农民工返乡、年轻农村劳动力持续外流会持续很长一个时期[145]。新型城镇化深入推进，大量农民工实现市民化，他们仍保留宅基地使用权，虽然部分农民工有强烈的宅基地使用权退出意愿，但由于缺乏变现途径，只能将宅基地闲置；相当一部分农民工预期年老后会返乡，保留宅基地使用权的意愿强烈，但常年外出务工使宅基地及农房空置，希望通过流转等途径获得一定收益。

　　2013 年党的十八届三中全会《中共中央关于全面深化改革若干重大问题的决定》要求改革完善农村宅基地制度，慎重稳妥开展农民住房财产权抵押试点，初步确立宅基地制度改革试点。此后，以还权赋能为重要特征的宅基地制度改革步伐逐步加快，农民房屋和宅基地权益保护持续加强[142]。2014 年 12 月，中央全面深化改革领导小组第七次会议审议通过的《关于农村土地征收、集体经营性建设用地入市、宅基地制度改革试点工作的意见》，就健全宅基地权益保障方式、完善宅基地审批制度、探索宅基地有偿使用和自愿有偿退出机制等部署改革试点工作，在全国 33 个试点县（市、区）开展试点。

　　2015 年国家提出进城落户农民在本村集体经济组织内部自愿退出或转让宅基地等方案[146]。2016 年义乌市率先在全国确立了宅基地"三权分置"。2018 年国家创设性地提出宅基地所有权、资格权、使用权"三权分置"，选择山东禹城、浙江义乌和德清、四川泸县等开展试点。2019 年中央一号文件确认了拓展宅基地试点并开展宅基地复垦试点；同年《土地管理法》将宅基地审批权下放至乡镇，并将国土部门宅基地改革的职责转移至农业农村部。该阶段各地出现了宅基地置换、宅基地资本化补偿等多样化改革模式（重庆市"地票交易"、天津市"宅基地换房"和"余江宅改"等），并创新设立了与之适应的宅基地组织制度和管理制度等。2020 年 6 月 30 日中央全面深化改革委员会第十四次会议审议通过了《深化农村宅基地制度改革试点方案》，明确要积极探索落实宅基地"三权分置"的具体路径和办法，实现好、维护好、发展好农民权益[147]。目前，我国的农村宅基地制度已经集中体现在 2019

年 8 月新修订通过的《土地管理法》和 2021 年 7 月 1 日新修订通过的《土地管理法实施条例》中（见表 3 - 1）。

表 3 - 1　　　　　目前我国现行农村宅基地管理制度

所有制形式	农民集体所有
管理部门	国务院农业农村主管部门负责全国农村宅基地改革和管理有关工作
审批程序	（1）农村村民申请宅基地的，应当以户为单位向农村集体经济组织提出申请；没有设立农村集体经济组织的，应当向所在的村民小组或者村民委员会提出申请； （2）宅基地申请依法经农村村民集体讨论通过并在本集体范围内公示后，报乡（镇）人民政府审核批准
标准	一户只能拥有一处宅基地，面积不得超过省、自治区、直辖市规定的标准；不能保障一户拥有一处宅基地的地区，可以采取措施按照标准保障户有所居
用地	农村村民建住宅，应当符合乡（镇）土地利用总体规划、村庄规划，不得占用永久基本农田，尽量使用原有的宅基地和村内空闲地
退出	允许进城落户的农村村民依法自愿有偿退出宅基地，鼓励农村集体经济组织及其成员盘活利用闲置宅基地和闲置住宅。退出的宅基地优先用于保障该农村集体经济组织成员的宅基地需求。农村村民出卖、出租、赠与住宅后，再申请宅基地的，不予批准
权益保护	依法取得的宅基地和宅基地上的农村村民住宅及其附属设施受法律保护。禁止违背农村村民意愿强制流转宅基地，禁止违法收回农村村民依法取得的宅基地，禁止以退出宅基地作为农村村民进城落户的条件，禁止强迫农村村民搬迁退出宅基地

3.1.2　我国农村宅基地政策制度变迁的演变逻辑

1. 强制性和诱致性、突变性和渐进性相结合

我国农村宅基地制度的确立、完善与变革过程主要是以中央政府的强制性要求为主导，与此同时，地方政府创新、村集体组织与农民等基层诉求使得诱致性变迁的力度不断加大。宅基地制度改革所具有的复杂性与敏感性，其制度的变迁成本巨大，因此多以渐进式的变迁模式为主，通过先试点再推广的模式，考虑政策的适用性，满足农户现实需求，如政府开展"三权分置"试点工作，逐步调整与适应不同主体行为选择，在今后的宅基地变迁与改革过程中，将继续保持强制性与诱致性、突变性和渐进性相结合的特征[148]。总体上看，农村宅基地制度变迁是以不断化解人地矛盾、发挥土地要素功能为主线，以不同阶段发展战略、城乡关系、人地关系、乡村发展演变为推力，以保护土地资源、提高利用效率、促进农民发展为现实需求，强制性和诱致性、突变性和渐进性相结合的过程。

2. 适应发展目标和主体多元化诉求，放活权利

发展目标和主体诉求是引起制度变迁的外在动力，在单一目标、单一诉求的情况下，制度供给成本低，目标较易实现。从新中国成立初期"耕者有其田，居者有其屋"的政策目标到社会主义改造建设过程中探索社会主义公有制在农村地区的实现形式的"两权"分离制度安排，都是由政府主导，主体主要是政府与广大农民群众，目标与诉求较易实现[149]。然而，随着经济社会的发展和市场化改革的深化，发展目标逐步向经济发展、粮食安全、农民增收、绿色发展等多元化发展。制度需求主体逐步复杂化，从以政府和农民为主，转向各级政府、农民、基层组织、城市居民、乡镇企业及其他利益相关主体。最直接的利益主体——农民，也出现了明显分化，老年农民、年轻农民，务工农民、市民化农民、留守农民等。面对发展目标和诉求主体的多元化，宅基地制度供给需要统筹兼顾多个方面，制度供给成本上升，目标实现过程复杂，因此制度供给主要以解决主要矛盾为主，兼顾次要矛盾，以农户和农民集体利益诉求为演变方向，不断在实践探索中形成改革经验，以此由制度供给为主，转向多元需求诱导。在农村宅基地制度改革试点的过程中，制度也逐步允许农村宅基地通过自营、出租、入股、合作、抵押等方式[150]，拓宽宅基地权能，为放活权能、开放利用探索制度经验。

3. 产权逐步明晰，推动单一功能向多功能转变

随着社会经济的不断发展和城乡融合步伐的加快，宅基地制度改革目标不再是单一的严控增量以保护耕地和自然资源，而是转向盘活存量以推动城乡融合发展和刺激经济增长[151]。面对宅基地无序扩张及其管理失控，国家尊重宅基地保障功能和财产属性，从 2013 年至今，政策将原本两权分离中的虚置的集体所有权、无偿无限期的居住使用权变更

为增加农村组织和农民土地财产收入的所有权、资格权和使用权，与此同时，遵循市场规律，分步构建清晰完整的产权制度。摸索出各具特色的落实宅基地集体所有权的路径、农户资格权保障方式以及宅基地和农房使用权放活渠道，总结提炼出具有普遍性、规律性的权属权能关系设计与安排，使宅基地的产权制度具有包容生活资料、生产资料、财产资产和兜底保障等多种功能，以此使得农户宅基地交易选择和行为更加理性化和规范化，减少非法寻租空间，农民、宅基地流入方和村集体真正获得土地流转和增值收益过程中的合理利益分配，进而凸显宅基地的多重功能价值属性，推动农村宅基地制度的顺利和合理变革[151]。

3.2 宅基地退出试点地区的
改革实践、经验与挑战

3.2.1 试点地区的宅基地退出改革实践

自2015年开展改革试点以来，试点地区按照中央的部署要求，围绕保障户有所居、完善宅基地抵押权能、探索宅基地有偿使用制度和宅基地有偿退出机制以及宅基地"三权分置"等农村宅基地制度的关键领域开展积极探索，形成一批实践和制度成果。在宅基地退出改革的实践过程中，主要分为政府在各环节直接提供支持的政府供给型模式与面向多元主体参与的需求主导型改革模式。在政府供给型模式中，我们将对浙江省义乌市、山东省禹城市以及宁夏回族自治区平罗县宅基地退出改革实践进行总结，在需求主导型模式中，将对湖北省宜城市、江西省余江市以及贵州省湄潭市宅基地退出改革实践进行总结。

1. 政府供给型宅基地退出改革实践

（1）浙江省义乌市：渐进式宅基地退出改革。浙江省义乌市在探索农村宅基地自愿有偿退出的改革实践中，以实现宅基地配置市场化、显化土地财产价值、促进土地节约集约利用、促进城乡一体化发展为核心，以实现经济目标为主，先后形成了城乡新社区集聚建设和"集地券"制度，循序渐进地推动宅基地制度改革。

义乌市城乡新社区集聚建设是指在城镇规划建设用地红线范围内的村庄，按照价值置换方式，实行多村集中联建，采用高层公寓加产业用房、商业用房、货币等多种形式置换。相继推出"宅基地安置＋垂直房""高层建筑＋垂直房""高层发展、异地腾转"政策。"宅基地安置＋垂直房"，这种模式俗称"四层半"，"四层半"的垂直房是一种带阁楼的竖向功能混杂的居住形态，实质是一种以租赁营业为主体的低成本商住空间。"高层建筑＋垂直房"模式，即农户可以自愿、自主选择用宅基地置换低层或高层住宅[152]。同时，参加城乡新社区建设的农户按规定换取的房屋可以办理国有土地使用权证和房屋所有权证，具有完全产权。"高层发展、异地腾转"模式是在充分尊重农民意愿的前提下，允许农民以合法宅基地建筑占地面积置换具有完全产权的高层公寓、标准厂房、物流仓库等。

"集地券"制度是指将农村地区零星闲置宅基地等建设用地复垦为耕地，验收合格后折算为建设用地指标并发放"集地券"，即通过腾退农村建设用地换取城市建设用地发展权的一种措施，在符合土地利用总体规划和土地用途管制的条件下，鼓励村集体、农户将闲置、废弃和低效的宅基地等集体建设用地先实施复垦，验收合格后形成相应的建设用地指标（集地券），再按照一定的价格标准与义乌市域范围内经济发达地区的用地者交易。

"集地券"由市场机制进行配置，遵循价高者得的基本规则。根据规定，单位和个人均可以通过义乌市产权交易所公开交易"集地券"。从本质上看，"集地券"交易是土地发展权市场化交易的一种表现形式。偏远地区的农户腾退宅基地并让渡土地发展权，城市使用者则获得土地发展权，进而满足地方经济发展带来的用地需求，实现城乡土地资源的优化配置[152]。"集地券"交易产生的土地增值收益，实现了土地利益分配向农村倾斜，让农民和农村充分共享经济社会的发展成果。

（2）山东省禹城市：整村搬迁＋分区分类宅基地退出改革。禹城市宅基地退出改革采取"整村搬迁＋分区分类"的退出模式，整村搬迁是指由政府在"面积不超标"标准下重新分配宅基地，或采取货币化安置方式；分区分类是指针对不同情况，分别采取无偿退出、货币化安置、由市政府发放相应价值房票抵扣购置新房价款 3 种方式。在宅基

53

地退出的补偿方式上，主要包括资产置换、货币补偿、以地养老以及土地入股等模式。

资产置换模式即坚持"人的城镇化"这一核心，打造以新型社区为支撑的农村发展布局，将"宅改"与"三权分置"统筹推进，以国土空间规划编制为平台，创新新社区与新城镇同步规划的模式。货币补偿模式即农村集体建设用地整治挖潜项目涉及收益分配与利益保护，在宅基地退出实施中坚持农民主体地位，将农户自愿与公平分配、合理补偿相结合。根据《禹城市"城中村"集体土地上房屋搬迁补偿办法》，政府结合镇域财政实力、退出实施进展与群众参与等情况，按照法定宅基地面积，参考征地区片综合地价标准给予一定比例的惠民补偿，从经济上激励各村级干部和农民投身到农村闲置宅基地的退出盘活中。以地养老模式即将"老年房"创建与脱贫攻坚深度融合，通过党建引领、村集体补贴、企业参与资助的方式，以宅基地有序退出和闲置土地利用为途径，打造了精准对接农村老人的幸福公寓，破解鳏寡孤独没人管、养老难等问题[154]。依靠"阳光花园 + 卫生所 + 娱乐室"的新型养老模式，以老年房建设探索农村养老新途径，为农村"老弱残"等特殊重点人群补齐养老短板。土地入股模式即房寺镇积极按照"美丽乡村，宜居宜业"的要求，以退出宅基地使用权量化入股合作社，创新"农旅 + 种植"等田园综合体的村企共建运营模式，实现资源、资金与农民向资产、股金与股农的转变。

（3）宁夏回族自治区平罗县：土地收储 + "以地养老"宅基地退出改革。宁夏回族自治区平罗县在推进宅基地退出综合改革试点的进程中，将农村老年人"以地养老、以权养老"作为农村土地经营管理制度改革试验的重要内容，受到农民群众欢迎。土地收储是指根据不同情况，采取以法定面积的宅基地使用权置换廉租房使用权、货币补偿或给予购房补助方式。"以地养老"，即将闲置的小学改造成养老院，允许老年农民自愿退出宅基地后用补偿费换取养老服务。通俗来说，"以地养老、以权养老"就是农村老年人将其土地承包经营权、宅基地使用权和房屋产权自愿有偿退出，由村集体收储后统一流转经营，农村老年人以退出产权补偿费置换养老院养老服务，在养老院安度晚年。

这种宅基地退出方式为平罗县带来了诸多改革红利：一是盘活了农村闲置资源。平罗县共有近 30 所农村中小学被撤并而闲置，为村集体公益性建设用地，有的村庄将学校改造为养老院，由村集体统一管理和经营，有效盘活了农村闲置资源。二是为破解农村养老难题找到了出路。当前，随着大量农村青壮年劳动力进城务工，农村留守老人逐年增多，且生活孤独、缺乏精神慰藉。将农村闲置学校改造为农村养老院，由村集体进行统一管理和经营，将老年农民退出土地产权补偿费置换养老院养老服务，日常运行在不增加财政投入的情况下，有效解决了农村养老难题。三是促进了土地规模化经营[156]。目前，平罗县农村 70% 的土地由农村留守老人经营，将农村老年农民的承包耕地采取自愿有偿退出的方式由村集体统一收储，经过田块调整集零为整后统一流转，由新型农业经营主体实行规模化经营，可以大幅度提高农业机械化水平，提升土地综合利用效益，促进现代农业发展。

2. 需求主导型宅基地退出改革实践

（1）湖北省宜城市：分区分档 + "五个结合"宅基地制度改革。湖北省宜城市坚守"农民权益不受损"的改革底线，不断推进农村宅基地退出制度改革，建立农村基准地价体系，按"多予少取"的原则，采用"分段 + 调节"的方式，合理确定宅基地有偿使用标准，推进宅基地有偿使用、自愿有偿退出政策顺利推进。分区分档是指针对不同退出情形采取差别化货币补偿标准，按照经济发展程度和行政级别，将城市规划区内、城市规划区外和传统农区的宅基地面积划分为 3 个档次，并以此作为宅基地是否应无偿退出或有偿使用的判断依据。此外，宜城市逐步探索形成了宅基地退出分别与聚居区建设、农业产业化发展、美丽乡村建设、项目引进、"精准扶贫"相结合的宅基地退出"五个结合"新模式。

一是宅基地退出与聚居区建设相结合。结合新型城镇化试点，加快农民聚居区建设，通过政策激励和优惠政策等办法，引导农民自愿退出宅基地，踊跃入住新区。二是与农业产业化发展相结合。在农业发展基础较好的区域，引导农民腾出宅基地，集中到农村聚居区移地新建，实现"地随人走，迁村腾地"的目标[157]。三是与美丽乡村建设相结合。在宜居的村庄，依托自然风光和优势资源，开发休闲观光农业，引导农民退出宅基地后，建设美丽乡村。四是与项目引进相结合。因引资项目建设需要，对农民宅基地及房屋拆迁，统一安置到新农村聚居点，以最优惠价格购置新房，安排在企业打工就业，让农民得到最大实惠。五是与"精准扶贫"相结合。引导农村"三无"老人、孤寡老人自愿有偿退出宅基地，统一安置，户均可获得5万元补偿。

（2）江西省余江市："减法式"宅基地退出改革。自2015年被国家确定为农村土地制度改革试点地区以来，江西余江始终坚持治理"一户多宅"和保障农民住房权益并举，着力提高宅基地节约集约利用的程度，并积极转变政府职能，推动宅基地民主管理，进而探索出一条"闲置宅基地面积下降"和"政府简政放权"相结合的"减法式"农村宅基地制度改革路径。包括"累进计费的宅基地有偿使用机制""无偿与有偿相结合的宅基地自愿退出机制"，与此同时，实行"村民事务理事会参与宅基地管理"，并"简化宅基地审批权限下放和审批程序"。

"累进计费的宅基地有偿使用机制"，即"一户一宅"的宅基地根据其超出起征面积实行阶梯式计费。"一户多宅"情况下，其中一宅超起征面积的，超过的部分与多宅部分累计按照阶梯式计费。一宅未超起征面积的，多宅部分按照阶梯式计费，但不扣除一宅不足面积部分。宅基地的有偿使用调动了农户退出闲置、多余宅基地的积极性。印畈村也顺势开展宅基地的自愿退出。对于"一户多宅"和"一户一宅"全部退出的，补偿标准上浮20%。"无偿与有偿相结合的宅基地自愿退出机制"，有偿退出的补偿方式包括现金补偿和城镇购房补贴两种；无偿退出的农户在同等条件下优先获得新增宅基地申请许可的资格，或在异地无偿获得同等面积的宅基地。"村民事务理事会参与宅基地管理"，在基层党组织的领导下，以群众民主推荐、民主协商原则，建立了950支村民事务理事会队伍，赋予了理事会12项权力和15项职责，理事会充分发挥组织、协调和监管作用，抓住当地政府下放宅基地审批权限和简化审批程序的契机，有力推动宅基地制度改革，宅基地民主管理的实践，许多村庄面貌焕然一新，公共设施进一步完善，群众的获得感和幸福感明显提升，为村庄的振兴发展打下了坚实基础[156]。

"简化宅基地审批权限下放和审批程序"中，乡镇人民政府是农户建房管理的责任主体，负责本辖区内农户建房的审批、新增宅基地的审核。

（3）贵州省湄潭市："标准化"宅基地退出改革。贵州湄潭的农村宅基地退出改革改革围绕国家确定的的各项改革任务，扎实推进宅基地权益保障和取得方式多元化、宅基地有偿使用、宅基地自愿有偿退出、宅基地管理优化和宅基地"三权分置"，完成了本轮改革试点的各项"标准动作"。

贵州省湄潭市为确保宅基地权益保障和取得方式多元化，实行区域差别化、形式多样化的"户有所居"住房保障方式。在宅基地有偿使用机制方面，宅基地有偿使用的范围包括已经占用宅基地超出规定标准部分、"一户多宅"的多宅部分和"一户一宅"以外的新增宅基地，新建房申请占用部分以及各村规定的其他可以有偿使用的部分。在宅基地自愿有偿退出机制上，对违法占地、另行选址建新房以及已签订退宅还耕协议仍未拆旧复耕的原宅基地等情况强制退出；其余宅基地在提供有房居住的证明下，实行自愿有偿退出。

湄潭市还加强对宅基地的总体规模控制，按照各种指标的要求，因地制宜编制村土地利用规划，科学划定村庄用地边界，为各村宅基地的审批和分配提供依据，以此优化宅基地管理。在宅基地"三权分置"方面，参照农用地所有权、承包权、经营权"三权分置"的方式，并依托当地优越的旅游资源，促进宅基地使用权流转交易，大力发展新产业、新业态，并规定宅基地申请应以"户"为单位，对户的认定以户籍登记为准，并对个别情况进行特殊说明。宅基地自愿有偿退出主要针对在城镇有稳定居住场所且宅基地闲置的农户。在确保"一户一宅"、节约集约利用土地以及落实农户的居住权益的前提下，宅基地有偿使用费主要用于宅基地回购，建设用地储备，公共设施和公益事业建设，村民养老保险和集体经济发展等，夯实村庄后续发展的物质基础[157]。

与此同时，宅基地的自愿有偿退出不仅优化了村庄的土地资源配置，还有利于农民增收。通过本人申请，经村集体经济组织同意，镇人民政府审查、规划，国土资源行政主管部门审核并报县人民政府审批后，农户可以对实际用于经营性的原宅基地进行分割登记，缴纳土地收益金。而登记的宅基地通过出租、合作、入股等方式直接用于乡村旅游产业和其他产业发展，形成了较为完善的宅基地使用权交易程序。

3.2.2　试点地区宅基地退出实践经验

本书介绍了两种类型下六个试点地区的宅基地推出改革实践，在政府供给型的宅基地退出改革实践中，政府通过农村更新改造、建立集中居住区、农村基础设施建设等项目，改善农村生活和居住条件，鼓励农民退出宅基地或搬迁至集中居住区，极大地完善了农村基础设施。政府在各个环节直接提供政策、资金、人力等支持，保障了各项宅基地退出改革项目的实施，为宅基地退出政策实施提供良好的环境，缓解宅基地退出的资金压力[160]。如浙江省义乌市宅基地退出改革实践中，政府在各环节的资金支持为宅基地退出改革过程中扫除了诸多障碍。需求主导型的宅基地退出改革实践中，考虑多元主体的参与需求，政府为退出宅基地的农民提供货币补偿、购房补贴、宅基地置换、社会保障等优惠政策，与其他社会主体或市场主体合作，通过签订合同，委托其他主体进行相关建设和管理，吸引多方主体参与宅基地退出政策的实施。在试点过程中，各试点政府通过结合当地情况，提出各种宅基地退出试点工程，积累了许多可复制和可推广的实践经验，为本地区和其他地区宅基地退出提供指导和借鉴。

在引导农户自愿退出多余宅基地以及宅基地超占有偿退出方式方面，对于多村集中联建情况的，将原有宅基地拆除后复垦，建设集中安置区，补偿方式上以安置房屋结合货币补偿为主，农户可以自行选择，政策推行以政府主导全局为主，保障农户在宅基地退出过程中的权益与利益，对于传统农区，在原址集中居住的，制定宅基地有偿使用标准，对于"一户多宅"或有宅基地超占面积的情况，采取阶梯形收费制度，收取费用放入村集体账户，用于村庄集体事业，如人居环境整治，或是村庄养老等公益性事业。

在保障农户权益机制方面，有的试点地区规定，宅基地退出的农民可享受城镇居民养老、医疗、就业等同等权利，如义乌市，禹城市在宅基地退出过程中探索建立宅基地资格权重获制度，以保障农民住房安全；禹城市规定全部退出宅基地的农民仍可保留土地承包经营权等在本村享有的其他权利，进城落户农民可享受就业培训、城镇居民社会养老保险等优惠政策；平罗县规定自愿退出的农户必须参加城乡居民社会养老保险和医疗保险，进城入户的农民可享受政府提供的保障性政策，并通过县政府财政预算安排收储基金，为村集体经济组织进行土地收储提供资金保障。湄潭市则是实行区域差别化、形式多样化的"户有所居"住房保障方式。

不同地方的特色对于政府宅基地退出的政策制度供给与选择具有重要的影响，其经济发展特色的不同为宅基地退出产生的内外驱动力也不同，地方政府在制定当地宅基地退出或超占有偿使用政策时，应综合考虑当地经济发展特色、财政实力以及地域文化特色和农户意愿等，综合分析影响宅基地退出政策因素，建立合适的政策与制度，因地制宜推动宅基地退出政策的高效实施，产生良好的政策效果。

3.2.3　宅基地退出实践中面临的挑战

1. 补偿预期提高，居住"空档"形成退出阻碍

在宅基地退出改革实践中，不管是政府主导型宅基地退出改革实践还是需求导向型宅基地退出实践，保障农户住房财产权都是政策目标的追求之一。因此，在实践中，宅基地财产属性被过分强调，许多试点地区还借助增减挂钩等措施，赋予了宅基地高额的"虚幻价值"，如山东省禹城市宅基地退出过程中，村庄宅基地通过"增减挂钩"政策，进行土地流转，提高了农户对宅基地补偿的预期水平，导致部分农户不愿无偿退出废弃和闲置宅基地。与此同时，部分农户还关心后代宅基地分配问题，在退出改革实践中，许多地区参与宅基地换房的农户，其后代是否继续享有分配宅基地的权利，很多地方设计政策时没有明确，这可能为将来的管理留下隐患[160]。特别是对于选择跨集体异地安置的农户，不存在再分配宅基地的可能，其新增集体成员无法享有宅基地分配权利，如果也没有纳入城镇住房保障体系，将成为居住保障的空白区。

2. 多元价值界定及补偿缺失，退出资金区域差异大

宅基地本身除去其最基本的居住保障价值外，其价值属性具有多元化特征，如生产辅助价值、经济价值和选择保留价值。其中，居住保障即满足农户住房需求的功能；生产辅助价值是指农户利用宅基地存放农机具、晾晒粮食等辅助农民进行农业生产；经济价值是宅基地连同地上房屋在转让或出租时可以获得一定的经济收益；选择保留价值是进城务工或在城中落户的农户可以保留宅基地，将来可以回乡居住[159]。在宅基地退出过程中采取置换方式的宅基地退出实践，对宅基地居住保障价值的补偿最为重视，对于生产辅助、经济和选择保留价值，政策可能会通过就业支持、保权退出等方式进行补偿，但仍存在补偿不足的问题。如在宅基地退出过程中，置换后农民生活成本提高，务农成本提高，无法维持原来生活水平，这说明对生产辅助价值和部分经济收益价值没有给予公平补偿。与此同时，宅基地选择保留价值无法通过货币补偿实现同等效用替换。

宅基地退出过程前期，需要大量的资金支持，对于经济比较发达、建设用地需求旺盛的地区，退出的宅基地可以通过增减挂钩等途径顺利变现，弥补退出资金需求缺口，而且政府财力雄厚能够垫付前期资金或给予经济补助，如浙江省义乌市。但是从试点经验来看，若非政府财政支出很难维持宅基地退出工作的有效平稳进行，有的地方政府甚至为了此项工作背上财政包袱。以宁夏平罗县宅基地退出为例，该县宅基地退出事项由村集体具体负责，该项工作伊始，政府鉴于村集体资产状况就考虑到资金不足的问题，因此提供替代方案，即允许村集体借周转基金，并且还可以用村集体资产收益和宅基地流转产生的收益进行偿还，但是平罗县的资金得以周转得益于宁夏地区实行的插花安置生态移民政策，当生态移民安置完成后，平罗县"土地收储 + 以地养老"的政策由于资金短缺而只能依靠政府[162]。

因此，对于宅基地退出潜力较大但集体经济组织收入有限的地区，大都不具备回购实力，特别是我国中西部地区，政府财政也很难拿出资金予以支持。市场对于建设用地需求不旺盛，退出的宅基地无法通过增减挂钩、调整入市等方式变现，仅靠收取的宅基地超占有偿使用费无法支持宅基地退出需要，即使农户有心"自愿退出"，政策或集体也无力做到"有偿"。而通过宅基地退出获得土地，利用增减挂钩政策进行指标置换的做法又不具有普适性，因为当贫困地区全部都放开时，结余指标价格会大幅下降，甚至出现供过于求的现象，退出的土地无法变现。

3. 退出过程缓慢，对农户福利关注度较低

从对近年来退出试点以及对未试点地区的走访了解和相关研究中不难发现，部分地区农民退出意愿不高，退出缓慢甚至上访维权等不和谐问题仍然存在。对于农户来说，现有的宅基地退出行为大多为政府或企

业主导的被动退出，宅基地退出机制中缺乏对农户实际意愿的关注。其主要原因是尚未完整的基于农户的需求意愿和农户福利权益制定相关退出补偿政策，对宅基地退出模式稳定匹配结果的改革路径依然存在部分困难[163]。其次就是由于补偿力度达不到农户的心理需求，在满足农户需求方面依然有很大的进步空间，试点地区的退出过程中的依然存在不足，现有典型的宅基地退出模式在进行推广前需要在农户需求方面给予更多的关注度。

宅基地作为一项福利安排，其退出切实关乎农户生产生活等各种福利，但各试点地区在广泛推进宅基地退出过程中损害农户合法权益的突出问题时有发生[163]。在宅基地退出实践的摸索过程中，现有政策还难以全面保障宅基地退出完成后农户的家庭经济收入、居住条件、社区生活、环境与心理状况、社会保障和农户认知等农户福利水平全面提升。

宅基地退出不仅是盘活闲置土地资源，盘活农村土地价值的重要举措，也是解决空心化村庄资源集约利用度较差的重要政策方式，宅基地是乡村振兴，改变乡村样貌与农户生计的"源头活水"，农户更是宅基地退出过程中最直接的利益相关者，因此，不论是补偿力度的保障还是对宅基地多元价值的全面补偿，宅基地退出过程中，应坚持以保障农户生计与利益为底线，在政策设计与推行过程中，应多从农户视角进行研究与设计，考虑农户需求，使政策效果匹配改革预期成果，提升农户福利[164]。

3.3 小   结

我国农村宅基地制度自 1949 年以来经历了五个阶段，政策制度在形成和演变的过程中，不断适应国家发展战略需求，以农民发展需求为基础，体现出强制性和诱致性、突变性和渐进性相结合、适应发展目标和主体多元化诉求，放活权利、产权逐步明晰，推动单一功能向多功能转变的演变逻辑特征。自 2015 年开展宅基地改革试点以来，试点地区围绕宅基地有偿使用制度和宅基地有偿退出机制以及宅基地"三权分置"等农村宅基地制度的关键领域开展积极探索，形成了政府主导型宅基地退出改革实践和农户需求型宅基地退出改革实践的多种模式经验。但是在改革推进过程出现了农户补偿预期较高，居住"空档"形成退出阻碍、多元价值界定及补偿缺失，退出资金区域差异大、退出过程缓慢，对农户福利关注度较低等诸多问题。因此，推进我国农村宅基地制度改革，在政策设计与实践改革过程中，应坚持农民主体地位与尊重农民意愿相结合，关注农户现实需求，在退出过程中全面保障农户权益，提升农户福利水平。

第4章 研究区概况与数据获取

通过对相关基础理论的研究，以及对中国宅基地政策的梳理与试点地区实践经验的梳理与归纳，我们不难发现，宅基地政策一直在渐进与突变的结合下不断适应社会现实与农民诉求，也在实践中不断完善。本章我们将选择宅基地改革试点地区山东省禹城市房寺镇为研究区，对该地区的村庄空心化程度测度数据、宅基地退出意愿与需求相关数据进行介绍。

4.1 研究区选择

房寺镇地处山东禹城市西部，地处高唐、平原、禹城三县（市）交汇处，耕地面积12万亩，镇域总面积145.94平方公里，共有62个行政村，2019年总人口74330人，城镇化率较低（36.85%），外出务工人员占乡村人口的70%以上，村庄老人、妇女、儿童留守现象严重①。全镇耕地资源丰富，以传统农业发展为主，村庄规模较大，人均农村建设用地高达296平方米②，宅基地空废严重，以人口、产业、土地为主要表征的农村空心化问题日渐突出，成为乡村振兴与新农村建设的主要制约因素。2018年，房寺镇获山东省内首批"农村宅基地退出试点"的重点乡镇，并获"国家发展改革试点镇""省内乡村文明示范镇"等多项城镇品牌，其在退出政策实施过程中总结的经验可以为不同地区宅基地管理提供参考借鉴。因此，本书首先在镇级层面选择房寺镇

---

① 国家统计局农村社会经济调查司编. 中国县域统计年鉴·2018（乡镇卷）[M]. 北京：中国统计出版社，2019（5）：283.

② 国家统计局农村社会经济调查司编. 中国县域统计年鉴·2020（乡镇卷）[M]. 北京：中国统计出版社，2021（3）：290.

为研究区域进行空心化村庄形态识别以及宅基地退出的农户意愿调查，探索农村居民宅基地退出意愿的形成机理。

在农村人地交互作用系统中，农户个体往往是一定空间边界内进行活动的最小单元，而该空间范围便是农户聚居的场所——村域，它是农户居住活动地域边界相对清楚、组织形态相对完整的空间单元。村域规模、形态、位置、功能的变化与农户居住空间选择具有紧密的联系。作为相对完整的空间单元，以村域为中心的农户需求研究可以满足微观研究尺度的要求，较好解释农户需求与宅基地退出之间的关系。因此本书不仅探索了镇级层面空心化村庄形态及农户意愿，同时，结合村域特点进一步选择了典型村域作为研究对象，对典型宅基地退出模式的运行过程进一步解剖，以期发现平原农区不同宅基地退出模式的本质。

4.1.1 区域概况

1. 区位交通

房寺镇位于山东省禹城市西部 15 公里处，地理坐标为东经 116°49′，北纬 36°93′，地处高唐、平原、禹城三县（市）交汇处[①]，是三县（市）交界处最大的集贸易中心和农副产品集散地，也是德州市的西大门。该镇交通便利，316 省道东西贯穿全镇，与 101 省道和 308 国道相连，镇驻地距京沪铁路禹城站 15 公里、距青银高速公路高唐东入口 4 公里，距京福高速公路禹城入口处 17 公里、距济南国际机场 37 公里，境内交通非常发达[②]。

2. 自然环境

禹城市房寺镇为典型的平原农区，该镇地理位置优越是平原、高唐、禹城三县（市）间最大的贸易集散地和人流、物流、信息流枢纽，也是全国"百个小城镇建设试点示范镇"。该镇水利条件优越，徒骇河及徒骇河故道、引黄干渠分别穿越境内，历史上有"禹城西粮库""棉花之乡"的美誉。由于地势平坦开阔，村庄扩张空间较大，农业发展条

---

① 资料来源：禹城市房寺镇政府，www.yuchengsi.gov.cn.
② 谷歌地图，www.gditn.net.

件良好，因此在历史发展过程中集聚了大量的农村聚落。该地区为温带季风气候，降水集中在夏季，且春季和秋季时间较短，年平均气温在 11 ~ 14℃。光照资源充足，农作物一般为一年两作，夏季易涝灾，冬、春及晚秋易干旱，对农业影响很大。

3. 土地资源

根据 2019 年房寺镇第三次土地调查数据库显示，房寺镇镇域总面积为 14593.96 公顷平方公里。其中，基本农田保护区 7964.49 公顷，一般农地区 2577.01 公顷，城镇村建设用地 1701.08 公顷，独立矿产 45.14 公顷，林业用地区 685.92 公顷，其他用地区 57 公顷[①]。与 2006 年的土地调查数据相比，14 年间房寺镇耕地面积净增加了 218.08 公顷，建设占用耕地 12.65 公顷，土地复垦增加耕地 219.16 公顷，总体而言，近 14 年来，房寺镇耕地保护工作持续向好，但村庄内仍有大面积闲散土地有待复垦和开发，人均农村建设用地高达 296 平方米，宅基地空废严重，成为乡村振兴与新农村建设的主要制约因素[②]。

4. 人口特征

房寺镇共有 62 个行政村，2019 年总人口 74330 人，户籍人口 69283 人，城镇人口 2.4 万人，城镇化率较低，外出务工人员占乡村人口的 70% 以上，所研究的 4 个村庄中，房寺社区户籍人口为 2276 人，外出务工人数比例高达 50%，邢店社区户籍人口为 2748 人，外出务工比例为 23.3%，郑牛庄户籍人口为 516 人，村内老人、妇女及儿童占常住人口的 30% 以上，尉庄户籍人口为 896 人，劳动力占比大于 60%[③]。整体来看，房寺镇外出务工人员较多，村庄内部劳动力匮乏，村庄主体以 "369" 留守人口为主，是影响村庄持续向好发展的主要因素。

5. 产业结构

房寺镇经济发展迅速，是禹城市的农业大镇、工业重镇、经济强镇，是德州市经济三十强乡镇，全国的小城镇试点示范镇。全镇有三个工业园，其中禹西工业园是德州民营经济示范园，园区实现了水、电、

---

① 禹城市自然资源局：禹城市第三次国土调查主要数据公报。
②③ 中华人民共和国国家统计局：房寺镇 2020 年区划。

路、话、场地的"四通一平"，有 20 余家企业入驻。全镇有 168 家企业，个体工商户 1200 余户。该镇充分利用平原地区的农业优势，发展规模农业和畜牧业。先后引进投资超过 500 万元的项目十余项，以果蔬种植、棉花种植及耐久养殖为特色产业，为农民提供丰富的农业和非农就业机会，2019 年实现工商税收 3.25 亿元，地方财政收入 1.78 亿元[①]。由此可见，该镇财政收入主要来自城镇工业企业，部分村庄农民人均年收入不超过 10000 元，存在城乡收入差距较大的问题，是该镇规划及治理的重点方向。

4.1.2 典型样点区选择

由于差异化的宅基地退出模式与农户自身特征与需求相关，而农户特征及需求又与其生产方式、日常习惯和生活环境息息相关，为有效准确提取出房寺镇宅基地退出的集体行动原型，本书所选案例村需同时具备典型性和多样性的特征，即所选案例村应该既具有某些反映宅基地退出行动逻辑规律的共性，又在村庄区位、自然资源、发展水平、村民特征等方面存在一定的特性。因此，本书依托房寺镇平台，围绕前面的模式判别与房寺镇退出实际，选取能够涵盖典型退出模式类型的 13 个代表案例村庄（见表 4 - 1）作为研究样本，这些村庄在宅基地退出实践的过程中基于当地政策支持条件、宅基地特征与村民特征等一系列属性要素的特定组合形式，在"人—地"互动关系中形成了资产置换、货币补偿、以地养老与土地入股等多种退出模式，实现了宅基地有序高效退出，具有极高的代表性和研究价值。

表 4 - 1 案例村选取

退出模式	代表村庄
资产置换	邢店村（Obj1）、张安村（Obj2）、大李店（Obj3）
货币补偿	南店村（Obj4）、郑牛村（Obj5）、陈寨村（Obj6）
以地养老	房寺镇街（Obj7）、董庄村（Obj8）、堤李桥村（Obj9）
土地入股	桥头孙村（Obj10）、贾集村（Obj11）、靳庄村（Obj12）、尉庄村（Obj13）

① 国家统计局农村社会经济调查司编. 中国县域统计年鉴·2020（乡镇卷）[M]. 北京：中国统计出版社，2021（3）：290.

4.2 数 据 获 取

本书主要涉及的数据包括空心化村庄形态测度及治理模式绩效分析数据、农户宅基地退出意愿及需求分析相关数据。考虑到样本数据量较大，涉及主体较多，因此，笔者通过分时段、多小组的方式对不同数据进行了获取。

4.2.1 空心化村庄形态测度及治理模式绩效分析数据

空心化村庄形态测度数据包括各村庄土地利用数据以及社会经济统计数据。各村庄的土地利用数据来自2019年第三次土地调查数据库和高分辨遥感影像数据，社会经济统计数据主要来自第三次全国农业普查数据，不足的数据资料由团队成员于2019年7~8月对房寺镇62个村庄的近千户村民通过实地走访调研获取，基于62个行政村自然环境及社会经济发展的差异性，依据农村空心化程度评价指标体系，通过问卷调查、与村干部和典型家庭农户访谈相结合的方式，获取空心村评价测度的相关数据，并对空心村现实形态进行观察与认识。

4.2.2 农户宅基地退出意愿及模式选择相关数据

该部分数据主要包括相关主体特征数据，主要通过半结构化访谈和问卷调查形式获取。为提取异质性案例中可复制、可推广的宅基地退出实践经验，针对宅基地退出集体行动与相关流程等事宜对案例村开展访谈，收集典型案例中各项行动属性指标，综合形成本章的基础案例库。访谈对象及其主要内容包括：

一是农户主体，主要了解宅基地退出前的农户职业特征、收入来源，实施中补偿决策参与的公平性和政务公开的透明度，以及退出后置换的补偿形式、退出积极性等。二是村级党支部成员，获悉宅基地退出前后村庄区位、资源禀赋、实施过程中村集体参与和集体经济投入状况，退出后人居环境改造与基础设施建设等方面的事宜。三是镇政府工作人员，获取宅基地退出过程中的政策普及程度、财政投入力度、参与协调强度及规划建设精度等信息。四是社会资本方，掌握宅基地退出前后的资金投入、政策扶持方式、运营形式、运营收益及增值分配等内容。

结合几种典型的宅基地退出模式在镇域内的实施情况，综合考虑到村庄退出行动的典型性、资源禀赋差异以及农户特征等要素，共选取13个村庄作为研究样本点。本次调研共发放问卷351份，对所有问卷进行整理分类后，最终回收有效问卷共计287份，其中，资产置换典型样本占比27.2%，货币补偿典型样本占比26.5%，以地养老典型样本占比19.5%，土地入股典型样本占比26.8%。

4.2.3 农户宅基地退出的需求分析相关数据

本部分数据主要涉及宅基地退出前、退出过程中以及退出后宅基地数据、农户特征数据以及村庄基础数据等。采用问卷调查与半结构化访谈相结合的方式，对典型案例村村民、村党支部书记、镇政府工作人员及企业家等进行了数据与信息获取，共分为4个方面：通过对农户抽样调查与访谈了解宅基地退出实施前的宅基地用途、农户基本特征，实施中的决策参与机会与信息公开透明度，以及实施后的宅基地退出补偿形式、农户生计来源的变化等；与村干部深入沟通交流了解宅基地退出政策实施前后村庄发展情况，包括村庄区位特征、资源禀赋、外来资本进驻、基础设施建设及人居环境改造等方面；与镇政府工作人员的深入访谈了解到宅基地退出过程中的政策普及程度、财政投入力度、参与协调强度及规划建设精度等方面；通过与企业家交谈了解宅基地退出前后的资金投入、经营方式、经营成效等内容。收集典型案例各项属性指标数据，重点关注有关治理机制与农户需求满足等方面的信息，综合形成农户宅基地的需求相关分析的基础案例库。

4.3 小 结

山东省禹城市房寺镇是宅基地退出改革试点地区之一，房寺镇是典型平原农区，拥有多项国家级和省级以上改革试点机遇和荣誉。为使研究数据具有典型性和多样性的特征，根据村庄区位、自然资源、发展水平、村民特征等方面的特性，在研究时选取镇域内 13 个典型案例村庄。在空心化村庄测度方面，笔者对房寺镇 62 个村庄的近千户进行实地调研，建立农村空心化程度评价指标体系，通过问卷调查、与村干部和典型家庭农户访谈相结合的方式，获取空心村评价测度的相关数据，并对空心村现实形态进行观察与认识，利用各村庄土地利用数据以及社会经济统计数据进行空心化村庄形态测度。在宅基地退出模式选择与农户意愿方面，根据宅基地退出模式的不同，将 13 个典型案例村庄宅基地退出归为四类：资产置换类、货币补偿类、以地养老类和土地入股类。在农户宅基地退出意愿与模式选择方面，通过问卷调查与半结构化访谈相结合的方式对镇政府、村干部以及农户主体进行访谈，根据获取的信息和数据，将在后面对宅基地退出模式选择的机制及农户需求进行研究分析。

第5章 平原农区空心化村庄形态解析

基于对研究区的实地调研与对相关主体的问卷调查和半结构化访谈以及各个村庄的土地利用、社会经济形态数据等，本章将对空心化村庄测度相关数据进行处理与分析，通过人口、产业、土地、组织、文化5个维度，建立空心村测度指标评价体系，对数据进行贡献度分析性与空心村类型识别。在此基础上，对空心化村庄进行形态识别，然后对空心村多维形态特征进行分析，识别空心化村庄主导因素，利用LSE模型对房寺镇空心村的形态类型进行识别，分析每个维度对空心村形态的影响程度，以分析空心村形态类型。

5.1 研 究 方 法

5.1.1 空心化程度测度

1. 建立指标体系

不同村庄的空心化形态也有所不同，根据空心村的内涵及其表现形态，按照科学性、整体性、代表性及数据可获得性等原则，从人口、产业、土地、组织、文化5个维度筛选关键指标，利用熵值法与专家咨询相结合的方法赋予各指标权重，构建农村空心化程度测度指标体系（见表5-1），其中：①人口维度包含人口空心化率、人口结构、人口密度3项二级指标，其中：人口空心化率直接反映村庄人口空心化程度，数值越高，人口空心化程度越严重；人口结构反映村庄劳动力占比，数值

表5-1　农村空心化程度评价指标体系

维度	权重	指标	序号	计算方法及指标说明	单位	权重	功效
人口(R)	0.30	人口空心化率	R1	净流出人口/户籍人口	%	0.41	+
		人口结构	R2	16~60岁人口/常住人口	%	0.33	-
		人口密度	R3	单位面积居住农村人口	人/平方米	0.26	-
土地(L)	0.21	宅基地空废率	L1	空废宅基地面积/村庄用地总面积	%	0.32	+
		建设用地空闲率	L2	空闲建设用地面积/建设用地总面积	%	0.27	+
		耕地撂荒率	L3	空闲、撂荒利用耕地面积/耕地总面积	%	0.24	+
		村庄扩散度	L4	(期末农村居民点用地面积/期末总人口)	%	0.17	+
产业(I)	0.19	经济结构	I1	集体非农产值总产值	%	0.34	-
		职业结构	I2	农业从业及兼农人员/总从业人员	%	0.28	-
		就业地点	I3	本地(县、镇)从业人员/总从业人员	%	0.38	-
组织(P)	0.17	重大事务参与度	P1	村民参与道路、农田整治等与个人利益相关村务的程度(3全部参与,2部分参与,1从来参与)	%	0.36	-
		村干部素质	P2	村干部学历水平(3高中及初以上,2小学至初中,1小学以下)	—	0.30	-
		村干部年龄结构	P3	村干部平均年龄	岁	0.31	+
文化(C)	0.13	乡村归属感	C1	外出务工人员回乡发展意愿(3强烈,2一般,1不强烈)	—	0.39	-
		文化认同感	C2	当地传统工艺、民俗及非物质文化遗产等传承度(3高,2一般,1不了解)	—	0.28	-
		文化满意度	C	文化环境的满意程度,比如乡风建设、精神文化建设(3满意,2一般,1不满意)	—	0.33	-

注:文化形态以问卷方式获取相关数据,通过综合计算得到指标数值。

越小，乡村主体老弱化程度越高，人口空心化程度越高；人口密度反映了乡村人口与土地的关系，数值越大，人口空心化程度越低。②土地维度选取宅基地空废率、建设用地空闲率、耕地撂荒率及村庄扩散度4项指标，反映村庄各类土地资源的利用程度和人地关系，数值越大说明村庄土地空心程度越高。③产业维度选取经济结构、职业结构、就业方向3项二级指标，村集体非农产值越高，说明村内产业结构越完善，农业及兼农从业人员和本地范围内（县或镇）就业人员越多，产业空心化程度越低[165]。④组织维度包含重大事务参与度、村干部素质和村干部年龄结构3项指标，反映村庄治理水平，村干部平均年龄越高，综合素质越低，村民参与相关村务程度越低，乡村治理能力越弱，组织空心化程度越高。⑤文化维度包含乡村归属感、文化认同感和文化满意度3项指标，乡土文化越丰富、历史传承越厚重，居民对乡村文化的认同感和满意度越高，外出务工人员的乡土情怀和归属感也将随之升高，文化空心化程度越低。

2. 标准化与权重

依据主客观结合的原则，利用熵值法与专家打分法，按照评价指标的正负功效，采用极差标准化方法进行归一化处理，分别度量各维度和指标的重要程度确定空心化测度指标权重（见表5-1）。

功效性正向指标：

$$Ikj = \frac{X_j^k - X_{min}}{X_{max} - X_{min}} \tag{5.1}$$

功效性负向指标：

$$Ikj = \frac{X_{max} - X_j^k}{X_{max} - X_{min}} \tag{5.2}$$

3. 空心化程度计算

根据数据标准化所得结果，测算农村空心化的程度，公式为：

$$H = 100 \sum_{i=1}^{n} \left(\sum_{j=1}^{m} T_i \times I_{ij} \right) \times W_i \tag{5.3}$$

式中：H为空心化程度；m为指标个数；T_i为指标权重；I_{ij}为指标标准化后的值；W_i为子系统的权重，100是用于消除小数位数影响的常数。

5.1.2 贡献度分析

利用指标对空心化程度贡献度 $\overline{C}$ 和贡献度综合排名 $\overline{R_{ij}}$，表达评价指标对空心村的影响程度，从而分析导致村庄空心化的主导因素，具体计算公式为：

$$\overline{C} = \frac{20T_i \times I_{ij}}{H} \times 100\% \qquad (5.4)$$

式中：$\overline{C}$ 代表各指标的贡献度；T_i 为指标的权重；I_{ij} 为第指标标准化后的值；H 代表各村的空心化程度。

$$\overline{R_{ij}} = \sum_{k=1}^{n} R_{kij}/n \qquad (5.5)$$

式中：R_{kij} 代表空心村指标贡献度的排名；n 代表研究样本村数量；$\overline{R_{ij}}$ 代表指标贡献度平均排名，表示不同指标对案例空心村影响程度。

5.1.3 空心村类型识别

在指标层面识别各村庄空心化主要因素的基础上，本章从维度层面上利用 LSE（最小方差模型）分析空心村的形态类型。LSE 模型也称为 Weave 组合指数，在水资源贫困、土地利用和贫困村等研究中得到广泛的应用，根据方差特点寻找样本实际分布与理论分布间偏差最小的数值，继而判断样本最接近的类型，具体公式为：

$$S^2 = \frac{1}{n} \sum_{i=1}^{n} (k_i - y_i)^2 \qquad (5.6)$$

式中：S^2 为方差；k_i 为空心村的维度贡献度由大到小排序后第 i 位的贡献度；y_i 为理论模型维度贡献度由大到小排序后第 i 位的贡献度。

根据 LSE 理论模型假设：若存在 N 个导致空心化的因素，那么导致空心化的各因素贡献度均为 1/N，比如，单维度主导，其贡献度为 1；两个维度导致的村庄空心化，其贡献度各为 0.5，由此类推[24]。根据以上假设，本章先计算出每个空心村各维度对于 H 的实际贡献度并由大到小排序，其次，求出实际维度与理论维度的方差，判断与实际维度贡献度分布方差最小的理论模型，即该空心村的主导形态。依据空心村多维形态表征的理论模型和方差结果，可以将空心村类型分为单形态主导型、双形态、三形态、四形态及五形态复合型。

5.2 平原农区空心化村庄
形态识别与特征分析

5.2.1 空心化村庄形态识别

全镇各项指标贡献度和排名分布趋势基本一致，但也存在个别指标的差异，比如宅基地空废率和经济结构发展两个指标，前者指标贡献度较高说明宅基地空废对村庄空心化程度影响更大，而后者排名更靠前说明村庄的经济结构发展是限制大部分空心村的重要原因；人口密度及建设用地空闲率两个指标也属于此情况，说明空心村形态表征更多体现在建设用地空闲率上，而对村庄空心化程度影响更显著为人口密度。人口密度、宅基地空废率、经济结构 3 项指标位列前三，是房寺镇空心村的主导因素。其中：①人口密度率指标贡献度区间为 8.13% ~ 28.41%，指标平均贡献度为 17.82%，全镇超过该指标平均贡献度的村庄比例为 62.17%，是房寺镇空心村首要特征指标。由于农业生产作物效益低和年轻人对城市生活的向往，大量年轻劳动力离乡外出务工，农村人口数量持续减少，这也是加剧土地、产业、组织和文化空心化的诱导因素。②宅基地空废率指标贡献度区间为 4.07% ~ 26.45%，指标平均贡献度为 14.78%，全镇超过该指标平均贡献度的村庄比例为 45.26%。受城乡发展不平衡的影响，农民市民化缓慢，进城务工的农民宅基地退出意愿不强烈，房屋长期闲置甚至长久失修倒塌的现象显著。③经济结构指标贡献度区间为 4.72% ~ 24.01%，指标平均贡献度为 12.11%，全镇超过该指标平均贡献度的村庄比例为 52.11%。相对于前两项指标，经济结构受诸多因素影响，包括村庄产业、劳动力素质、村庄区位、思想观念等，虽然村庄经济对村庄空心化程度贡献度较小，但受其影响的村庄数量却很多。

5.2.2　空心村多维形态特征

基于 GIS 利用自然间断点法，将房寺镇 62 个行政村的空心化测度结果划分为轻度、中度、高度、深度空心化四个等级。从单维度来看，房寺镇人口空心化分值为 5.42～20.9，空心化程度较为严重的村庄多分布于除中东部以外的地区；土地空心化分值为 3.36～19.33，除镇驻地周边村庄及南部少数村庄以外，土地空心化程度均偏高；产业空心化分值为 2.41～18.17，空心化程度较为严重的村庄主要分布在北部靠近镇边界地区以及南部若干村庄；组织空心化和文化空心化受人口影响较大，分布形态与人口空心化相似。从多维度综合空心化来看，房寺镇 62 个行政村整体空心化程度严重，其中，轻度空心化村庄较少，只占村庄的 6.45%，中度空心化村庄占 30.65%，高度空心化村庄占 45.16%，深度空心化村庄占 17.74%。从镇域尺度来看，基本呈现由镇驻地向周边空心化程度逐渐增高的趋势，镇驻地所在地区，受镇中心经济水平较高、人口数量较多的影响，周边村庄空心化程度较低，中度空心化的村庄主要分布在镇驻地北部周边，高度空心化的村庄多位于房寺镇东北部、西北部、南部的边界，深度空心化的村庄分散分布在镇域边界不同地区。总体而言，房寺镇单维度形态和综合形态空心化程度整体趋同，即中部镇驻地周边空心化程度低，南部和北部镇域边界地区空心化程度高。

5.2.3　空心化村庄主导因素

全镇各项指标贡献度和排名分布趋势基本一致（见图 5-1），但也存在个别指标的差异，比如宅基地空废率和经济结构发展两个指标，前者指标贡献度较高说明宅基地空废对村庄空心化程度影响更大，而后者排名更靠前说明村庄的经济结构发展是限制大部分空心村的重要原因；人口密度及建设用地空闲率两个指标也属于此情况，说明空心村形态表征更多体现在建设用地空闲率上，而对村庄空心化程度影响更显著为人口密度。

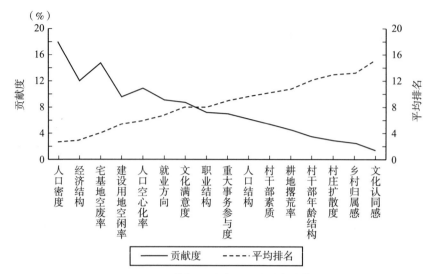

图 5-1　指标贡献度及平均排名趋势

人口密度、经济结构、宅基地空废率三项指标位列前三，是房寺镇空心村的主导因素。其中，①人口密度率指标贡献度区间为 8.13～28.41，指标平均贡献为 17.82%，全镇超过该指标平均贡献度的村庄比例为 62.17%，是房寺镇空心村首要特征指标。由于农业生产作物效益低和年轻人对城市生活的向往，大量年轻劳动力离乡外出务工，农村人口数量持续减少，这也是加剧土地、产业、组织和文化空心化的诱导因素。②宅基地空废率指标贡献度区间为 4.07～26.45，指标平均贡献度为 14.78%，全镇超过该指标平均贡献度的村庄比例为 45.26%。受城乡差距的影响，农民市民化缓慢，进城务工的农民宅基地退出意愿不强烈，房屋长期闲置甚至长久失修倒塌的现象显著。③经济结构指标贡献度区间为 4.72～24.01，指标平均贡献度为 12.11%，全镇超过该指标平均贡献度的村庄比例为 52.11%。相对于前两项指标，经济结构受诸多因素影响，包括村庄产业、劳动力素质、村庄区位、思想观念等，虽然村庄经济对村庄空心化程度贡献度较小，但受其影响的村庄数量却很多。

5.2.4　空心村形态类型

利用 LSE 模型对房寺镇空心村的形态类型进行识别，分析每个维度对空心村形态的影响程度（见表 5 - 2）。结果表明，房寺镇空心村形态类型可以分为 5 类：单形态主导型、双形态、三形态、四形态及五形态复合型，其中，单形态主导型是指以单一维度作为表现形式的空心村，双形态协同型是指由两种不同维度协同作用而形成的空心村，三形态、四形态及五形态复合型是指有三种或三种以上维度同时发生作用而形成的空心村。相同形态类型的空心村由于主要影响其空心化维度的差异衍生出不同的子类型，分析不同形态内在特征有助于更加精准地采取治理措施。

表 5 - 2　　　　　　　　　　空心村形态类型统计

空心村类型	空心化程度（H）	村庄占比（%）	R 占比（%）	L 占比（%）	I 占比（%）	P 占比（%）	C 占比（%）
单形态	44.82	8.06	32.21	50.78	17.01	0	0
双形态	54.59	25.81	81.25	50	12.5	31.25	25
三形态	61.67	33.87	62.91	60.0	71.43	57.14	47.62
四形态	62.59	22.58	95.23	98.89	78.98	64.29	62.61
五形态	68.14	9.68	100	100	100	100	100

注：R、L、I、P、C 分别代表人口、土地、产业、组织、文化五个维度空心化在不同类型空心村中的形态比例。

1. 单形态主导型

该类型空心村占比 8.06%，分为人口、土地和产业 3 种主导形态，受土地、人口和产业维度资源禀赋的缺失所致，空心化程度较低，主要是镇驻地周边村庄和部分中心村。这些村庄的治理潜力大，治理成本低，通过资源和资本的稍微调整与投入，即可带动村庄整体发展。

2. 双形态复合型

该类型空心村占比 25.81%，存在 R - L、R - P、R - I、R - C、I - P、P - C、L - P 等 7 种子类型，其中 R - L、R - C、R - P 型村庄数量占 75% 以上，人口外流是主要诱因，属于中等程度空心化，主要分布在国道和县级公路沿线以及单形态主导型村庄周边，具有一定的治理潜力，结合空心村具体的形态特征，通过产业结构优化和人居环境改善吸

77

引农民返乡是空心村治理的关键。

3. 三形态复合型

该类型空心村占比33.87%，是房寺镇空心村主要形态类型，存在8种子类型，以L-P-C主导，依次为L-I-P、R-L-P、R-L-I、R-L-C、R-P-C、L-I-C及R-I-P，形成过程比较复杂，处于中高度空心化状态，空间覆盖面较大，远离镇驻地并向镇边界扩散。该类型空心村呈两极趋势：中度空心化村庄受其周边发展较好村庄的辐射带动作用，治理潜力相对较大，可采取村内优化或迁至中心村等方式延缓村庄空心化速度；高度空心化的村庄因其自身存在多方面弱势而长期处于空心化状态，治理潜力相对薄弱，需要通过整体规划、加大建设投入等措施弥补空心村自身的劣势，提升农村发展条件。

4. 四形态复合型

该类型村庄占比22.58%，存在5种子类型，占比大小排序依次为：R-I-P-C>R-L-I-C>R-L-I-P>L-I-C-P>R-L-P-C，村庄数量较多，综合性问题显著，空心化程度较高，空间格局分散。治理过程应以改善农民生活质量为核心，以完善公共服务和基础设施建设为重点，通过统筹规划，整合资源，以异地搬迁与就地盘活相结合的治理方式改善农村生产生活条件。

5. 五形态复合型

该类型村庄占比9.68%，平均空心化程度为68.14，属于深度空心化，分布在镇域边界。相对其他4类村庄，该类村庄在人口、土地、产业、组织和文化5个维度均存在显著问题，需要争取政策资源，开展重大工程性措施，利用异地搬迁或合村并点等方式进行强化治理。

5.3 小　　结

空心村形态多样，形成原因复杂，其有效治理与乡村振兴具有一体化互动性。因此，本章以乡村振兴为导向，从人口、土地、产业、组织、文化5个维度构建农村空心化程度评价指标体系，并利用指标贡献度和LSE模型对平原农区典型乡镇的62个村庄进行空心化测算、主导因素分析、形态类型划分，在经济欠发达的平原农区，村庄空心化程度整体偏高，且多处于高度和极度空心化状态，人口外流、人口空心化率高、空废宅基地面积广、经济结构失衡是空心村形成的主要因素。从空心化类型来看，村庄空心化具有单形态主导和多形态复合两大类，其中单形态主导型空心村数量较少，双形态、三形态、四形态和五形态复合型空心村数量较多，空心村趋向于复杂化。空间分布上，空心化村庄分布具体明显的离心化特点，通常距离城镇中心地和高级别道路越远，空心化越严重。

第6章　平原农区宅基地退出的农户意愿分析

本章主要是对受访农户的退出农村宅基地的意愿选择行为进行分析，首先按照不同的农户类型，对样本的基本特征进行分析，然后运用二元 Logistic 回归分析模型，对不同类型农户的意愿选择的影响因素进行分析，最后通过对三种类型农户的退出意愿的主要影响因素的综合比较，形成农户宅基地退出意愿的形成机理。

6.1　典型样本选取及数据来源

6.1.1　典型样本的选取及概况

本章以平原农区为研究范围，综合考虑各地市的农村经济发展水平、政策的实施情况和数据的易获取性，选取了德州市禹城市房寺镇为主要代表。德州禹城是我国在 2015 年实行的农村"三块地改革"政策中的试点城市之一，也是山东省内唯一的"农村宅基地退出"试点城市，目前已经有部分村庄完成了退出或正在退出进行中，政策实施过程中出现的难题和形成的经验都具有很高的参考价值，同时也能够对有不同诉求农户的退出模式的匹配提供现实依据。

由于影响农户退出意愿的因素与农户自身及其家庭的资源禀赋条件有关，而农户自身及其家庭资源禀赋的形成与其生产生活方式和生活环境是息息相关的，同时农村的发展水平与居住条件在很大程度上受到地理位置的影响，因此在选取发放问卷的村庄时，除了考虑村庄的经济发展水平，也应考虑到各村庄与城镇的距离和交通便利等方面的差异性。

6.1.2 问卷设计与调查回收

本章主要针对还未退出农村宅基地或正在退出过程中的农户的退出意愿和模式选择进行探究，在对影响农户退出意愿的因素分析和退出模式识别的基础上，设计了"关于农村宅基地退出意愿的调查问卷"。问卷的主要结构包括标题、引言、问卷编号和问卷主体四部分。

标题简明扼要，明确表达了受访对象和调查的主题。引言是对所调查内容的简要说明，主要为农村宅基地退出这一概念的简单介绍和对获取数据的保密承诺，方便受访者的理解。问卷编号是按照不同地区统一分别编写，主要为了方便统计和整理。问卷的主体内容主要从四个方面进行设计：一是个体特征，主要是农户的性别、年龄、受教育程度、工作特点、身体状况、与邻里的交往状况以及受别人的影响程度等方面；二是家庭状况，主要了解农户家庭的人口、收入与支出和是否在城镇买房等特征；三是居住条件，主要包括房屋、宅基地的特点和村庄的区位、基础设施等特点，了解农村生活的舒适度和便利程度；四是农户认知，主要包括受访者对当前生活的满意程度和对政策的感知等方面，另外，在填写问卷时将农户按照职业特点和收入来源分为农业、兼业和非农三种类型，即为了方便数据整理，又能与问卷中个体特征和家庭状况的数据进行核对。通过对各项指标的收集整理，分析影响不同农户退出意愿选择和退出模式选择的形成机理。

本次对农户宅基地退出意愿与退出模式选择的调查数据，来自禹城市房寺镇，采用随机发放问卷的方式，对农户的宅基地退出意愿和退出模式选择情况进行了调查。本次调查共发放问卷 651 份，有效问卷 587 份，样本的有效回收率为 90.17%。有效问卷样本的部分结果统计如表 6 - 1 所示。

表 6 - 1   宅基地退出意愿统计

农户类型	农业型		兼业型		非农型		合计	
	人数	比例	人数	比例	人数	比例	人数	比例
愿意	65	0.111	124	0.211	166	0.283	355	0.605
不愿意	80	0.136	82	0.140	70	0.119	232	0.395
合计	145	0.247	206	0.351	236	0.402	587	1

由表 6 - 1 可知，所获取的 587 份问卷中，农业型、兼业型和非农型农户的问卷比例分别为 24.7%、35.1%、40.2%，总体来说，愿意退出农村宅基地的农户占 60.5%，不愿退出的占 39.5%，可见在多数农户的认识里，宅基地退出所能够为其带来的利益大于损失。从不同的农户类型来看，"农业型"的受访者中不愿退出宅基地的农户比愿意退出的农户比例高，而"兼业型"和"非农型"的受访者中，愿意退出的农户比例都比不愿退出的农户比例高，由此可初步得知，对农业收入依赖性越低的农户，其退出意愿越强烈。

由表 6 - 2 可知，在现有的四种宅基地退出模式下，对愿意退出宅基地的农户进一步分析得知，选择"住房补偿"模式的比例最高，其次是"货币补偿"模式，而选择"住房 + 住房"和"住房 + 货币"的退出模式的农户数量都相对较少，并且从不同类型的农户来看，三种类型的农户在宅基地退出模式的选择上，都是如此。这可能是因为，在现

表 6 - 2   积极农户的退出模式选择统计

宅基地退出模式	农业型		兼业型		非农型		合计	
	人数	比例	人数	比例	人数	比例	人数	比例
住房补偿	32	0.090	55	0.155	68	0.192	155	0.437
货币补偿	16	0.045	42	0.118	54	0.152	112	0.315
住房 + 住房	10	0.028	21	0.059	26	0.073	57	0.161
住房 + 货币	7	0.020	6	0.017	18	0.051	31	0.087
合计	65	0.183	124	0.349	166	0.468	355	1

有房屋价值低于重新安置成本时，更多的农户首先考虑满足基本生存需求，即先选择"住房补偿"模式，然后再考虑货币需求；在现有房屋价值高于重新安置成本时，农户在满足基本生活需求的基础上，还是首先选择房屋这一固定资产，然后再考虑货币补偿。

6.1.3　农户分类

　　具有相同特征农户的行为选择往往存在一定的相似性，因此在研究中将农户进行分类能够更好地了解不同类型农户的意愿选择原因。由于研究的侧重点不同，学者们对农户类型划分方法的选择上也有一定的差异性。依据本章的研究内容，按照收入来源及从事职业的不同，将受访农户分为了"农业型""兼业型"和"非农型"三类（如表 6 - 3 所示），在此基础上，分析不同类型农户的各项基本特征与宅基地退出意愿及模式选择之间的关系。

表 6 - 3　　　　　　　　　　　农户类型划分

农户类型	划分标准
农业型	受访者仅从事农业生产活动，或其收入完全来源于种植、养殖等农业生产活动
兼业型	受访者同时从事农业生产和非农生产活动，或其同时有农业和非农途径的收入
非农型	受访者仅从事非农生产活动，或其收入仅来源非农生产活动，如务工收入、企事业单位工资收入、自主经营性收入、政府补贴、子女赡养金等

　　另外，根据受访者的意愿选择，将愿意退出农村宅基地的农户认定为"积极农户"，将不愿退出农村宅基地的农户认定为"消极农户"。一方面，针对"积极农户"，分析不同类型农户的基本特征与其所选择的宅基地退出模式之间的联系；另一方面，针对"消极农户"，分析各类型农户不愿退出宅基地的原因，在此基础上对已有的退出模式进行优化，以期让更多的农户能够愿意退出农村宅基地。

6.2 农户宅基地退出意愿模型

6.2.1 影响因素分析

农户是否愿意退出宅基地会受到多种因素的影响，通过对不同影响因素的分类分析，可以更有针对性地制定适合于不同类型农户的退出政策。由于本章的研究视角为农户行为，暂不考虑政府及企业行为对农户选择的影响，所以本章将主要从农户的个体特征、家庭状况、居住条件以及农户认知4个方面对影响农户宅基地退出意愿选择行为的因素进行研究。

1. 个体特征

受访者一般都是具有理性思维的个体，他们做出相应选择的动因与其自身的特点是分不开的。本章选取的代表个体特征的变量有性别、年龄、受教育程度、工作特点、身体与基本保障状况、与邻里的交往状况以及受别人的影响程度等，其中，工作特点又包括是否常年在外务工、务工地点和工作的稳定性3个方面。

性别是最基本的区分受访者类型的标准，而受我国传统思想观念的影响，男性往往承担了更多的责任，同时也能够更快地适应新环境，因此可能会更加容易接受新事物。不同年龄阶段和不同受教育程度的个体，对新政策的积极性也是不同的，年龄越小的和受教育程度越高的个体一般对新事物的接受能力会越高，年龄越大的人其安土重迁的思想也越强，从而越不容易接受宅基地退出的政策。不同的工作特点也会影响个体对政策的态度，一般来说，常年在外从事非农工作的、工作比较稳定的以及工作地点离村庄越远的人对宅基地退出政策可能会有更加积极的态度。而农户的身体状况以及是否享有医疗和养老等基本社会保障等因素，也会在一定程度上影响农户对宅基地退出所能够带来利益的期望，同时，农户与邻里交往的频繁程度和受别人观念的影响程度也会对其是否能接受新政策产生一定的作用。

2. 家庭状况

农户做出意愿选择的时候，不仅是从自身角度考虑，更多还会受其家庭特征的影响。衡量农户家庭状况的因素主要是从人口特征、收入与支出特征以及是否在城镇买房等方面选取的，其中人口特征主要包括家庭总人数、赡养系数和务工人口比例等，收入与支出特征包括家庭年收入、非农收入占比、非农收入来源、家庭月消费、人情支出占比等方面。

一般来说，人口越多、需要赡养的老人和子女的人数越多的家庭，生活成本越高，其需要考虑的退出宅基地所带来的变化因素也越多。家庭收入与消费特点也会影响受访者的决定，收入水平越高、非农收入占比越高、非农收入来源越稳定的家庭，其购买力和抗风险能力越强，更能够接受宅基地退出带来的变化，而对收入主要依靠农业生产的家庭来说，宅基地退出带来的影响可能越大，同时，家庭支出和人情支出占比越大的，生活压力可能也越大，这些因素都会从不同方面影响着农户对宅基地退出政策的态度。

3. 居住条件

村庄的居住环境和房屋的新旧好坏也会影响农户的退出意愿，本章中衡量房屋特点的因素主要选取了是否有宅基地产权证书、宅基地取得途径、房屋建设（翻新）年份、房屋层数、房屋结构、宅基地面积、宅基地数量、是否有闲置宅基地等，衡量农村居住环境的因素主要选取了村庄到城镇的距离、是否为新农村规划村、村庄基础设施的完备度、农户的日常出行方式和购买生活用品的途径等。

如果农户当前的居住环境舒适，村庄基础设施完备，日常生活便利，那么他很可能更乐意安于现状。如果现有的居住环境较差、便利程度较低或者家里有闲置宅基地的或宅基地面积较小的农户，使得其预计在宅基地退出后可以获得比较可观的补偿或可以改善当前生活状况的话，那么农户可能会更乐意选择退出宅基地。

4. 农户认知

农户的认知包含其对居住偏好的感知和对宅基地退出政策的认知等方面，具体分为了农户对现有居住环境的满意程度、城乡定居意愿、是否愿意住楼房、宅基地所有权归属认知、对宅基地退出政策的了解程度以及是否有亲友已经退出宅基地等影响因素。

如果受访者对现有居住环境不满意，那么他会更渴望政策实施所带来的改变，同样的，如果受访者更愿意在城市生活或者更愿意住楼房，那么其接受宅基地退出政策就越容易。而农户对宅基地所有权的认知、对宅基地退出政策的了解程度和周围亲友的态度都会一定程度地影响农户对退出政策的偏好，其了解得越多，做出的决策就会越可靠。

6.2.2 构建 Logistic 回归模型

1. 研究指标及赋值

依据前面对影响农户的宅基地退出意愿的因素分析的结果，本章从个体特征、家庭情况、居住条件、农户认知 4 个方面，共选取了 38 个研究变量。

个体特征中，包含性别（X1）、年龄（X2）、受教育程度（X3）、是否长期在外务工（X4）、务工地点（X5）、工作是否稳定（X6）、基本社会保障情况（X7）、身体状况（X8）、与邻里的交往情况（X9）、受别人影响的程度（X10）10 个变量。其中，根据农村居民的特点将受访者年龄分为了 30 岁以下、30～40 岁、40～50 岁、50～60 岁和 60 岁以上这 5 个类别，受教育水平分为小学及以下、初中、高中和专科及以上 4 个类别，务工地点分为了本村、本乡镇、本县（区）、本市、本省和外省 6 个类别，工作稳定程度的衡量以"是否签订 2 年以上劳动合同"为准，基本社会保障的调查主要关注受访者是否有养老保险和医疗保险，另外还对受访者的身体状况、与邻里的交往情况、受别人的影响程度等变量按照不同程度进行了分类。

家庭情况中，包含家庭总人数（X11）、赡养系数（X12）、务工人口比例（X13）、家庭年收入（X14）、非农收入占比（X15）、非农收入主要来源（X16）、家庭月消费（X17）、人情支出占比（X18）、是否在城镇买房（X19）9 个变量。其中，家庭总人数为数值型变量；赡养系数为家庭总人数与劳动力人数的比值，用来反映劳动力直接承担的家庭人口负担，赡养系数为 0 的，说明家庭中没有劳动力，收入主要来源为

"其他";务工人口比例为务工人口与家庭总人口的比值,务工人口比例越高,那么家庭对农村土地"资本功能"的依赖性越小;家庭年收入与家庭月消费参考"城乡居民最低生活保障标准"、国家统计局关于"农村居民人均可支配收入"和"农村居民人均消费支出"统计值,根据调研的实际情况,分别设置了不同的级别;非农收入占比为家庭中非农收入占总收入的比值,人情支出占比为人情支出占家庭总支出的比值,这两项可以比较家庭的收入支出结构;非务农收入主要来源按照收入来源的特点和稳定性等因素分为4项,其中固定工资收入与非固定工资收入以是否签订2年以上劳动合同为准,"其他"包括出租房屋、政府补贴、退休金、子女赡养费等收入。

居住条件中,包含是否有宅基地产权证书(X20)、宅基地取得途径(X21)、房屋建设翻新年份(X22)、房屋层数(X23)、宅基地面积(X24)、房屋结构(X25)、宅基地数量(X26)、宅基地是否有闲置(X27)、村庄到城镇的距离(X28)、是否为新农村规划村(X29)、基础设施情况(X30)、日常出行方式(X31)、购买生活用品途径(X32)13个变量。其中,基础设施完备度设置了自来水、液化气、通网、路灯照明、道路硬化、公交站点、垃圾回收处理、超市、卫生室、文化中心或小广场10项标准,其他变量按照实际观测值分别进行了分类统计。

农户认知中,包含对农村居住环境满意程度(X33)、城乡定居意愿(X34)、住楼意愿(X35)、宅基地产权归属认知(X36)、是否了解退出相关政策(X37)、是否已有亲友退出宅基地(X38)6个变量。其中,宅基地产权归属认知,根据预调研和对部分村民访谈的结果,分为了国家、村集体和个人私有三类,其他变量按照相应的标准分别进行了分类。具体的变量说明及赋值情况如表6-4所示。

表6-4 变量说明及赋值

类型	变量定义	说明	预期作用方向
	Y 是否愿意退出	是=1,否=0	
个体特征	X1 性别	男=1,女=0	不确定
	X2 年龄	30岁以下=1,30~40岁=2,40~50岁=3,50~60岁=4,60岁以上=5	-

类型	变量定义	说明	预期作用方向
个体特征	X3 受教育程度	小学及以下 = 1，初中 = 2，高中 = 3，专科及以上 = 4	+
	X4 是否长期在外务工	是 = 1，否 = 0	+
	X5 务工地点	本村 = 1，本乡镇 = 2，本县、区 = 3，本市 = 4，本省 = 5，外省 = 6	+
	X6 工作是否稳定	是 = 1，否 = 0	+
	X7 基本社会保障（养老、医疗）	无 = 1，有一项 = 2，都有 = 3	+
	X8 身体状况	非常好 = 1，比较好 = 2，一般 = 3，较差 = 4	−
	X9 与邻里交往情况	非常频繁 = 1，比较频繁 = 2，一般 = 3，几乎不交流 = 4	−
	X10 受别人影响程度	影响非常大 = 1，比较大 = 2，一般 = 3，较小 = 4，无 = 5	不确定
家庭状况	X11 家庭总人数	数值型数据，以实际观测值为准	+
	X12 赡养系数	数值型数据，以实际观测值为准	+
	X13 务工人口比例	数值型数据，以实际观测值为准	+
	X14 家庭年收入	1 万元以下 = 1，1 万 ~ 3 万元 = 2，3 万 ~ 5 万元 = 3，5 万元以上 = 4	+
	X15 非农收入占比	50% 以下 = 1，50% ~ 80% = 2，80% 以上 = 3	+
	X16 非务农收入主要来源	自主经营性收入 = 1，固定工资收入 = 2，非固定工资收入 = 3，其他 = 4	不确定
	X17 家庭月消费	1000 元以下 = 1，1001 ~ 2000 元 = 2，2001 ~ 3000 元 = 3，3001 元及以上 = 4	+
	X18 人情支出占比	10% 以下 = 1，10% ~ 20% = 2，20% ~ 30% = 3，30% 以上 = 4	不确定
	X19 是否在城镇买房	是 = 1，否 = 0	+

类型	变量定义	说明	预期作用方向
居住条件	X20 是否有宅基地产权证书	是 =1，否 =0	不确定
	X21 宅基地取得途径	申请 =1，继承 =2	不确定
	X22 房屋建设翻新年份	低于 10 年 =1，10 ~ 20 年 =2，20 ~ 30 年 =3，30 年以上 =4	+
	X23 房屋层数	数值型数据，以实际观测值为准	不确定
	X24 宅基地面积	数值型数据，以实际观测值为准	－
	X25 房屋结构	土木 =1，砖木 =2，砖混 =3，钢混 =4	－
	X26 宅基地数量	数值型数据，以实际观测值为准	+
	X27 宅基地是否有闲置	是 =1，否 =0	+
	X28 村庄距离城镇	小于 2 公里 =1，2 ~ 5 公里 =2，5 ~ 10 公里 =3，10 公里以上 =4	+
	X29 是否新农村规划村	是 =1，否 =0	+
	X30 基础设施	数值型数据，以实际观测值为准	
	X31 日常出行方式	开车 =1，骑车 =2，公交或公共汽车 =3，别人捎带或步行 =4	－
	X32 购买生活用品途径	本村 =1，邻村 =2，去城镇 =3，网上或别人代买 =4	－
农户认知	X33 对居住环境满意度	非常满意 =1，满意 =2，一般 =3，不满意 =4	+
	X34 城乡定居意愿	农村 =1，都一样 =2，城市 =3	+
	X35 住楼意愿	是 =1，都一样 =2，否 =3	－
	X36 宅基地产权归属认知	国家 =1，村集体 =2，个人私有 =3	不确定
	X37 是否了解退出相关政策	了解 =1，听说过 =2，不了解 =3	
	X38 是否有亲友已退出宅基地	有 =1，不知道 =2，没有 =3	－

89

2. 模型构建

本章采用二元 Logistic 回归分析方法，对研究区范围内农村居民的宅基地退出意愿进行定量分析。将"是否愿意退出宅基地"作为研究内容的因变量，其他38项影响因素作为自变量，构建农村宅基地退出意愿模型，分析农村宅基地退出的农户行为特征及其影响要素与作用机理。模型的表达公式为：

$$Y = Ln\left(\frac{P_i}{1 - P_i}\right) = \alpha + \sum_{j=1}^{m} \beta_j x_{ij} \qquad (6.1)$$

式（6.1）中：p_i 表示农户 i 对农村宅基地退出的选择概率（0-1），α 为常数项，x_{ij} 表示对农户的意愿选择行为产生影响的解释变量，m 表示模型中解释变量的个数，β_j 是解释变量的回归系数，表示变量 x 对 Y 的影响作用。

6.3　不同类型农户的基本特征分析

在进行数据收集时，为便于比较，将所有受访农户分为了"农业型""兼业型"和"非农型"三种类型，本节将对获取的样本数据，按照不同的农户类型分别进行分析。由于变量数据太多，考虑到呈现结果的美观性，此处采用柱状图的方式对各项指标的选项分布情况进行表达。同时，为了方便描述，将表6-4中的家庭总人数（X11）、赡养系数（X12）、务工人口比例（X13）、房屋层数（X23）、宅基地面积（X24）、宅基地数量（X26）、基础设施（X30）等数值型变量的结果按照表6-5重新进行了赋值。

表6-5　　　　　　　　　　　数值型变量赋值

变量定义	说明
X11 家庭总人数	$[x=1]=1$，$[x=2]=2$，$[x=3]=3$，$[x=4]=4$，$[x\geqslant5]=5$
X12 赡养系数	$[x=0]=1$，$[x=1]=2$，$[1<x\leqslant1.5]=3$，$[1.5<x\leqslant2]=4$，$[x>2]=5$
X13 务工人口比例	$[x=0]=1$，$[0<x<0.5]=2$，$[x=0.5]=3$，$[0.5<x<1]=4$，$[x=1]=5$
X23 房屋层数	$[x=1]=1$，$[x=2]=2$

变量定义	说明
X24 宅基地面积	$[x \leqslant 150] = 1$，$[150 < X \leqslant 200] = 2$，$[200 < X \leqslant 300] = 3$，$[x > 300] = 4$
X26 宅基地数量	$[x = 1] = 1$，$[x = 2] = 2$，$[x \geqslant 3] = 3$
X30 基础设施	$[x \leqslant 5] = 1$，$[6 \leqslant X \leqslant 8] = 2$，$[x \geqslant 9] = 3$

6.3.1 农业型样本的基本特征

在三种类型的受访者中，农业型农户的比例最少，约占总数的24.7%。在农业型农户中，有约44.8%的受访者在已有的宅基地退出补偿条件下，选择了愿意退出农村宅基地。农业型农户的样本特征如图6-1所示。不同变量所对应的图例中数字0~5的含义不同，其具体含义以表6-4和表6-5的赋值为准。

农业型农户样本的个体特征方面，女性所占比例较大，为53.1%，受访者的平均年龄较大，年龄在50~60岁和60岁以上年龄段的人数较多，受教育程度整体偏低，都在高中以下，且在小学及以下的比例最高。农业型受访者的务工地点均为本村，均没有签订2年以上劳动合同。基本社会保障方面，受访者多数都具有医疗或养老保障，身体状况方面，"比较好"和"一般"水平的人数较多，大多数受访者与邻里交往比较频繁，受别人影响程度方面，大多数人选择了一般或影响较小。

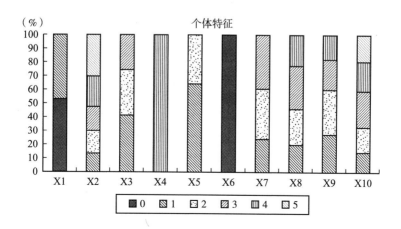

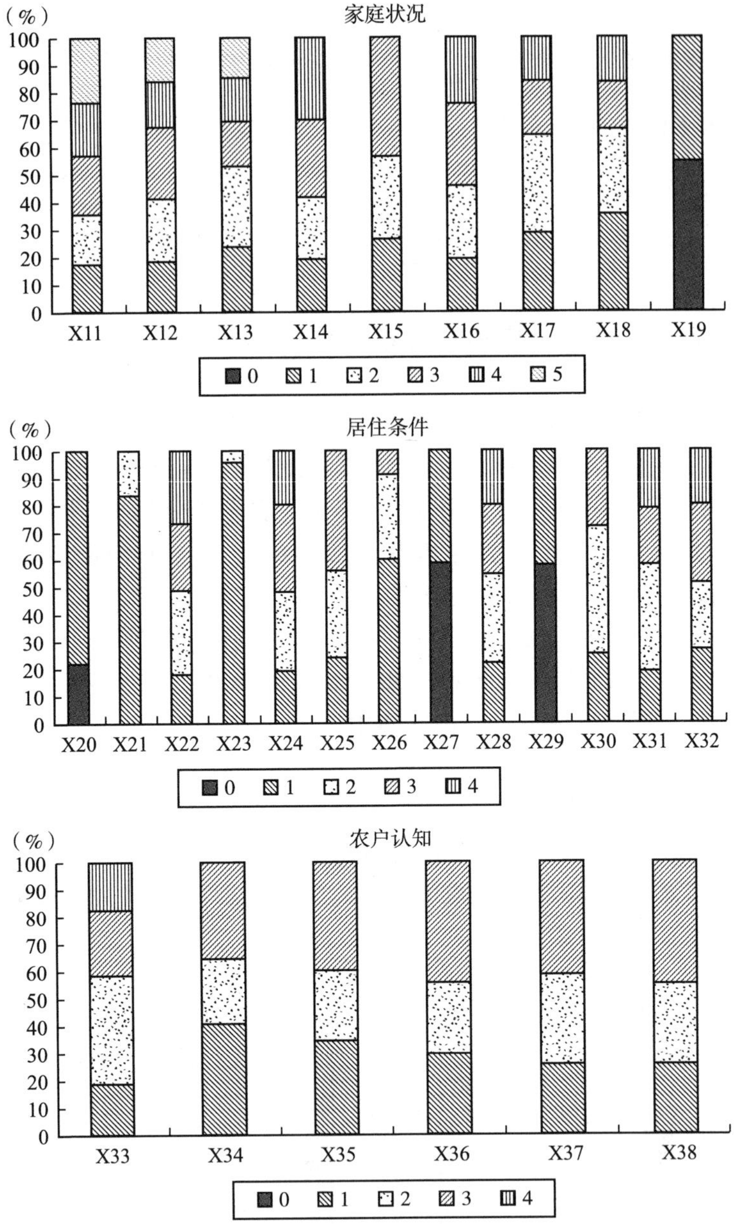

（%）　　　　　　　　　家庭状况

0 1 2 3 4 5

（%）　　　　　　　　　居住条件

0 1 2 3 4

（%）　　　　　　　　　农户认知

0 1 2 3 4

图6-1　农业型农户样本描述统计

　　家庭状况方面，家庭总人数 1～5 人不等，平均约为 3.13 人/户。家庭赡养系数与务工人口比例最小值为 0，表明部分受访者的家庭中没有劳动力，赡养系数平均值为 1.21，即平均每个劳动力要承担 1.21 人的家庭人口负担，但偏度小于 0，即实际上多数家庭的赡养系数大于平均值。务工人口比例平均值为 0.26 且偏度大于 0，表明样本多数集中在低于平均值的一侧，即农业型受访者的家庭中务工人口比例普遍较低。家庭年收入在 "3 万 ~ 5 万元" 和 "5 万元以上" 水平的人数较多，非农收入占比在 "80% 以上" 水平的人数最多，说明多数受访者的家庭收入主要来自非农途径，而家庭非农收入的主要来源多以非固定工资收入为主，即多数家庭的收入来源不稳定但比较灵活。受访者中，家庭月消费水平在 "1000 ~ 2000 元" 范围内的比例最高，人情支出占比集中在 "10% 以下" 和 "10% ~ 20%" 的水平。有约 41.8% 的农业型受访者家庭已经在城市买房。

　　居住条件方面，约 77.9% 的受访者有宅基地产权证书，有约 83.4% 的受访者的宅基地是通过申请获得的，房屋建设翻新年份在 "10 ~ 20 年" 的比例最高，宅基地面积在 "200 ~ 300 平方米" 的比例最高，其次是 "150 ~ 200 平方米"，房屋结构多为砖混，但仍有 24.1% 的农户其房屋为土木结构。农业型受访者中，有 2 套宅基地的约占 31%，有 3 套及以上的约 0.08%，而家中有闲置宅基地的约有 41.3%。选取的村庄中，到城镇的距离在 "2000 ~ 5000 米" 的比例相对较高，并且有约42% 的村庄为新农村规划村，村庄的基础设施建设平均水平在 7.15，村庄的基础设施完备度普遍较高。受访者日常的出行多以骑车为主，购买生活用品的途径多为本村购买或去城镇购买。

　　农户认知方面，有约 58.6% 的受访者对农村现有居住环境持 "满意" 或 "非常满意" 的态度。在未来定居意愿上，多数受访者更愿意定居农村，并且不愿住楼的农户占 35.1%。政策认知方面，约 44.1% 的受访者认为农村宅基地为个人私有，认为农村宅基地所有权归村集体的仅占 26.2%，且对宅基地退出的相关政策比较了解的人数仅占 26%，受访者中有亲友已经退出宅基地的仅占 25.5%，数据结果表明，对宅基地退出政策的宣传还不够，多数的农业型农户对宅基地退出的相关政策不了解。

6.3.2　兼业型样本的基本特征

　　在三种类型的受访者中，有大约 35.1% 的人为兼业型农户。在兼业型农户中，有约 60.1% 的受访者愿意退出农村宅基地。兼业型农户的样本特征如图 6 - 2 所示。不同变量所对应的图例中数字 0 ~ 5 的含义不同，具体含义以表 6 - 4 和表 6 - 5 的赋值为准。

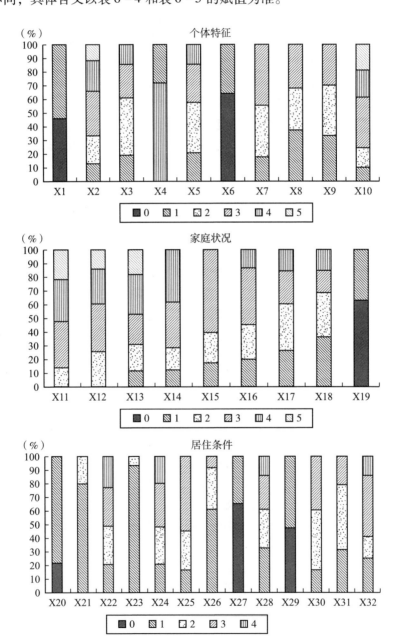

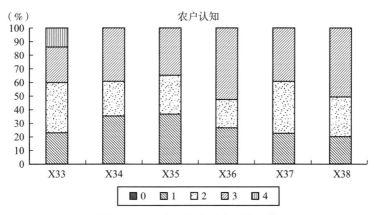

图 6 - 2　兼业型农户样本描述统计

农户样本的个体特征方面，男性占比较多，约为 53.9%，受访者的年龄基本呈正态分布，其中占比最高的年龄段是"40~50 岁"，受教育程度在初中水平占比最大。兼业型受访者中，长期在外务工的只占 28.1%，务工地点为"本乡镇"的人数最多，其次是"本县或区"，仅有 35.4% 的人签订了 2 年以上劳动合同。有 17.5% 受访者没有医疗或养老保障。兼业型受访者的身体状况无"较差"水平，且其他三种水平分布比较均匀，与邻里的交往状况中，选择"交往比较频繁"的最多，受别人影响程度方面，大多数人选择了"一般"这一选项。

家庭状况方面，家庭总人数最低为 2 人，最高为 8 人，平均为 3.77 人/户，离散程度较大，且多数家庭人口低于平均值。赡养系数平均值为 1.5，即兼业型受访者家庭中平均每个劳动力要承担 1.5 人的家庭人口负担，偏度大于 0，即多数家庭的赡养系数低于平均值。务工人口比例平均值为 0.61 且偏度小于 0，表明有更多的受访者家庭的务工人口比例高于平均值。家庭年收入集中在"3 万~5 万元"和"5 万元以上"的水平，非农收入占比在 80% 以上的农户比例高达 61.2%，家庭非农收入主要来源集中在"非固定工资收入"方面。家庭月消费在"1000~2000 元"水平的比例最高，人情支出占比集中在"10% 以下"和"10%~20%"的水平上。受访者中有 36.9% 的家庭已经在城市买房。

居住条件方面，有约 78.6% 的受访者有宅基地产权证书，约 79.6% 的受访者的宅基地通过申请的途径获得，房屋建设翻新年份在"10~20

年"和"20~30年"之间的比例相对较大,除了6.8%的受访者的房屋为两层外,其余的都是一层住宅,宅基地面积在"200~300平方米"的样本数最多。其次是"150~200平方米",房屋结构以砖混为主,仅有16.5%的受访者的房屋是土木结构。兼业型受访者中,宅基地数量在3套及以上的约占8.7%,有2套宅基地的占比约为30%,并且有35%的家庭中有闲置宅基地。样本中,村庄到城镇的距离在2000米以下范围内的比例最高,有52.4%的村庄为新农村规划村,村庄的基础设施建设平均水平在7.99,即多数村庄的基础设施完备度较高。受访者的日常出行以骑车为主,其次分别是开车和乘坐公交或公共汽车,有接近半数的人选择去城镇购买日常生活用品。

农户认知方面,约60%的受访者对农村现有居住环境持"满意"或"非常满意"的态度。在未来定居意愿上,愿意定居城市的比农村的多,希望住平房的比希望住楼的多,但在样本数量上都相差不大。政策认知方面,有约52.4%的受访者认为农村宅基地所有权归个人,知道宅基地所有权为村集体所有的仅占20.8%,并且仅有22.8%的受访者了解过宅基地退出的相关政策,受访者中仅有24.%的人有亲友已经退出宅基地的情况,可见对于农村宅基地政策的宣传应该进一步加强。

6.3.3 非农型样本的基本特征

在三种类型的受访者中,非农型农户的数量最多,约占总数的40.2%。在非农型农户中,有约70.3%的受访者在已有的宅基地退出补偿条件下,愿意退出农村宅基地,愿意退出的农户的比例比其他两种类型农户中的比例都要高。非农型农户的样本特征如图6-3所示。不同变量所对应的图例中数字0~6的含义不同,其具体含义以表6-4和表6-5的赋值为准。

非农型农户的个体特征方面,样本中男性较多,约占58%,受访者的年龄相较于其他两种类型来说偏低,年龄在"30岁以下"和"30~40岁"的比例较大。受教育程度总体较高,在专科及以上水平分布最多。非农型受访者中,长期在外务工的约占52.2%,务工地点比较多样,在"本县、区"的人数相对较多,其中有50%的人签订了2年以上劳动合同,仅有18.6%的人没有养老或医疗保障。非农型受访者的身体状况普遍偏好，其中身体非常好的比例最高，与邻里的交往状况中，交往比较频繁的样本数量相对较多，但与其他两种类型相比，与邻里的交往程度有所降低，受别人影响程度方面，"一般"的比例最大。

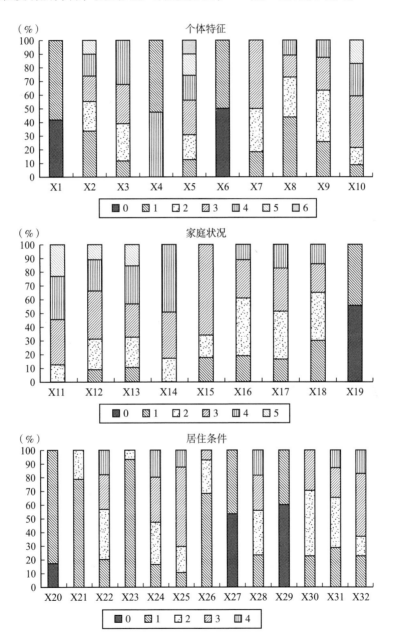

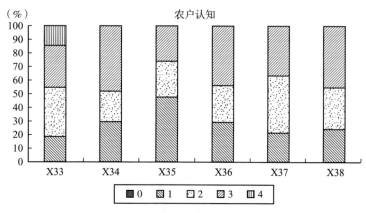

图 6-3　非农型农户样本描述统计

　　家庭状况方面，家庭总人数最低为 2 人，最高为 6 人，平均为 3.84 人/户，离散程度较大，且多数家庭人口低于平均值。赡养系数的平均值为 1.48，即非农型受访者家庭中平均每个劳动力要承担 1.48 人的家庭人口负担，偏度大于 0，即多数家庭的赡养系数低于平均值。务工人口比例的平均值为 0.57 且偏度大于 0，表明有更多的受访者家庭的务工人口比例低于 0.57。家庭年收入水平在 5 万元以上的占比最大，非农收入占比集中在 80% 以上，家庭非农收入主要来源在"固定工资收入"这一分类的占比最大。家庭月消费水平在"1000～2000 元"和"2000～3000 元"的人数较多，人情支出占比集中在"10% 以下"和"10%～20%"的水平上。在非农型受访者中，有 44.5% 的家庭已经拥有城市住房。

　　居住条件方面，有 82.2% 的受访者有宅基地产权证书，约 79.7% 的受访者的宅基地由申请获得，房屋的建设翻新年份在"10～20 年"的比例最大，其次是在"20～30 年"，房屋基本都是一层，仅有 6.3% 的受访者的房屋是 2 层，宅基地面积集中分布在"150～200 平方米"和"200～300 平方米"这两个区间内，房屋结构以砖混为主，但出现了约 11.8% 的钢混房屋。非农型受访者中，仅有一套宅基地的农户约占 69%，家庭中有闲置宅基地的约 46.2%。样本中，村庄到城镇的距离在"2000～5000 米"范围内的比例最高，是新农村规划村的约占 40%，村庄的基础设施建设平均水平在 7.28 且样本总体呈负偏态分布，即多数村庄的基础设施完备度较高。受访者日常出行方式以骑车为主，其次分别是开车和乘坐公交，购买生活用品的途径以去城镇为主，其次是本村内购买。

农户认知方面，非农型农户对农村现有居住环境的满意度明显低于其他两种类型，持"一般"或"不满意"态度的农户高达45.3%。在未来定居意愿方面，约48.3%的农户愿意定居在城市，约47.9%的农户愿意住楼房，这两项的比例都分别高于其他两种类型农户的选择。政策认知方面，有约44%的受访者认为农村宅基地为个人私有，认为所有权归村集体的仅有26.3%，对宅基地退出相关政策比较了解的仅占21.2%，受访者中有亲友已经退出宅基地的仅占24.1%。

6.4 不同类型农户意愿的影响因素分析

本章运用IBM SPSS 20.0软件对三种类型农户的样本数据作二元Logistic回归分析，因变量Y为农户是否愿意退出宅基地，自变量为所获取的数值型连续变量、定序变量和部分由定类变量转换成的虚拟变量。显著性水平设为5%，采用全部进入法对变量进行选择，最后保留通过显著性检验的变量，得到了影响不同类型农户的宅基地退出意愿的影响因素结果统计表。

6.4.1 农业型农户退出意愿的影响因素分析

在对农业型农户的模型分析中，似然比卡方对应的 p 值小于 0.05，认为该模型具有合理性，−2 对数似然值为 157.950，Cox&SnellR^2 和 NagelkerkeR^2 的值分别为 0.442 和 0.489，即认为该模型的拟合性较好，将显著性水平大于 0.05 的变量剔除后，得到的结果如表 6−6 所示。

农业型农户宅基地退出意愿模型的结果表明，在个体特征中，年龄和身体状况这两个因素对农户意愿存在显著影响。其中，年龄对受访者的宅基地退出意愿具有显著的负影响，高年龄段的农户选择不愿退出的概率更大，即年龄越大的农户越不想退出，与预期估计相符；同时，身体状况较差的农户其退出意愿显著，即身体状况越差的受访者，越想退出宅基地，这与预期估计影响相反，这可能是因为相比于身体好的受访者，身体条件较差的农户更希望通过宅基地退出来获取一定的利益。

表6-6 农业型农户模型回归显著影响因素结果

类型	变量	B	标准误差	瓦尔德	自由度	显著性	Exp（B）
个体特征	年龄X2（3）	-0.521	0.152	0.249	1	0.021	1.371
	年龄X2（4）	-0.681	0.667	0.819	1	0.003	1.544
	身体状况X8（4）	0.823	0.508	1.404	1	0.042	0.915
家庭情况	家庭总人数X11	0.863	0.652	1.756	1	0.015	0.422
	赡养系数X12	-2.127	1.891	1.264	1	0.003	0.387
	务工人口比例X13	2.997	1.239	0.856	1	0.035	1.030
	非农收入占比X15（3）	0.909	0.584	1.372	1	0.001	0.982
	家庭月消费X17（3）	0.865	0.844	1.051	1	0.035	2.237
	家庭月消费X17（4）	0.435	0.351	1.342	1	0.006	1.985
居住条件	房屋建设翻新年份X22（4）	0.767	0.921	0.471	1	0.032	1.035
	宅基地面积X24	-0.575	0.682	0.523	1	0.031	0.093
	宅基地是否有闲置X27（1）	0.508	0.452	0.353	1	0.007	0.835
	村庄距离城镇X28（2）	-0.648	0.583	1.402	1	0.024	1.192
	村庄距离城镇X28（3）	-0.305	0.634	0.783	1	0.041	1.329
	基础设施X30	-0.153	0.143	0.035	1	0.028	0.619
农户认知	对居住环境满意度X33（3）	1.352	0.603	2.007	1	0.011	0.255
	对居住环境满意度X33（4）	0.675	0.725	1.285	1	0.002	0.864
	城乡定居意愿X34（3）	1.295	0.151	0.301	1	0.039	0.902
	是否了解退出政策X37（3）	-0.484	0.234	0.741	1	0.011	1.409

在家庭情况中，家庭总人数、赡养系数、务工人口比例、非农收入占比和家庭月消费等5个变量对农户退出意愿产生了显著影响，其中赡养系数对退出意愿为负向影响，其他变量对退出意愿均为正向影响，变量的影响方向与预期估计结果相符。结果表明，受访者的家庭人口越多，其退出宅基地的愿望越强烈，这可能与农户希望获得更宽敞的生活空间有关；农业型农户中，家庭月消费在"2000~3000元"的农户比"3000元以上"的愿意退出的概率更大，同时，家庭中劳动力或务工人口占比越高、需要赡养的人数越少、非农收入占比高以及家庭月消费高的受访者，选择退出宅基地的概率越大。这可能是因为具有这些特点的

家庭，其家庭收入来源对农业的依赖性小，其承担风险的能力相对较高，更加能够接受宅基地退出带来的变化。

在居住条件中，房屋建设翻新年份、宅基地面积、宅基地是否有闲置、村庄到城镇的距离和基础设施完备度等因素对农户宅基地退出意愿的选择产生了显著影响。其中，房屋建设翻新年份在"30年以上"的农户的退出意愿显著，即房屋建设年代越久远的农户越想退出，这可能与受访者的房屋质量、建筑与装饰成本有关。其余变量在对受访者的宅基地退出意愿的影响方向上与预估结果相符，即宅基地面积越小的、家中有闲置宅基地的受访对象更愿意选择退出宅基地，受访者所在村庄距城镇越远的、基础设施越不完善的更希望退出宅基地，具有这些特点的农户更希望通过宅基地退出来改善当前的生活条件。

在农户认知中，对农村居住环境的满意度"一般"和"不满意"的、希望定居城市的农户选择愿意退出农村宅基地的概率更大，对宅基地退出政策"不了解"这一因素对农户的意愿选择存在显著的影响，即不了解退出政策的农户通常不太愿意退出农村宅基地。

6.4.2　兼业型农户退出意愿的影响因素分析

101

在兼业型农户的模型分析结果中，似然比卡方对应的 p 值小于0.05，认为该模型具有合理性，-2 对数似然值为 132.430，Cox&SnellR^2 和 NagelkerkeR^2 的值分别为 0.682 和 0.565，所以认为该模型的拟合性较好，将不显著的变量剔除后得到的结果如表 6-7 所示。

表 6-7　　　　兼业型农户模型回归显著影响因素结果

类型	变量	B	标准误差	瓦尔德	自由度	显著性	Exp（B）
个体特征	年龄 X2（5）	-0.807	0.207	1.251	1	0.021	0.667
	受教育程度 X3（3）	0.741	2.006	0.807	1	0.037	0.703
	受教育程度 X3（4）	0.931	0.339	0.642	1	0.022	1.995
	是否长期在外务工 X4（1）	0.047	1.048	2.076	1	0.011	0.607
	工作是否稳定 X6（1）	0.559	0.686	2.041	1	0.023	0.477

类型	变量	B	标准误差	瓦尔德	自由度	显著性	Exp（B）
家庭情况	赡养系数 X12	−1.373	0.562	1.544	1	0.041	0.607
	务工人口比例 X13	0.927	1.679	0.666	1	0.006	1.451
	家庭年收入 X14（3）	0.852	2.325	1.035	1	0.032	1.062
	家庭年收入 X14（4）	0.901	0.647	0.765	1	0.038	1.881
	非农收入占比 X15（3）	1.007	0.641	0.662	1	0.021	1.903
	是否在城镇买房 X19（1）	1.203	2.027	0.975	1	0.004	0.968
居住条件	宅基地是否有闲置 X27（1）	0.688	1.786	0.673	1	0.003	0.675
	基础设施 X30	−0.854	1.086	0.295	1	0.023	0.943
	日常出行方式 X31（4）	−0.467	0.843	1.274	1	0.045	1.044
农户认知	对居住环境满意度 X33（4）	1.062	0.454	1.435	1	0.001	1.355
	城乡定居意愿 X34（3）	0.935	0.531	0.538	1	0.042	0.672
	住楼意愿 X35（3）	−0.687	0.786	0.663	1	0.047	1.561
	是否了解退出政策 X37（3）	−0.994	0.664	2.561	1	0.026	0.529

兼业型农户的退出意愿结果显示，在个体特征中，年龄、受教育程度、是否长期在外务工和工作是否稳定等变量对农户意愿存在显著影响。其中，年龄在60岁以上的农户其不愿退出宅基地的意愿显著，受教育程度在"专科及以上"的比"高中"水平的农户其选择愿意退出的概率更大，即年龄越大的农户越不想退出，而受教育程度越高的、常年在外务工的和工作相对稳定的农户更愿意退出农村宅基地，这可能是由于具有这些特点的农户见识更广，对政策的接受能力相对较高。

在家庭情况中，赡养系数、务工人口比例、家庭年收入、非农收入占比和是否在城镇买房5个变量对农户退出意愿产生了显著影响，其中赡养系数对退出意愿为负向影响，其他变量对退出意愿的影响为正，变量的影响方向与预期估计结果相符。结果说明，受访者的家庭赡养系数越低、务工人口比例越高、家庭年收入和非农收入占比越高的农户越愿意退出农村宅基地，另外，已经在城镇买房的比没有城镇住房的农户更愿意退出宅基地，这可能是因为这部分受访者对农村生活的依赖性较小。

在居住条件中，宅基地是否有闲置、村庄基础设施的完备度及受访者的日常出行方式等因素对农户的退出意愿具有显著影响。结果表明，家中有闲置宅基地的农户更愿意退出，村庄基础设施越不完善的、出行越不便利的受访者更愿意退出宅基地，模型计算结果与预期结果相符。

在农户认知方面的变量中，对农村居住环境的满意度、城乡定居意愿、住楼意愿和是否了解宅基地退出政策等因素对农户的意愿选择具有显著影响，其中，对现有居住环境不满意和愿意定居城市对农户愿意退出宅基地的影响显著，不愿住楼和对宅基地退出政策不了解对农户不愿退出农村宅基地的影响显著。

6.4.3　非农型农户退出意愿的影响因素分析

在非农型农户的模型分析结果中，似然比卡方对应的 p 值小于 0.05，认为该模型合理，-2 对数似然值为 168.235，Cox&SnellR^2 和 NagelkerkeR^2 的值分别为 0.432 和 0.472，即该模型的拟合性较好，剔除不显著的变量所得结果如表 6-8 所示。

表 6-8　　　　　　　　非农型农户模型回归显著影响因素结果

类型	变量	B	标准误差	瓦尔德	自由度	显著性	Exp（B）
个体特征	年龄 X2（1）	-0.997	1.334	1.353	1	0.043	0.345
	年龄 X2（3）	-1.021	0.823	0.658	1	0.021	0.733
	受教育程度 X3（3）	0.635	0.874	0.356	1	0.012	1.395
	受教育程度 X3（4）	0.497	1.607	0.885	1	0.003	1.792
	是否长期在外务工 X4（1）	0.254	2.786	1.056	1	0.018	1.522
	务工地点 X5（3）	0.657	0.782	0.542	1	0.007	0.864
	务工地点 X5（4）	0.341	0.499	0.583	1	0.002	1.357
	务工地点 X5（5）	0.367	0.671	0.697	1	0.034	1.745

类型	变量	B	标准误差	瓦尔德	自由度	显著性	Exp（B）
家庭情况	家庭总人数 X11	0.784	0.997	0.895	1	0.002	0.664
	赡养系数 X12	−1.352	0.562	1.544	1	0.032	0.627
	务工人口比例 X13	0.765	1.452	0.666	1	0.025	0.327
	非农收入主要来源 X16（2）	1.231	1.786	1.435	1	0.015	0.943
	家庭月消费 X17（3）	0.765	0.664	1.605	1	0.025	0.675
	家庭月消费 X17（4）	0.606	0.395	0.446	1	0.041	0.699
居住条件	宅基地面积 X24	−0.652	1.679	0.763	1	0.022	1.657
	宅基地是否有闲置 X27（1）	0.728	0.686	1.561	1	0.010	0.477
农户认知	城乡定居意愿 X34（3）	0.864	1.048	0.538	1	0.035	0.607
	住楼意愿 X35（3）	−0.697	2.351	1.663	1	0.033	1.062
	是否了解退出政策 X37（3）	−0.742	0.786	0.807	1	0.013	0.606

非农型农户的退出意愿模型运行结果显示，在个体特征中，年龄、受教育程度、是否长期在外务工和工作地点4个变量对农户的宅基地退出意愿存在显著影响。其中，年龄在"40~50岁"的比"30岁以下"的农户选择不愿退出的概率更大，受教育程度在"专科及以上"的比"高中"水平的农户选择愿意退出的概率更大，务工地点在"本省"的农户选择愿意退出宅基地的概率大于"本市"的和"本县、区"的农户，即年龄小的、受教育程度较高的、常年在外务工的和工作地点距村庄更远的受访者更愿意退出农村宅基地，这可能是因为这些类型的农户更容易接受新兴事物，对宅基地退出政策的接受能力更高。

在家庭情况的影响因素中，家庭人数、赡养系数、务工人口比例、非农收入来源和家庭月消费水平5个变量对农户退出意愿具有显著影响，其中赡养系数对宅基地退出意愿为负向影响，非农收入的主要来源为"固定工资收入"的农户的退出意愿显著，家庭月消费在"3000元以上"的农户比在"2000~3000元"的农户选择愿意退出的概率更大。结果表明，受访者的家庭人口越多，同时劳动人口和务工人口比例越高、非农收入占比和家庭月消费越高的受访者，更愿意退出农村宅基地。

在居住条件的变量中，宅基地面积和宅基地是否有闲置这两项因素对农户的退出意愿具有显著影响，其中，宅基地面积越小的和家中有闲置宅基地的农户更愿意退出，模型计算结果与预期结果相符。

在农户认知方面，受访者的城乡定居意愿、住楼意愿和是否了解宅基地退出政策等因素对其意愿选择具有显著影响且影响方向与预期结果相符，即受访者中愿意在城市居住的、愿意住楼的和对宅基地退出政策有一定了解的农户更愿意选择退出农村宅基地。

6.4.4 不同类型农户退出意愿的影响因素对比分析

通过对比三种类型农户退出意愿模型的运算结果发现，不同类型农户的宅基地退出意愿的显著性影响因素存在明显的差异性，但也有部分变量对三种类型农户的意愿选择均产生了显著影响。对不同类型农户宅的基地退出意愿具有显著影响的变量对比结果如表6-9所示。

表6-9　　　不同类型农户退出意愿模型回归显著影响因素对比

类型	变量	农业型	兼业型	非农型
个体特征	年龄 X2（1）			−
	年龄 X2（3）	−		−
	年龄 X2（4）	−		
	年龄 X2（5）		−	
	受教育程度 X3（3）		+	+
	受教育程度 X3（4）		+	+
	是否长期在外务工 X4（1）		+	+
家庭情况	务工地点 X5（3）			+
	务工地点 X5（4）			+
	务工地点 X5（5）			+
	工作是否稳定 X6（1）		+	
	身体状况 X8（4）	+		
	家庭总人数 X11	+		+
	赡养系数 X12	−	−	−
	务工人口比例 X13	+	+	+

续表

类型	变量	农业型	兼业型	非农型
家庭情况	家庭年收入 X14（3）		+	
	家庭年收入 X14（4）		+	
	非农收入占比 X15（3）	+	+	
	非农收入主要来源 X16（2）			+
	家庭月消费 X17（3）	+		+
	家庭月消费 X17（4）	+		+
	是否在城镇买房 X19（1）		+	
居住条件	房屋建设翻新年份 X22（4）	+		
	宅基地面积 X24	−		−
	宅基地是否有闲置 X27（1）	+	+	+
	村庄距离城镇 X28（2）	−		
	村庄距离城镇 X28（3）	−		
	基础设施 X30			
	日常出行方式 X31（4）		−	
农户认知	对居住环境满意度 X33（3）	+		
	对居住环境满意度 X33（4）	+	+	
	城乡定居意愿 X34（3）	+	+	+
	住楼意愿 X35（3）	−		−
	是否了解退出政策 X37（3）	−	−	−

1. 个体特征对不同类型农户意愿选择的作用

由表 6-9 可知，在个体特征中，年龄（X2）变量对三种类型的农户都具有显著的负向影响，即在所有类型的受访者中，年龄越小的越容易接受农村宅基地退出政策，同时，农业型农户中的 40~50 岁和 50~60 岁年龄段、兼业型农户中的 60 岁以上年龄段、非农型农户中的 30 岁以下和 40~50 年龄段的农户意愿更显著。受教育程度（X3）和是否常年在外务工（X4）这两个变量只对兼业型和非农型的受访者具有显著的正向影响，特别是受教育程度在高中和专科及以上水平、长期在外务工的农户的意愿更显著，而这两个因素对农业型受访者的影响不大，这可能是因为农业型受访者的受教育程度普遍偏低并且都未在外务工，所以样本中变量的差异性较小或没有差异。务工地点（X5）、工作是否稳定（X6）和身体状况（X8）3 个变量分别仅对非农型、兼业型和农业型农户产生了显著的正向影响，对其余两个类型农户的意愿选择的影响作用不显著。

而性别（X1）、基本社会保障情况（X7）、与邻里交往状况（X9）和受别人影响程度（X10）4 个因素对受访者的意愿选择的影响均不显著，这可能是因为在现如今男女平等发展的观念下，受访者做出的决策与性别之间的关联性降低了，同时随着城乡医疗保险和养老保障等政策的不断完善，农村居民基本都具备了这两项基本社会保障，而与邻里交往的频繁性和受别人影响程度这两个变量的主观性较大，各人的比较标准不同，导致受访者做出选择的随机性较大，因此所获取的结果不具备参考价值。

2. 家庭情况对不同类型农户意愿选择的作用

在家庭情况的变量中，赡养系数（X12）和务工人口比例（X13）对三种类型的农户分别具有显著的负向和正向的影响，可见家庭的人口结构对农户的意愿选择影响较大，若受访者家庭中须赡养的老人和小孩少、劳动力人口比例高或从事非农劳动的人口多，那么受访者更愿意选择退出宅基地。家庭总人数（X11）和家庭月消费（X17）对农业型和非农型的农户具有显著的正向影响，对兼业型农户的影响作用不大。非农收入占比（X15）对农业型和兼业型农户的宅基地退出意愿选择具有显著的正向影响，对非农型农户的意愿选择作用不大。家庭年收入（X14）与是否在城镇买房（X19）仅对兼业型农户具有显著的正向影响，对其他两种类型的农户退出意愿的影响作用不大。非农收入主要来源（X16）仅对非农型农户的意愿选择具有显著的正向影响，对其他两种类型农户的意愿选择作用不大。

除此之外，家庭人情支出占比（X18）情况对三种类型农户的宅基地退出意愿选择的影响都不大，分析所获取的问卷数据得知，所有受访者的家庭人情支出占比集中在 10% 以下和 10% ～20% 这两个选项之间，不同类型农户的家庭人情支出情况差异不大，且在农户做出决策的过程中的作用不大。

3. 居住条件对不同类型农户意愿选择的作用

在衡量居住条件的变量中，宅基地是否有闲置（X27）这一变量对三种类型农户的退出意愿选择具有显著的正向影响，即家中有闲置宅基地的受访者愿意退出宅基地的概率更大。宅基地面积（X24）对农业型和非农型农户的意愿选择具有显著的负向影响，对兼业型农户的作用不显著。基础设施完备度（X30）对农业型和兼业型农户的选择具有显著的负向影响，对非农型农户的作用不显著。房屋建设翻新年份（X22）和村庄到城镇的距离（X28）仅对农业型农户的宅基地退出意愿具有显著影响，日常出行方式（X31）仅对兼业型农户具有显著影响。

另外，还有是否有宅基地产权证书（X20）、宅基地取得途径（X21）、房屋层数（X23）、房屋结构（X25）、宅基地数量（X26）、是否为新农村规划村（X29）和购买生活用品途径（X32）等衡量居住条件的因素，对三种类型的农户的意愿选择均没有显著影响。在受访者中，80%以上的农户都具有宅基地产权证书，绝大多数农户的宅基地都是通过申请获得，房屋层数在2层及以上的很少，农户的房屋结构普遍为砖混，砖木、土木或钢混所占比例很小，60%左右的农户仅有一套宅基地，而宅基地数量的多少对农户的退出意愿的影响并不大，另外，购买生活用品的途径与村庄距离城镇的远近和村庄基础设施的完备度存在一定的相关性，是否为新农村规划村对受访者的意愿选择的作用也不显著。

4. 农户认知对不同类型农户意愿选择的作用

在农户认知中，城乡定居意愿（X34）对三种类型农户的意愿选择均具有显著的正向影响，即愿意居住在城市的农户更愿意退出宅基地；是否了解宅基地退出政策（X37）对三种类型农户的退出意愿选择具有显著的负向影响，即对相关政策了解越多的农户越愿意选择退出农村宅基地。另外，对农村居住环境的满意程度（X33）显著影响着农业型和兼业型农户的意愿选择，满意度越低的农户越愿意退出农村宅基地；住楼意愿（X35）显著影响着兼业型和非农型农户，愿意住楼的受访者会更愿意退出农村宅基地。

此外，受访者对宅基地产权归属的认知（X36）和是否有亲友已退出宅基地（X38）2个变量对三种类型农户的退出意愿选择没有显著性影响。由统计结果可知，在所有受访者中，认为农村宅基地所有权属于村集体的农户仅占15%左右，有60%左右的受访者认为宅基地所有权为个人私有，其余的则认为宅基地所有权属于国家，可见大多数人对宅基地产权的认知存在误区，而受访者中有亲友退出宅基地的很少，退出模型的运算结果也表明，对宅基地产权归属的认知和身边是否已有亲友退出宅基地对农户做出选择的影响意义不大，农户对宅基地退出政策的关注点集中在退出之后的补偿上。

6.5 农户宅基地退出意愿形成机理

6.5.1 机理模型构建

基于以上对三种类型农户的宅基地退出意愿的影响因素的分析结果，形成了农户关于农村宅基地退出意愿的形成机理图，如图6-4所示。

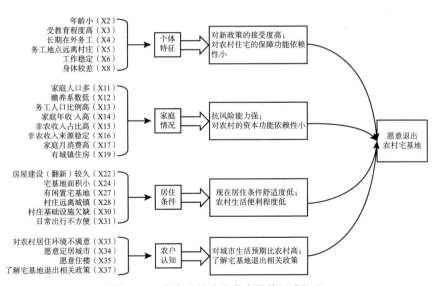

图6-4 农户宅基地退出意愿的形成机理

6.5.2　机理模型解释

如图 6-4 所示，在农户的个体特征中，具备较年轻、受教育程度较高、常年在外务工、务工地点离村庄较远、工作比较稳定、身体较差等特点的农户相对比较容易接受新政策，其对农村住宅的保障功能的依赖性也较小，从而促使农户产生愿意退出宅基地的意愿。

在家庭情况的影响因素中，家庭人口多、赡养系数低、务工人口比例高、家庭年收入高、非农收入占比高、非农收入的主要来源较稳定、家庭月消费高、拥有城镇住房等特点的农户，会具有更强的抗风险能力，同时对农村土地和住宅的资本功能的依赖性相对较小，其做出退出农村宅基地选择的可能性会更大。

在居住条件的影响因素中，房屋年代久远、宅基地面积较小、村庄远离城镇、村庄基础设施欠缺、日常出行不方便的农村生活环境，具有居住条件舒适度低和生活便利程度低的特点，从而使得农户更愿意选择退出宅基地来换取更加便利舒适的生活条件，并且家中有闲置宅基地的农户更希望能够充分发挥闲置资源的价值。

在农户认知中，具有对农村居住环境的满意度低、愿意定居城市、愿意住楼房和比较了解宅基地退出相关政策等特点的农户，对城市生活的期待值比农村高，即更偏好城市生活，同时对宅基地退出相关政策持支持态度，认为可以通过宅基地退出获益，其退出农村宅基地的意愿会相对更强烈一些。

6.6　小　　结

本章主要分析了不同类型农户的农村宅基地退出意愿的影响因素及其形成机理。首先将所有受访者按照农业型、兼业型和非农型等不同类型对获取的样本进行了基本特征的分析，然后运用二元 Logistic 回归模型，分别将三种类型农户的个体特征、家庭情况、居住条件和农户认知 4 个方面的各项因素与农户的退出意愿（即愿意退出或不愿退出宅基地）之间的关系进行了分析，确定了对不同类型农户的宅基地退出意愿有显著性影响的各项因素，最后综合分析三种类型农户的运算结果，得到了农村居民宅基地退出意愿的形成机理。同时所筛选出的对农户退出意愿有显著性影响的各项因素将应用于后面不同类型农户对农村宅基地退出模式选择的对比分析中。

第7章 平原农区宅基地退出模式的农户选择

本章的主要内容有两部分，即按照受访者的退出意愿的选择结果，分别针对愿意退出农村宅基地的农户（即积极农户）和不愿退出的农户（即消极农户）的行为进行分析。对于积极农户，主要通过灰色关联法，计算各项影响因素与每种宅基地退出模式之间的关联系数，分析农户特点与其所选退出模式之间的关联度。对于消极农户，主要分析其不愿退出的原因，并在此基础上对已有的宅基地退出模式进行优化。

7.1 农村宅基地退出模式选择模型

7.1.1 模式退出识别

长久以来，农村土地是农村居民生活、生产的主要载体，为农村居民的日常活动和生产劳作提供了场所，是农民创造财富和获取利益的主要来源，农村宅基地一直为农民提供着最基本的生活保障功能和资本功能。在调研中通过与农户交谈发现，影响农户是否愿意退出宅基地的因素有很多，归结起来就是与农户对政策实施之后的心理预期有关。大多数的农村居民对农村土地的依赖感是很强的，如果退出宅基地之后，农户的收入来源、生活习惯等受到了影响，生活成本会有所提高，那么受访者会很容易对这些改变产生抗拒心理，同时，世世代代生长生活于同一个地方，农村土地给农村居民带来的归属感也是不可忽略的，当受访者认为宅基地退出所带来的损失高于能获取的利益时，他们不会愿意退出农村宅基地。而当农户认为宅基地退出所提供的补偿或政策实施所带来的利益能够弥补他们心理上的失落感和其他的损失时，他们就会主动促成政策的实施，这也要求我们在推行农村宅基地退出的时候应该不断完善退出政策。

在调研中发现，一旦农户愿意退出宅基地，那么他们在选择何种退出模式时会主要考虑两个方面的因素：一是农户自身的需求，包括基本的生活保障即居住场所的需求、经济财产方面的需求、子女教育或子女生活保障的需求等；二是退出补偿收益，即由目前房屋价值所决定的能够获取的补偿与家庭重新安置的成本之间的比较。由于宅基地退出补偿并不能一味满足农户的所有需求，它是由农户自身的资源禀赋条件和补偿标准共同决定的，所以"满足农户需求"会受到"价值—成本比较结果"的限制，如果当前房屋价值高，那么农户可获得的补偿也相应增多。

通过对农村宅基地的功能分析和农户的需求分析等，结合受访地区政策实施的现状，将农户可选择的宅基地退出模式归纳为"住房补偿""货币补偿""住房＋住房"和"住房＋货币"等四种模式。

1. "住房补偿"模式

即农户在退出农村宅基地之后，可以获得一定的住房条件的补偿。当农户的房屋价值低于农户家庭重新安置成本，且农户有住房需求时，一般会选择住房补偿模式。在这种宅基地退出模式下，提供给农户的新的住房条件会高于农户能够获取的补偿价值，农户通常还需要再拿出一部分存款来为新的住房进行支付。

2. "货币补偿"模式

即农户在退出宅基地之后，能获得一定的货币补偿。通常来说，当农户已经有了新的住房，不需要为基本的生存场所担忧时，无论其现有的房屋价值是否高于重新安置的成本，农户都会考虑以宅基地退出来换取货币补偿收益。农户的行为会受到个人主观因素和客观条件的影响，如果农户认为可获得货币收益的价值高于可获得住房收益的价值，那么农户会选择货币补偿，货币补偿能够满足农户在经济方面的需求。

3. "住房 + 住房"模式

即农户在退出农村宅基地时，可以凭借其拥有的宅基地资源禀赋条件，获取多套住房补偿。当农户现有的房屋估价较高且高于农户重新安置成本时，农户在满足其基本的生存需求后，可以用剩余的资本来获取更多的补偿。有的农户会考虑为下一代置办房屋，有的受访者会考虑当前市场上房价变动的情况，如果受访者有为子女后代置办房屋的需求或者受访者认为对房屋这一固定资产投资所获取的收益更大时，他们就会选择"住房 + 住房"这一宅基地退出模式。

4. "住房 + 货币"模式

即农户在退出农村宅基地时，可以凭借其具备的宅基地资源禀赋条件，同时获得住房补偿和货币补偿。当农户的房屋价值高于农户家庭重新安置成本时，在有了基本生存保障之后，农户可以将剩余的资本置换成更多的房屋或者货币补偿，当农户不需要为子女后代的基本生存考虑并且他们认为货币补偿能带来的收益比住房补偿划算时，他们往往会将剩余资本置换为货币，即选择"住房 + 货币"的宅基地退出模式。

宅基地退出模式的识别和农户的退出模式选择过程如图 7 – 1 所示。

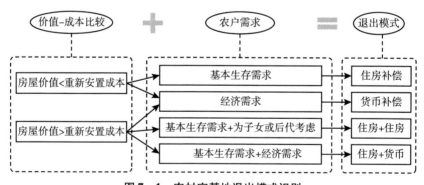

图 7 – 1 农村宅基地退出模式识别

7.1.2 构建灰色关联分析模型

灰色关联分析法主要是通过计算关联度，用其大小米对受多种因素影响的灰色系统之间的关联程度进行描述分析，关联度越大的其组合方式越合理。灰色关联法可以利用不完全的信息，将定量和定性的指标相结合，通过数据的运算处理，对不同方案的适宜性进行比较[166]。

设参考序列为 X_0，比较序列为 X_i，x_{0j} 与 x_{ij} 分别代表其在第 j 个指标处的值，灰色关联系数的计算公式为：

$$Y_{ij} = \frac{\min_j\min_i|x_{0j} - x_{ij}| + \rho\max_j\max_i|x_{0i} - x_{ij}|}{|x_{0j} - x_{ij}| + \rho\max_j\max_i|x_{0j} - x_{ij}|} \tag{7.1}$$

式中，Y_{ij} 表示 x_i 与 x_0 在第 j 个指标处的关联系数，ρ 表示分辨系数且 $0 \leqslant \rho \leqslant 1$，一般取 0.5。$|x_{0j} - x_{ij}|$ 为比较序列与参考序列在第 j 个指标处的绝对差，$\min_j\min_i|x_{0j} - x_{ij}|$ 为 j 指标的两级最小差，$\max_j\max_i|x_{0i} - x_{ij}|$ 为 j 指标的两级最大差。

为了便于从整体上分析不同宅基地退出模式下的各项指标的关联度，本书采用等权重的方法，将各项指标的关联系数进行加权处理，综合关联度的计算方法为：

$$r_j = \frac{1}{n}\sum_{i=1}^{n}Y_{ij} \tag{7.2}$$

其中，r_j 为第 j 项指标处的关联度，对 r_j 进行排序得到不同宅基地退出模式下各项指标的影响程度。

本章运用灰色关联度分析法来探索不同类型农户的特点与其倾向的宅基地退出补偿方案之间的联系，通过比较关联度的大小，来分析适合不同类型农户的退出补偿模式，以形成适宜于有不同利益诉求的农户的宅基地退出模式。

7.2　积极农户宅基地退出模式选择

7.2.1　积极农户的基本特征

1. 积极农户的样本特征

由表 7-1 中的统计数据可知，在所有的受访农户中，有 60.5% 左右的人愿意退出农村宅基地，将这些农户认定为积极农户，选取平均值这一指标对三种类型中积极农户样本的各项数据的分布特点来分别进行描述，其统计结果如表 7 - 1 所示。

表 7 - 1　　　　　　　　　　积极农户样本特征

类型	变量	最小值	最大值	平均值		
				农业型	兼业型	非农型
个体特征	X1 性别	0	1	0.38	0.56	0.59
	X2 年龄	1	5	2.81	2.90	1.99
	X3 受教育程度	1	4	1.86	2.45	3.13
	X4 是否长期在外务工	0	1	0.00	0.39	0.56
	X5 务工地点	1	6	1.28	2.35	3.69
	X6 工作是否稳定	0	1	0.00	0.42	0.53
	X7 基本社会保障	1	3	2.29	2.42	2.33
	X8 身体状况	1	4	2.65	1.76	1.45
	X9 与邻里交往情况	1	4	2.13	1.96	2.09
	X10 受别人影响程度	1	5	3.25	3.53	3.59
家庭状况	X11 家庭总人数	1	8	3.29	3.84	3.93
	X12 赡养系数	0	4	1.68	2.03	1.98
	X13 务工人口比例	0	1	0.51	0.68	0.71
	X14 家庭年收入	1	4	2.71	3.34	3.55
	X15 非农收入占比	1	3	2.50	2.86	2.98
	X16 非务农收入主要来源	1	4	2.67	2.49	2.46
	X17 家庭月消费	1	4	2.35	2.31	2.67
	X18 人情支出占比	1	4	2.01	2.11	2.16
	X19 是否在城镇买房	0	1	0.61	0.52	0.49
居住条件	X20 是否有宅基地产权证书	0	1	0.69	0.81	0.85
	X21 宅基地取得途径	1	2	1.25	1.32	1.19
	X22 房屋建设翻新年份	1	4	2.75	2.66	2.37
	X23 房屋层数	1	2	1.02	1.00	1.01
	X24 宅基地面积	86	350	180.65	196.64	185.53

类型	变量	最小值	最大值	平均值		
				农业型	兼业型	非农型
居住条件	X25 房屋结构	1	4	2.31	2.28	2.87
	X26 宅基地数量	1	3	1.70	1.62	1.51
	X27 宅基地是否有闲置	0	1	0.65	0.51	0.53
	X28 村庄距离城镇	1	4	2.62	2.23	2.41
	X29 是否新农村规划村	0	1	0.40	0.56	0.38
	X30 基础设施	3	10	6.92	7.42	7.69
	X31 日常出行方式	1	4	2.58	2.15	2.23
	X32 购买生活用品途径	1	4	2.50	2.51	2.62
农户认知	X33 对居住环境满意度	1	4	2.69	2.52	2.43
	X34 城乡定居意愿	1	3	2.57	2.40	2.62
	X35 住楼意愿	1	3	1.88	1.69	1.56
	X36 宅基地产权归属认知	1	3	2.27	2.41	2.19
	X37 是否了解退出相关政策	1	3	1.75	1.69	1.88
	X38 是否有亲友已退出宅基地	1	3	2.42	2.47	2.28

由表 7-1 可得，在积极农户样本的个体特征方面，在性别上，非农型农户的男性比例高于兼业型和农业型；在年龄上，非农型农户的年龄段明显低于其他两种类型，且三种类型农户的平均年龄都偏低；在受教育程度上，非农型农户的平均水平高于兼业型高于农业型；在工作特点上，农业型受访者在外务工的比例为 0 且均未签订 2 年以上劳动合同、务工地点距离村庄最近，而非农型农户长期在外务工的比例最高、务工地点到农村的平均距离最远、工作稳定性更高；基本社会保障方面，三种类型的农户的平均值相差不大，受访者基本都具有医疗和养老保障；身体状况方面，农业型受访者的平均水平比兼业型和非农型受访者的差；三种类型的农户在与邻里交往程度和受别人影响程度这两个方面的平均水平的差异都不大，与邻里的交往都比较频繁，受别人的影响都比较小。

家庭状况方面，家庭总人数 1~8 人不等，农业型农户的平均人数最少，非农型农户的最多；家庭赡养系数与务工人口比例的最小值为0，表明受访者中有部分家庭没有劳动力，其中，赡养系数的最大值为4，兼业型农户赡养系数的平均值最大，为2.03，即平均每个劳动力要承担2.03人的家庭人口负担，农业型和非农型农户的平均值分别为1.68和1.98；务工人口比例方面，农业型的平均值最低，非农型的最高但与兼业型的平均值相差不大；家庭的收入状况方面，三种类型的农户的年收入都比较高、非农收入占比都普遍较大，其中，非农型农户的家庭年收入平均水平最高、非农收入占比最大；在非务农收入的主要来源上，农业型农户的主要来源于非固定工资收入；家庭支出方面，农业型和兼业型农户的月消费水平相对较低，三种类型农户的人情支出占比的差异性很小；积极农户中，农业型受访者已经在城镇买房的比例明显高于其他两种类型。

居住条件方面，三种类型的农户具有宅基地产权证的比例都较高，宅基地取得途径以申请为主，房屋大多都是一层；积极农户中，非农型农户的房屋建设翻新年份低于其他两种类型；宅基地的面积最小的是86平方米，最大的有350平方米，三种类型的平均值相差不大，房屋结构都以砖混为主，宅基地数量上，农业型农户的平均值最高；积极型受访者中，有闲置宅基地的比例都较高；选取的村庄到城镇的距离的差异不大，是新农村规划村的比例较少，村庄的基础设施的完备度普遍较高；三种类型受访者的日常出行方式多以骑车为主，选择的购买生活用品的途径多为去城镇购买。

农户认知方面，三种类型的受访者对农村现有居住环境的满意度偏低，在未来定居意愿上，非农型农户定居城市的意愿和住楼的意愿比其他两种类型的农户更加强烈；在政策认知方面，三种类型农户的宅基地产权归属认知的平均水平差异不大，大多数受访者认为农村宅基地所有权为个人私有，对宅基地退出的相关政策的了解程度都不高，并且受访者中有亲友已经退出宅基地的情况很少。

2. 积极农户的退出模式选择

前面通过模式识别，将农村宅基地退出的模式设为"住房补偿""货币补偿""住房+住房"和"住房+货币"4种基本类型，表7-1中已经对问卷收集的结果进行了简单统计，此处将三种类型中积极农户的宅基地退出模式的选择情况用柱状图的形式进行更加直观的呈现，并且对积极农户的退出模式的选择结果作更加详细的分析，如图 7 - 2 所示。

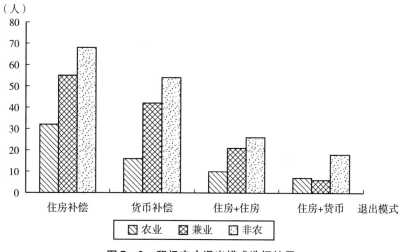

图 7 - 2　积极农户退出模式选择结果

　　由图 7 - 2 可知，积极农户中，非农型农户的总人数最多，其次是兼业型农户，农业型农户的人数最少，并且三种类型农户的宅基地退出模式的选择比例都是 "住房补偿" > "货币补偿" > "住房 + 住房" > "住房 + 货币"，由此可见，住房需求是最基本的需求，大多数人在满足其基本的生存需求后，才会追求其他更高层次的需求。不同的选择结果与受访者的个人特征、家庭条件、居住条件和农户认知等方面的因素有关，这些因素与农户行为选择的关联性将在后文进行具体的分析，除此之外，还有很多促使农户选择退出宅基地的直接原因。

　　对积极农户进行进一步了解得到，他们选择退出宅基地的直接原因大致可以分为 4 个，即：①政府或村委会统一规划要求；②村里大多数人选择退出；③已经退出宅基地农户的生活条件得到了改善；④认为退出政策及退出补偿较为合理。基于理性行为的角度，多数人会首先考虑后两个因素，他们主要关注的是宅基地退出之后自己是否可以获得合理的补偿或者宅基地退出是否可以为自己带来利益，这部分人的选择属于主动型选择，如果受访者的周围有已经退出宅基地的农户并且获得了非常可观的退出补偿，或者通过了解宅基地退出补偿政策之后对退出政策的实施持好的预期，认为可以通过宅基地退出来改善目前的生活条件或者获得更好的医疗、养老、教育、就业等条件，那么他们就会愿意退出宅基地。而另一部分人选择愿意退出宅基地主要是因为前两个因素，他们的行为是被动的，这类农户一般对退出的具体政策了解不深入，他们受别人观点的影响程度较高，认为政府或村委会要求的或者村里大多数人选择的就是合理的。由此可见，从积极农户的动机考虑，要想使农户愿意退出农村宅基地，关键是要有合理的、能使大多数人认可的退出模式，并且相关部门能够对退出模式进行有效的宣传，使更多的农户对宅基地退出政策有好的预期。

7.2.2 模式选择的关联性分析

1. 变量处理与运算

不同变量数据的量纲即计量单位不同，且数量级也差别较大，为了使数据具有可对比性，故对原始数据进行无量纲化处理。具体计算方法为：

$$正向指标：Y_{im} = \frac{X_{im} - \min(X_{im})}{\max(X_{im}) - \min(X_{im})} \tag{7.3}$$

$$负向指标：Y_{im} = \frac{\max(X_{im}) - X_{im}}{\max(X_{im}) - \min(X_{im})} \tag{7.4}$$

确定参考序列 X_0，将标准化的数据按照公式（7.3）进行计算，其中两级最小差 $\min_j\min_i |x_{0j} - x_{ij}| = 0$，两级最大差 $\max_j\max_i |x_{0i} - x_{ij}| = 1$，所以将公式进一步简化为：

$$Y_{ij} = \frac{0.5}{|x_{0j} - x_{ij}| + 0.5} \tag{7.5}$$

对三种类型农户分别计算不同宅基地退出模式下各项指标的关联系数，将计算所得的关联系数按照公式（7.2），即 $r_j = \frac{1}{n}\sum_{i=1}^{n} Y_{ij}$，进行加权计算，将计算所得的综合关联度按照从大到小排序，分别取前5位关联度最大的变量，得到的统计结果如表 7-2 所示。

表 7 - 2   评价指标灰色关联度

退出模式	农户类型	排序	1	2	3	4	5
住房补偿	农业型	变量	X22	X2	X15	X12	X33
		关联度	0.771	0.602	0.534	0.52	0.365
	兼业型	变量	X4	X5	X22	X2	X12
		关联度	0.721	0.632	0.618	0.553	0.487
	非农型	变量	X12	X2	X4	X35	X11
		关联度	0.755	0.638	0.621	0.561	0.408
货币补偿	农业型	变量	X19	X14	X15	X13	X28
		关联度	0.823	0.725	0.583	0.443	0.423
	兼业型	变量	X14	X19	X15	X4	X28
		关联度	0.774	0.767	0.659	0.524	0.498
	非农型	变量	X19	X6	X4	X27	X17
		关联度	0.798	0.731	0.605	0.558	0.497
住房 + 住房	农业型	变量	X27	X2	X26	X24	X12
		关联度	0.83	0.69	0.62	0.524	0.522
	兼业型	变量	X24	X27	X2	X26	X12
		关联度	0.721	0.662	0.601	0.575	0.523
	非农型	变量	X27	X24	X11	X26	X2
		关联度	0.805	0.688	0.635	0.562	0.535
住房 + 货币	农业型	变量	X24	X27	X15	X26	X17
		关联度	0.741	0.675	0.635	0.542	X17
	兼业型	变量	X24	X23	X27	X4	0.534
		关联度	0.728	0.609	0.602	0.579	X15
	非农型	变量	X27	X17	X24	X22	X4
		关联度	0.682	0.633	0.621	0.564	0.543

2. 结果分析

由表 7 - 2 可知，选择"住房补偿"模式的受访者，农业型农户中，关联度最大的前 5 个影响因素分别为房屋建设翻新年份（X22）、年龄（X2）、非农收入占比（X15）、赡养系数（X12）、对居住环境满意度（X33）等；兼业型农户中，关联度最大的前5个影响因素分别为是否长期在外务工（X4）、务工地点（X5）、房屋建设翻新年份（X22）、年龄（X2）、赡养系数（X12）等；非农型农户中，关联度最大的前5个影响因素分别为赡养系数（X12）、年龄（X2）、是否长期在外务工（X4）、住楼意愿（X35）、家庭总人数（X11）等。将三种类型农户的计算结果对比发现，选择"住房补偿"模式的农户，具有年龄较大、家庭赡养系数较高、房屋建设时间较长、长期在外务工等特点，这部分农户的现有房屋价值较低，农户家庭的生活负担相对较大，若退出宅基地则首先需要满足的是在基本生存需求层面的对住宅的需求。

在"货币补偿"的模式下，农业型农户中，关联度最大的前5个影响因素分别为是否在城镇买房（X19）、家庭年收入（X14）、非农收入占比（X15）、务工人口比例（X13）、村庄距离城镇（X28）等；兼业型农户中，关联度最大的前5个影响因素分别为家庭年收入（X14）、是否在城镇买房（X19）、非农收入占比（X15）、是否长期在外务工（X4）、村庄距离城镇（X28）等；非农型农户中，关联度最大的前5个影响因素分别为是否在城镇买房（X19）、工作是否稳定（X6）、是否长期在外务工（X4）、宅基地是否有闲置（X27）、家庭月消费（X17）等。选择这一宅基地退出模式的农户，大多已经在城镇买房，长期在外务工或家庭中务工人口的比例较高，家庭收入水平较高，村庄距离城镇较远，农户的生活水平相对较好，日常生活与城市的联系可能更密切，在退出农村宅基地后，不需要考虑住房问题，因而选择将农村宅基地资源转换为货币资源。

在"住房＋住房"的宅基地退出模式下，农业型农户中，关联度最大的前5个影响因素分别为宅基地是否有闲置（X27）、年龄（X2）、宅基地数量（X26）、宅基地面积（X24）、赡养系数（X12）等；兼业型农户中，关联度最大的前5个影响因素分别为宅基地面积（X24）、宅基地是否有闲置（X27）、年龄（X2）、宅基地数量（X26）、赡养系数（X12）等；非农型农户中，关联度最大的前5个影响因素分别为宅基地是否有闲置（X27）、宅基地面积（X24）、家庭总人数（X11）、宅基地数量（X26）、年龄（X2）等。通过对比发现，选择这一宅基地退出模式的农户家庭中拥有闲置宅基地的比例很高，宅基地面积普遍较大，拥有多套住宅的农户的比例相对高于选择其他几种模式的农户，农户的年龄相对较大，这部分农户家中的宅基地的价值高于家庭重新安置的成本，并且年龄较大的农户可能有为子女置房的需要，所以在满足基本的生存需求后，将剩余的宅基地价值置换为住房补偿。

在"住房＋货币"的宅基地退出模式下，农业型农户中，关联度最大的前5个影响因素分别为宅基地面积（X24）、宅基地是否有闲置（X27）、非农收入占比（X15）、宅基地数量（X26）、家庭月消费（X17）等；兼业型农户中，关联度最大的前5个影响因素分别为宅基地面积（X24）、房屋层数（X23）、宅基地是否有闲置（X27）、是否长期在外务工（X4）、非农收入占比（X15）等；非农型农户中，关联度最大的前5个影响因素分别为宅基地是否有闲置（X27）、家庭月消费（X17）、宅基地面积（X24）、房屋建设翻新年份（X22）、是否长期在外务工（X4）等。选择这一宅基地退出模式的农户，其家中有闲置宅基地和宅基地面积较大这两个特点与选择"住房＋住房"模式的农户相似，另外，这部分农户还具有长期在外务工、家庭非农收入占比较高、月消费较高等特点，这些农户的家庭生活条件普遍较好，宅基地的资源禀赋较高，农户在满足了基本的生存需求之后还有剩余资源可以满足其在货币方面的需求。

通过比较四种农村宅基地退出模式下的各项影响因素的关联度发现，促使农户做出退出模式选择的主要原因集中在农户的务工情况、家庭的人口结构和收入支出情况以及家中宅基地的资源禀赋情况上。一般来说，现有房屋质量较差、家庭赡养系数较高的农户会首先选择"住房补偿"模式；已经在城镇购房、家庭收入较高的农户选择"货币补偿"模式的概率较大；家中有闲置宅基地的或宅基地面积较大的农户，在满足基本的生存需求即住房需求之后，根据自身或家庭的偏好，分别选择"住房＋住房"和"住房＋货币"的宅基地退出模式。而农户认知方面的变量在农户选择何种退出模式时的作用并不明显，在选择退出模式时，农户考虑的通常是其自身的需求和现有的宅基地资源条件。

7.3 消极农户宅基地退出的模式选择

7.3.1 消极农户基本特征

将不愿退出农村宅基地的农户认定为消极农户，选取平均值这一指标对三种类型中消极农户样本的各项数据的特征来分别进行描述，其计算结果如表7-3所示。在所有的受访农户中，有大约39.5%的受访者不愿意退出农村宅基地。

表7-3　　　　　　　　　　消极农户样本特征

类型	变量	最小值	最大值	平均值		
				农业型	兼业型	非农型
个体特征	X1 性别	0	1	0.55	0.51	0.55
	X2 年龄	1	5	3.87	3.13	3.60
	X3 受教育程度	1	4	1.83	2.17	2.05
	X4 是否长期在外务工	0	1	0.00	0.12	0.43
	X5 务工地点	1	6	1.42	2.36	2.59
	X6 工作是否稳定	0	1	0.00	0.26	0.42
	X7 基本社会保障	1	3	2.04	2.05	2.29
	X8 身体状况	1	4	2.50	2.23	3.11
	X9 与邻里交往情况	1	4	2.44	1.97	2.58
	X10 受别人影响程度	1	5	3.02	2.77	2.55
家庭状况	X11 家庭总人数	1	6	3.00	3.23	2.97
	X12 赡养系数	0	4	1.29	1.43	1.46
	X13 务工人口比例	0	1	0.32	0.43	0.54
	X14 家庭年收入	1	4	2.66	2.43	2.79
	X15 非农收入占比	1	3	1.89	1.81	1.28
	X16 非务农收入主要来源	1	4	2.52	2.47	1.95

124

类型	变量	最小值	最大值	平均值		
				农业型	兼业型	非农型
家庭状况	X17 家庭月消费	1	4	2.13	2.26	2.10
	X18 人情支出占比	1	4	2.25	2.10	2.26
	X19 是否在城镇买房	0	1	0.32	0.14	0.34
居住条件	X20 是否有宅基地产权证书	0	1	0.85	0.75	0.76
	X21 宅基地取得途径	1	2	1.10	1.03	1.24
	X22 房屋建设翻新年份	1	4	2.48	2.36	2.46
	X23 房屋层数	1	2	1.19	1.07	1.09
	X24 宅基地面积	92	350	203.86	221.18	203.30
	X25 房屋结构	1	4	2.11	2.54	2.32
	X26 宅基地数量	1	3	1.32	1.26	1.05
	X27 宅基地是否有闲置	0	1	0.22	0.11	0.30
	X28 村庄距离城镇	1	4	2.28	2.19	2.30
	X29 是否新农村规划村	0	1	0.44	0.47	0.44
	X30 基础设施	3	10	8.21	8.53	8.81
	X31 日常出行方式	1	4	2.34	1.52	2.04
	X32 购买生活用品途径	1	4	2.36	2.45	2.42
农户认知	X33 对居住环境满意度	1	4	2.16	1.97	2.39
	X34 城乡定居意愿	1	3	1.44	1.48	1.17
	X35 住楼意愿	1	3	2.18	2.41	2.31
	X36 宅基地产权归属认知	1	3	2.04	2.02	2.04
	X37 是否了解退出相关政策	1	3	2.47	2.87	2.81
	X38 是否有亲友已退出宅基地	1	3	2.01	2.04	2.07

由表 7-3 可得，在消极农户样本的个体特征方面，在性别上，三种类型农户的男性受访者均高于女性；在年龄上，兼业型农户的年龄段明显低于其他两种类型；在受教育程度上，兼业型农户的平均水平高于农业型和非农型，且三种类型农户的受教育程度都偏低；在工作特点上，农业型受访者在外务工的比例为 0 且均未签订 2 年以上劳动合同、

务工地点距离村庄最近，而非农型农户中长期在外务工的比例最高、务工地点到农村的平均距离最远、工作的稳定性最高；基本社会保障方面，三种类型农户的差异性不大，受访者基本都具有医疗和养老保障；身体状况方面，非农型受访者的平均水平比兼业型和农业型受访者的差；在与邻里交往情况上，兼业型农户与邻里交往相对更频繁；在受别人影响方面，农业型农户受别人的影响程度最小，非农型农户的受影响程度最大。

家庭状况方面，消极农户的家庭总人数 1~6 人不等，非农型农户的平均人数最少，兼业型农户的最多；家庭赡养系数与务工人口比例的最小值为 0，表明受访者中有部分家庭没有劳动力，其中，赡养系数的最大值为 4，非农型农户赡养系数的平均值最大，且平均每个劳动力要承担 1.46 人的家庭人口负担；务工人口比例方面，农业型农户的平均值最低，非农型农户的最高；家庭的收入状况方面，三种类型的农户的年收入都比较高、非农收入占比都普遍较大，其中，非农型农户的家庭年收入平均水平最高，农业型农户的平均非农收入占比最大；在非务农收入的主要来源上，农业型农户的主要来自非固定工资收入，非农型农户的主要是固定工资收入；家庭支出方面，三种类型农户的平均月消费水平相差不大，并且人情支出占比的差异性也很小；消极农户中，三种类型的受访者中已经在城镇买房的比例都不高。

居住条件方面，三种类型的农户具有宅基地产权证的比例都较高，宅基地取得途径都以申请为主，房屋大多都是一层；消极农户中，兼业型农户的房屋建设翻新年份的平均水平低于其他两种类型；受访农户的宅基地的面积最小的是 92 平方米，最大的为 350 平方米，三种类型中，兼业型农户宅基地面积的平均值相对大一点，房屋结构都以砖混为主，农业型农户宅基地数量上的平均值最高；消极农户中，三种类型的农户中拥有闲置宅基地的比例都较低；选取的村庄到城镇的距离的差异不大，是新农村规划村的比例相近，村庄的基础设施的完备度普遍较高；三种类型受访者的日常出行方式以骑车为主，选择的购买生活用品的途径多为去城镇购买。

农户认知方面，消极农户中三种类型的受访者对农村现有居住环境的平均满意度水平比积极农户的相对较高，在未来定居意愿上，兼业型农户定居城市的意愿最强，农业型农户的住楼的意愿最强；在政策认知方面，三种类型农户的宅基地产权归属认知的平均水平差异不大，大多数受访者认为农村宅基地所有权为个人私有，对宅基地退出的相关政策的了解程度都不高，且受访者中有亲友已经退出宅基地的情况很少。

7.3.2　模式选择关联性分析

通过与农户进行交谈和借鉴其他文献，在预调研时将问卷中消极农户不愿退出宅基地的原因设置为：①对农村老家感情深厚；②不想换地方；③没钱买新房；④种地不方便；⑤担心安置问题；⑥担心就业问题；⑦退宅补偿不划算；⑧城市生活成本高；⑨不适应城市生活；⑩其他 10 个选项，进行实地调研时发现有部分选项的含义存在重叠，故将有重复含义的选项进行合并之后，最终将选项调整为 A 对农村老家感情深厚，B 种地不方便，C 担心安置问题，D 担心就业问题，E 退宅补偿不划算，F 不适应城市生活，G 其他 7 个选项，并且在实际调查中没有选择 G 选项的农户。因为通过了解得知消极型农户不愿退出宅基地的原因并不单一，所以在问卷填写时将这一问题设置为多选，具体统计结果如图 7 - 3 所示。

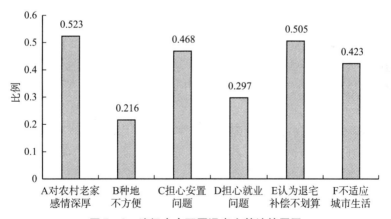

图 7 - 3　消极农户不愿退出宅基地的原因

图 7 - 3 的统计结果显示，在消极农户不愿退出宅基地的原因中，对农村老家感情深厚和认为退宅补偿不划算这两项的影响最显著，有超过半数的人选择了这两个原因，其次影响较大的是担心安置问题和不适

应城市生活，而担心就业问题和种地不方便这两个原因的比例相对较低，但同样不能忽略。对消极农户的选择行为进一步分析之后，从政策和农户自身角度出发，将其不愿退出宅基地的根本原因归纳为了宅基地退出模式不完善与农户认知和自身偏好这两个方面。

一方面，宅基地退出模式的不完善是导致农户不愿退出宅基地的根本原因。如果现有的宅基地退出的补偿条件没有满足农户的需求，包括对货币补偿数额的不满足、对安置地点（如中心村、镇驻地、县城等）位置的不满意等，那么农户就会对宅基地退出抱有消极态度，特别是其生产生活对农村土地和环境依赖程度较高的农户，当他们认为宅基地退出会影响其农业劳作或者对其目前的工作会产生影响时，他们就会不愿意退出宅基地。即消极农户普遍认为宅基地退出所带来的损失会大于可以获得的利益，当退出补偿没有达到农户的预期，特别是了解到已经退出宅基地的农户对退出之后生活的满意度不高时，他们就会认为退出宅基地不能获得相应的利益，会对宅基地退出的结果持有不好的预期，进而不愿意退出宅基地。

另一方面，农户对宅基地退出政策的不了解和自身对维持现有生活状态的希望是导致农户不愿退出宅基地的直接原因。对退出政策的不了解包括对政策的认知不够和退出过程的参与程度不高等，通常是由信息不对称造成。如果农户不能了解宅基地退出能够带来的利益，那么他们也不会积极主动地退出宅基地。除此之外，农户自身的偏好也会对退出意愿产生较大的影响。消极型农户中有很大一部分人有较强的祖业观，即对农村感情十分深厚，特别是部分年龄较大的农户其"落叶归根"的思想根深蒂固，还有的人虽然目前生活已经脱离了农村，但他们仍然希望保留承载了某些情感或记忆的农村宅基地。还有一部分人认为，无论是搬到城市还是在新型农村社区，退出宅基地之后的生活都不如原来舒适，比如上下楼费劲、停放农用具不方便、不能在院子里种瓜果蔬菜等，有很多习惯需要改变，而且新的生活环境还会增加水、电、煤气、物业等生活费用，退出宅基地之后的生活成本会变高，所以他们更希望维持现有的生活环境。

由此可见，宅基地退出补偿的内容是否全面、农户是否了解退出政策和农户自身的偏好，都会对农户退出宅基地的意愿产生较大的影响。在宅基地退出政策方面，宅基地退出模式的优化十分必要，并且同时应加强对退出政策的普及和宣传，而对于其本身不愿改变当前生活状态的农户，要从完善退出模式与退出政策方面，尽量对他们进行弥补，通过这些途径来使消极型农户对宅基地退出政策的预期获得改善。

7.4　小　　结

本章主要分为两部分，分别对积极农户和消极农户的行为选择进行了分析。第一节主要对受访者中的积极农户的宅基地退出模式选择的分析。首先通过比较各项因素的平均值，分析了农业型、兼业型和非农型的农户的基本特征，并对积极农户选择宅基地退出的原因作了进一步分析，然后运用灰色关联分析法，计算了 4 种宅基地退出模式下不同农户类型的各种变量的关联度，通过比较关联度的大小，分析了选择不同退出模式的农户的特点。第二节主要是对消极农户的行为进行分析，并对宅基地退出模式进行优化。首先分析了三种农户类型中消极农户的样本特征，并对农户不愿退出宅基地的原因进行了分析，然后结合之前的分析结果及农户的需求，对已有的 4 种宅基地退出模式进行了优化，加入了提供医疗、养老、教育、就业等条件的支持，并对优化后的宅基地退出模式的具体内容和适用的条件进行了说明。

第8章 适应农户需求的平原农区宅基地退出模式运行过程

本章从农户多层次需求的角度出发，基于"诊断—设计—结果"框架深入理解宅基地退出的集体行动逻辑，进而对退出行动的多属性变量设计编码手册，结合房寺镇 13 个村庄宅基地退出实践的案例库，对满足农户多元需求的不同宅基地退出模式进行（子）原型提取与凝练，从而探究总结出不同模式的运行机理。

8.1 宅基地退出行动逻辑：DDO 理论框架

"诊断—设计—结果"（DDO）框架作为一种结构性的制度分析框架，旨在帮助人们揭示不同政策领域下的集体行动逻辑，主要变量包括诊断属性（diagnostic attributes）、设计属性（design attributes）和结果（outcomes）。其中，诊断属性涉及集体行动情景以及该行动情境下的行动者，即参与客体的物理特征与参与主体的基本特征等，设计属性则是该行动情境下用以行动或策略的一系列正式与非正式的制度性安排。DDO 框架意味着某些诊断和设计属性的特定组合可以导致特定的结果，换句话说，如果主体和客体的具体特征与一套具体的体制机制相结合，那么在该语境下的集体行动就是可预期的。农村宅基地退出是主体（比如，农户）、客体（比如，宅基地）和制度规则（比如，激励和控制机制）交互作用的过程和结果。为此，本章把宅基地退出的集体行动理解为诊断属性，即特定情境下宅基地自然地理特征和农户特征，以及设计属性，即人为设计的推动和规范宅基地退出的制度规则共同作用产生的结果（见图 8－1）。这样，宅基地退出的行动逻辑就可以用制度规则与宅基地自然条件和农户特征的特点组合形式来解释。具体来看，诊断属性涵盖各种人地关系因素，构成了宅基地退出行动的前提情境，主要涉及宅基地自然地理特征，包括宅基地区位、资源禀赋和建筑质量等；农户特征则包括类型、需求与意愿等用以划分农户的各类要素；设计属性即与宅基地退出相关的一系列制度安排，如激励机制、决策机制、规划机制、信息联动机制等。宅基地退出行动的诊断属性、设计属性与结果间形成互动关系网络，具体体现在，农村宅基地的区位、资源优势和农户类型、需求及意愿等诊断属性会产生特定的退出需求，进而为不同宅基地退出制度规则与退出行为营造出特定情形；反过来，设计属性则需要尽可能多地满足上述条件需求，以此促成农村宅基地退出行为。综上所述，利用 DDO 框架分析宅基地退出的总体思路就是通过宅基地特征、农户特征以及制度设计三组变量在宅基地退出行动中发挥驱动响应，产生相互作用的联动模式，进而探究促成宅基地成功退出集体行动选择背后的逻辑关系与形成机理。

131

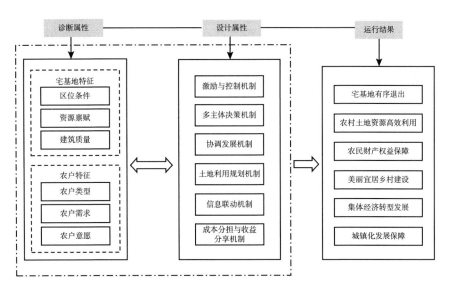

图 8－1　宅基地退出的 DDO 分析框架

8.2 宅基地退出模式研究的
新方法：原型分析

原型（archetypes）是在异质性案例中重复出现的构成复杂规律性因果组合关系的"积木"，其本身也是由一系列因素的组合而构成。原型分析提炼出的因果关系与所选案例是一个非线性的交互系统，即一个原型可以在多个案例中重复出现，而不同的原型也可以出现在同一个案例中。同时，原型分析从解释个性目的出发，采用反向逻辑思维寻找个性成功案例中各种组合规律，如果这些因素组合在不同的案例中重复出现，即为理论和实践中可复制、可推广的内容。原型分析这种系统解构思维可以追溯到全球变化综合征分析，此后逐渐广泛应用于社会生态系统脆弱性成因解释等研究中。作为一种跨学科、跨案例的整体主义方法论，原型分析法同样为土地利用转型领域下揭示宅基地退出行动过程中的复杂运行规律提供了一种新的方法支持。因此，本章将宅基地退出过程的原型定义为重复出现的由诊断属性、设计属性与结果属性构成的一组因果关系，从研究区农村宅基地退出的典型案例中提炼集体行动的多元逻辑，探讨不同农村宅基地退出模式的差别化运行机制。原型分析方法在案例村选取后，还主要包括以下一般性步骤：

8.2.1 问卷设计

本章旨在全面分析不同宅基地退出模式行动逻辑的基础上，了解各退出模式运行前后农户福利状况，为此编制了"关于宅基地退出前后农户福利变化状况的调查问卷"（详见附录 8 - 1）。其主要结构涉及四部分：标题、目的、编号和主体。标题准确清晰地说明了本次调研的主要内容。引言部分明确了宅基地退出的制度安排、调研目的及隐私信息保密承诺。问卷编号是按照代表不同宅基地退出模式的案例村进行的统一分类与编写。问卷的主体内容涵盖六个方面：一是受访者与家庭基本信息，主要包括年龄、受教育程度、职业特点及家庭收支状况等信息；二是宅基地退出前后的居住状况，主要包括退出前后的居住环境、居住面积、居住结构、装修程度与基础设施等特点；三是宅基地退出前后的经济状况，了解受访者家庭年收入，包括农业与非农收入，以及家庭的年日常支出；四是宅基地退出前后的社会保障特征，主要包括医疗卫生、养老、就业及教育等社会保障机会的覆盖状况；五是宅基地退出前后的心理状况，了解农户的邻里关系、生活方式适应度与未来希望程度；六是宅基地退出的社会参与情况，主要了解宅基地退出的收益分配公正性与决策参与的公平性。

8.2.2 案例编码

本章根据 DDO 分析框架理解的宅基地退出集体行动编写制定编码手册（附录 8-2），其既涵盖宅基地退出过程中的诊断属性，如宅基地自然物质条件（变量 R）、农户特征（变量 A），同时，还涉及正式的制度性安排，如激励机制（变量 EM）、控制机制（变量 CM）、决策机制（变量 DM）、协调机制（COM）、宅退后的规划（P）、信息机制（IM）、成本分担机制（CS）、收益分配机制（BS）等设计属性，以及结果属性（变量 O）。为更加精准地识别不同原型间的异质性特性，进而结合宅基地退出实践，将所编制的一级变量逐级细化分解为若干个二级、三级与四级变量，并根据实际情况需要对属性进行修改、新增或删除。

8.2.3 原型提取

为从等价类中识别并提取所需的概念（子）原型，本章将退出案例信息以字母与数字构成的编码形式导入到 Concept Explorer 软件，案例与编码属性的多元组合关系网络最终以原型提取的形式背景呈现（见图 8-2），在复杂的关系网络中，每条连线上的要素都由诊断、设计和结果属性代码，以及该组合关系下涉及的案例代表所构成。进而，根据提取与识别的标准凝练出调研案例中存在的各类（子）原型。

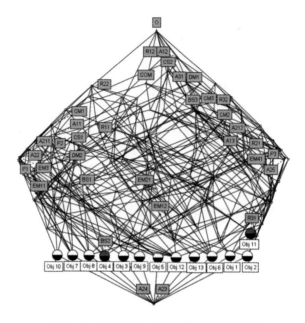

图 8 - 2　基于案例—变量的原型提取过程

　　本节在突出刻画农户需求的条件下，通过揭示不同宅基地退出模式的诊断属性和设计属性之间的一般组合关系，旨在探析房寺镇宅基地有序退出的集体行动逻辑，反映出农户多层次需求与宅基地退出模式间的匹配关系。

8.3　面向农户多层次需求的宅基地退出模式行动原型

8.3.1　满足农户住房需求的资产置换模式

　　房寺镇在宅基地退出实践中推行资产置换模式的案例村主要有邢店村、张安村和大李店村。从三个案例村庄中提取出的原型 1（见表 8 - 1）解释了纯农型与兼业型农户在具备住房需求特征下，房寺镇政府是如何建立协调机制推进新社区集聚建设与宅基地有序退出，进而改善人居环境和增进农民福祉。该原型的诊断属性为村庄宅基地的顺利退出奠定了可行条件，像大李店村这样无资源禀赋优势（R22）且远离城镇的村庄（R12），农村居民点布局无序，人居环境相对陈旧，村民大多属于半工半耕的兼业型农户（A12），其对宅基地的依赖性仍然存在，因此，他们在退出宅基地后某一时期的需求为基本的住房保障（A211），且更倾向于通过宅基地退出置换生活条件更便利、基础设施更完善的社区或城市商品房，以追求更好的生活质量。在诊断属性的引导下该原型强调了几个设计属性。首先，房寺镇政府（CM1）坚持关键性的主导地位，凭借强制力，通过行政命令以及制定规章办法在指导村民参与宅基地退出与城乡新社区集聚建设项目（P1）的规划、验收过程中明确各主体职责与分工，从而实现宅基地高效退出。其次，资产置换激励（EM11）在推动农户自愿有序参与宅基地退出过程中发挥有利作用，镇政府允许积极参与退出的农户通过旧宅基地置换新安置房，最终满足农户退出宅基地时最基本的生存需求，保护农民住房权益，真正实现户有所居。最后，考虑到农户是宅基地退出过程中牵扯利益最复杂的主体，基层镇政府有必要建立起完善的沟通协调机制（COM），给集体成员充分表达利益诉求的机会，以广泛听取民声，汲取民意，形成政府权力运作与农户民主协商的良性博弈关系，进而充分调动农户参与到宅基地退出工作的积极性，这也使村庄宅基地退出成为可能（O）。

表 8 - 1　满足纯农、兼业型农户住房需求的宅基地退出（子）原型

原型	（子）原型描述	（子）原型的代码组合	案例数量与对应代码
1	政府主导下实现农户住房需求的资产置换激励	R12 – R22 – A12 – A211 – EM11 – CM1 – COM – P1 – O	3（Obj1、Obj2、Obj3）
1.1	纯农型、宅基地多土木、砖木结构	R12 – R22 – R32 – A11 – A12 – A211 – EM11 – CM1 – COM – P1 – O	2（Obj2、Obj3）

与原型 1 相比，其子原型（1.1）显示出其他有利的诊断属性。纯农型农户（A11）受年龄、教育等因素影响，勤俭节约、乡土情怀等传统思想观念根深蒂固，部分生活拮据的农户选择将长期积攒的生活积蓄

用以维持家庭生计，较少投入到房屋改造与翻新建设中，其所拥有的宅基地大多仍以土木或砖木结构（R32）为主；考虑到这类农户将宅基地视为生活最基本的保障，一旦退出宅基地，其最迫切的需求仍处于最底层的生存需要，因此，全新的住房保障与环境是激励他们顺利退出宅基地的核心要素。

8.3.2 满足农户经济需求的货币补偿模式

房寺镇在宅基地退出实践中推行货币补偿模式的案例村主要涉及南店村、东寨村和陈寨村。在三个村庄的宅基地退出集体行动中提取出的原型 2（见表 8-2）描述了在兼业型农户的经济需求下，宅基地退出行动是通过由当地镇政府主导与村集体引导相结合的方式，借助有效的利益联结实现农村闲置用地指标的挖潜与流转，进而为退出农户提供一次性货币补偿激励完成的。原型 2 大多发生在无资源禀赋优势的村庄（R22）中，这类村庄受制于特色产业发展的制约，村内大量农村闲置土地得不到及时有效的开发与利用，进而未能为农户提供就地就业的工作条件，因此越来越多的农户选择进城寻求务工机会（A12），以维持其家庭的长远生计需要（A212）。该原型的设计属性表明为实现城乡土地要素资源的高效配置，农村土地制度改革中对增减挂钩政策（P2）的管理办法不断深化，房寺镇政府为积极贯彻响应乡村闲置腾退指标充分地向城镇建设用地倾斜，试图通过对自愿放弃原有宅基地的农民进行一次性货币补偿（EM21）来满足其经济性需要，进而推动宅基地有序退出。与原型 1 不同，该原型涉及多元参与者，即政府和村集体（CM1–CM3），政村合作的优势在于不仅实现了宅基地退出过程中的整治复垦与开发新建成本（CS2）共担，由政府承担农户一次性补助补偿、拆除复垦开发成本，由村集体或农户承担原宅基地价值损失、部分安置房费用等；而且还实现了分权式决策参与机制（DM1），村集体通过村内民主的形式，创新村级会议、党员代表大会等自组织形式，允许村民可以针对宅基地退出政策的意愿以及退出补偿细节等各抒己见，营造了民主协商、机会均等的决策平台与氛围，进而推进宅基地的自愿有序退出（O）。

表8-2　　　满足兼业型农户经济需求的宅基地退出（子）原型

原型	（子）原型描述	（子）原型的代码组合	案例数量与对应代码
2	政村合作下实现农户经济需求的货币补偿激励	R22 - A12 - A212 - EM21 - CM1 - CM3 - DM1 - P2 - CS2 - O	3（Obj4、Obj5、Obj6）
2.1	购房补贴、保障农户收益	R22 - A12 - A212 - EM21 - EM12 - CM1 - CM3 - DM1 - P2 - CS2 - BS4 - O	2（Obj5、Obj6）

子原型2.1表明，房寺镇政府为充分鼓励农户积极参与到宅基地退出工作，创新"一锤子买卖"这种直接性交易补偿的形式，在此基础上，结合便利的购房资源，优势的房价补贴与比率下调（EM12）等政策优惠充分调动农户进城的积极性，推动农民市民化进程，保证进城农户"离得开村"，更好地保障了农户退出后的合法利益（BS4）。

8.3.3　满足农户养老需求的以地养老模式

房寺镇在宅基地退出实践中推行以地养老模式的典型案例村主要包括房寺镇街、董庄村和堤李桥村。从案例村庄中提取的原型3（见表8-3）说明了在纯农型老年农户有关养老安全需求下，宅基地退出行动逻辑是由政府主导与企业参与共同盘活闲置宅基地资源，探索"集中供养，医养结合"的农村土地养老新模式，从根本上解决养老与脱贫难题。该原型的集体行动在诊断属性方面具有村庄近城优势、纯农型农户及安全需求等共同特征（R11 - A11 - A22）。首先，近郊区作为城乡连接点，交通相对便利，基础设施相对完善，为适老化改造创造有利条件，近城优势也为吸引企业入资与建造新型公寓带来便利条件；同时，该模式大多聚焦于纯农型老年农户，对这类农户而言，因其子女长期在外务工经营而留守在村庄，他们视宅基地为安身立命之本，退出宅基地即意味着农村社会保障条件的丧失，为此，为减轻子女养老负担，他们更渴望选择在养老院安度晚年。与之相适应的设计属性强调以下方面，考虑到宅基地整治复垦与养老公寓建设项目仅凭政府专项资金难以实现，极大程度上存在资金配置的难度，为实现民生工程的融资需求，房寺镇政府（CM1）鼓励社会三方力量参与投资（CM2 - CS2），允许资

137

方直接利用宅基地盘活指标建设高标准集中养老机构并配套相应基础设施（EM3），以成本共担思路充分挖掘乡村潜在用地，打造现代化设施与便利的养老环境，完善退出年老农户的入住条件以充分实现其养老安全性需求（O）。

表 8-3   满足纯农型老年农户养老需求的宅基地退出（子）原型

原型	（子）原型描述	（子）原型的代码组合	案例数量 与对应代码
3	政企合作下实现农户养老需求的以地养老激励	R11 – A11 – A22 – EM3 – CM1 – CM2 – CS2 – O	3（Obj7、Obj8、Obj9）
3.1	有限参与	R11 – A11 – A22 – EM3 – CM1 – CM2 – DM11 – CS2 – O	2（Obj7、Obj9）
3.2	农户权益	R11 – A11 – A22 – EM3 – CM1 – CM2 – CS2 – BS4 – O	2（Obj8、Obj9）

其子原型3.1表明，以地养老模式坚持政府财政主导与企业资本运作合作共赢的发展思路，在这一过程中，由于农村老人政策理解与诉求表达能力有限，未能有效地参与到宅基地退出决策过程中，因此仅实现利益主体间的有限分权（DM11）。子原型3.2强调了以地养老模式开辟出一条新型农村养老的新路径，有效解决了农民失地后的养老难题，切实保障了退出农户的合法权益（BS4）。

8.3.4 满足农户尊重与自我实现需求的土地入股模式

房寺镇在宅基地退出实践中推行土地入股模式的案例村主要有桥头孙村、贾集村、靳庄村和郝屯村。基于四个村庄的宅基地退出集体行动提取的原型4（见表8-4）描述了为实现兼业及非农型农户关于土地发展权收益分配公正与决策参与公平的尊重与自我实现需求，村集体与企业如何创新合作发展模式，探索资源变资产、资金变股金、农民变股东的途径，引导村民利用闲置宅基地入股乡村旅游合作社、旅游企业等换取一定的土地红利，进而带领农户增收致富。该原型的诊断属性表征为在资源禀赋优势的村庄（R21），土地具有巨大的开发潜力。对兼业型农户来说，当基本的生存保障与公共服务得到满足以后，为追求更好的生活条件，努力寻求更多的务工机会与渠道，渴望通过宅基地退出拓展当地村民就地就业的支持空间，享受到土地红利（A12－A25），这些条件使宅基地退出入股成为可能（O）。为此，与之相应的设计属性突出了几点特征：村集体（CM3）为顺利打开美丽乡村建设工作的新局面，努力整合村庄优质资源禀赋要素，实现乡村三产融合，但受制于薄弱的村集体经济，难以通过自身实力打造乡村特色产业，因此亟须扩展融资渠道为产业发展注入活力，以构造多元参与主体下的利益联结格局，进而有效实现成本共担（CS2）。为实现社会资本与土地指标的高效衔接与配置，村集体在积极鼓励村民出让闲置宅基地使用权的同时（EM41），允许企业（CM2）利用整治挖潜的用地指标打造乡村文旅等特色产业（P3），创新"变废为宝"的新途径，实现土地红利更好地向农村倾斜（BS3）。

表 8－4　　　　　满足兼业、非农型农户收益分配公正需求的
宅基地退出（子）原型

原型	（子）原型描述	（子）原型的代码组合	案例数量与对应代码
4	村集体引导下实现农户收益分配公正需求的土地入股激励	R21－A12－A25－EM41－CM2－CM3－CS2－P3－BS3－O	4（Obj10、Obj11、Obj12、Obj13）
4.1	城市远郊、住房混凝结构、非农、农户获益	R12－R21－R31－A12－A13－A25－EM41－CM2－CM3－CS2－P3－BS3－BS4－O	3（Obj11、Obj12、Obj13）
4.2	决策分权、协调机制	R21－A12－A25－EM41－CM2－CM3－DM1－COM－CS2－P3－BS3－O	3（Obj10、Obj11、Obj12）

子原型 4.1 表明，贾集、靳庄等这样的远郊型村庄（R12）地域特色浓厚，承载着优越的自然资源、宜人的生活环境和淳朴的乡风文明等特征，乡村旅游开发潜力大；同时，村庄住宅多以混凝结构（R31）为主，为保存乡村传统景观下开发特色旅游业的民宿打造了条件；此外，非农型农户（A13）经济水平较农业与兼业型农户高，不再局限于基本的物质性需要，更渴望在宅基地退出过程中获得心理上的满足与权益的

保障，而土地入股模式通过实现农户退出后的增值收益享有权，有力地提升了他们在土地制度改革过程中的获得感与价值感（BS4）。子原型4.2表明，该类模式通过健全村企平等协商的沟通协调机制（DM1 - COM），有效实现双方的合作共赢，各村集体通过用地指标流转壮大集体经济，企业将所获得的土地指标投入到特色产业运营，以此形成企业增收与村集体受益的良性互动循环。

8.4　不同宅基地退出模式的运行机理

通过上述（子）原型分析总结出，宅基地退出模式根植于一系列诊断、设计与结果属性的组合关系中，凝聚着主导方、资金来源、政策环境、退出方式、农户需求等多元要素，不同模式在内外部性要素的耦合作用下形成差异化的运行方式（见图8 - 3）。具体来看：①资产置换模式是为充分满足农户的住房需求，在符合村庄规划的前提下，地方政府主导牵头，实现财政、人员等资源要素持续向新型农村社区集聚的同时，整合村庄内部闲置宅基地资源，用以统筹旧村改造与农村人居环境提质升级。此外，在引导和推进农民向新社区集中的过程中，政府充分摸清农民退出意向并结合当地实际情况，允许退出农户结合旧宅基地基准面积、区位地价等要素等值置换高标准的社区安置房，实现"户有所居"。②货币补偿模式是为满足农户的经济需求，缓解城市用地紧缺难题，推进城乡用地增减挂钩政策，政府与村集体共同组织开展宅基地退出与复垦开发工作，借助财政及村集体经济将退出的宅基地复垦开发为耕地，获取的土地指标优先用于乡村建设，完善村内基础设施和公益事业发展；另一部分土地指标在市（县）域内流转与交易，所实现的极差收益根据一定的宅基地价值评估标准，以补贴金或购房补贴的形式发放给退出农户，进而凸显宅基地财产功能，保障农户财产权益。③以地养老模式是为满足退出农户养老需求以实现退出正向激励，有效靶向扶贫，政府致力于打造兜底性民生工程，通过与企业合作的形式共同打造农村养老服务供给新格局。一方面，为引领龙头企业积极参与帮贫产业发展项目，政府允许资方投入盘活挖潜的用地指标用以扩展农村养老社会化服务领域；另一方面，老人可将宅基地退出视为置换养老服务的"失地保险"，通过退出产权获得养老条件，同时每月还能获取养老保障金，保障其养老质量。以此来破解农村养老困局，补全养老短板，从根本上解决养老与脱贫难题。④土地入股模式是为实现收益分配与决策参与的公平公平性需求，村集体和企业在合作出资的联结机制下成立股份有限公司，大力开发乡宿、乡娱、乡游等体验项目，打造精品工程，精准对接乡村休闲旅游发展与美丽乡村计划；同时，农户以确权后的宅基地作为资本，成为由村企共建集体公司的股东，通过委托企业运营或村集体进行土地的综合整治与复垦，可享受到由村集体按参股比例分发的部分市场运营收益。以此构建"企业获益、村集体增收、农民致富"的多元利益联结网络，实现退出农户的尊重与自我实现需要。

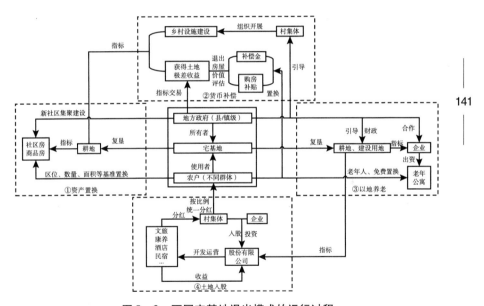

图 8 - 3　不同宅基地退出模式的运行过程

8.5　小　　结

本章从农户多层次需求层面探究宅基地退出模式原型及其运行机理。首先，结合"诊断—设计—结果"框架深层次理解宅基地退出集体行动逻辑。其次，结合房寺镇 13 个典型案例村的实证研究，围绕农户需求，提取农村宅基地退出模式（子）原型，共识别出资产置换、货币补偿、以地养老、土地入股 4 种原型，及其各自所呈现出来的 6 种子原型，这与前面宅基地退出模式的理论预设相呼应。最后，基于宅基地退出模式的主导方、政策条件、农户特征及退出措施等内外部要素，凝练出宅基地退出模式差异化的运行机制。

附录 8 - 1　关于宅基地退出前后农户福利变化状况的调查问卷

宅基地退出作为我国农村土地制度改革发展的新阶段，与农户切身利益息息相关。本次调研目的是深入了解宅基地退出前后不同模式下的农户福利变化状况。调研结果仅作为本人宅基地退出研究的相关研究数据，我们将对您的信息严加保密，感谢您的配合！

问卷编号：_____　家庭住址：_____镇_____村

1. 基本信息

（1）年龄_____

（2）受教育水平：（　　）

A 小学及以下　　B 初中　　　　C 高中　　　　　D 专科及以上

（3）您目前所从事的职业类型：（　　）

A 农业　　　　　B 兼业　　　　C 长期在外务工

（4）您当前选择的退出方式：（　　）

A 宅基地换住房　　　　　　B 宅基地换货币

C 宅基地换统一养老服务　　D 宅基地入股经营

（5）您对当前选择的退地补偿标准的态度：（　　）

A 非常不满意　　B 比较不满意　　C 一般　　　　D 比较满意

E 非常满意

2. 宅基地退出前后的居住状况

（6）退出前您的居住环境：（　　），退出后您的居住环境：（　　）

A 极其差　　　　B 稍微差　　　　C 一般　　　　D 稍微好

E 极其好

（7）退出前您享有的住宅面积：＿＿ m²；当前您享有的住宅面积：＿＿ m²

（8）退出前您的房屋结构：（　　），退出后您的房屋结构：（　　）

A 土木　　　　B 砖木　　　　C 砖混　　　　D 钢混

（9）退出前住房装修程度：（　　），退出后新住房装修程度：（　　）

A 毛坯　　　　B 简装　　　　C 精装

（10）退出前居住周边基础设施种类：（　　），退出后居住周边基础设施种类：（　　）

道路硬化率、卫生室、超市、幼儿园、文娱场所等

A1 种　　　　B2 种　　　　C3 种　　　　D4 种

E5 种

3. 宅基地退出前后的经济状况

（11）退出前家庭年收入（　　）元，其中农业收入（　　）元，非农业收入（　　）元，家庭年支出（　　）元

A 无　　　　B 1 万元以下　　C 1 万～3 万元　D 3 万～6 万元

E 6 万元以上

（12）退出后家庭年收入（　　）元，其中农业收入（　　）元，非农业收入（　　）元，家庭年支出（　　）元。

A 无　　　　B 1 万元以下　　C 1 万～3 万元　D 3 万～6 万元

E 6 万元以上

4. 宅基地退出前后社会保障特征

（13）退出前医疗卫生保障水平：（　　），退出后医疗卫生保障水平：（　　）

A 极其差　　　　B 稍微差　　　　C 一般　　　　D 稍微好

E 极其好

（14）退出前的养老保障水平：（　　），退出后的养老保障水平：（　　）

A 极其差　　　　B 稍微差　　　　C 一般　　　　D 稍微好

E 极其好

（15）退出前就业培训机会：（　　　），退出后就业培训机会：（　　　）

A 极其差　　　　　B 稍微差　　　　　C 一般　　　　　　D 稍微好

E 极其好

（16）退出前子女受教育机会与环境：（　　　），退出后子女受教育机会与环境：（　　　）

A 极其差　　　　　B 稍微差　　　　　C 一般　　　　　　D 稍微好

E 极其好

5. 宅基地退出前后的心理状况

（17）退出前每周去邻家串门的频次（　　　），退出后每周去邻家串门的频次（　　　）。

（18）相比退出前，您对当前生活方式适应程度：（　　　）

A 极其差　　　　　B 稍微差　　　　　C 一般　　　　　　D 稍微好

E 极其好

（19）退出前的经济状况水平满意度：（　　　），退出后的经济状况水平满意度：（　　　）

A 极其差　　　　　B 稍微差　　　　　C 一般　　　　　　D 稍微好

E 极其好

（20）退出前是否对未来充满希望：（　　　），退出后是否对未来充满希望：（　　　）

A 是　　　　　　　B 否

6. 宅基地退出过程中的社会参与情况

（21）您认为退地补偿分配的公平性：（　　　）

A 极其不公平　　　B 稍微不公平　　　C 一般　　　　　　D 稍微公平

E 极其公平

（22）您是否参与到宅基地退出工作中的决策：（　　　）

A 完全没有　　　　B 比较少　　　　　C 一般　　　　　　D 比较多

E 经常有

附录8-2 原型分析编码手册

代码	变量	具体要点
R	宅基地特征	
R1	区位	宅基地所处地理区位
R11	城市近郊	靠近城镇的宅基地
R12	城市远郊	远离城镇的宅基地
R2	资源	宅基地所处村庄的资源禀赋
R21	禀赋品质	拥有特殊品质条件
R22	无禀赋优势	无特殊品质条件
R3	质量	宅基地的房屋结构
R31	结构以混凝为主	房屋结构质量相对稳固
R32	结构多土木、砖木	房屋结构质量相对较差
A	农户特征	
A1	类型	按收入来源及从事职业差异对受访农户进行分类
A11	纯农型	受访者收入仅来自农业生产活动
A12	兼业型	受访者收入来自农业与务工收入
A13	非农型	受访者收入仅来自务工收入
A2	需求	有关农户对宅基地退出模式选择的驱动性需求
A21	生理需求	农户退出后有关生活最基本的需要
A211	住房需求	获取基本住房的需要
A212	经济需求	解决日常生活开销成本的需要
A22	安全需求	养老、教育、医疗与就业等基本社会保障需求
A23	社交需求	情感、认同感和归属感的需要
A24	尊重需求	决策参与、意愿公平表达的需要
A25	自我实现需求	土地发展权收益公正分配的需要
A3	退出意愿	农户参与宅基地退出的积极程度
A31	积极参与	农户自愿有序参与退出宅基地

代码	变量	具体要点
EM	补偿激励机制	促使农户参与和同意宅基地退出
EM1	住房安置激励	参与宅基地退出的农户可获得住房形式的实物奖励或补贴
EM11	资产置换	宅基地换宅基地、社区安置房、城市商品房等
EM12	购房补贴	宅基地换购房补贴
EM2	经济利益激励	参与宅基地退出的农户可以获得货币形式的实物奖励
EM21	货币补偿	宅基地换一次性货币收入
EM3	以地养老	宅基地换取养老服务，如老年公寓、养老金等
EM4	公平公正激励	参与宅基地退出的农户可实现决策参与利润共享
EM41	土地入股	以宅基地使用权入股参与分红，根据商业评估获取收益分配
CM	主体参与机制	宅基地退出的行动主体
CM1	政府	地方政府主导退出行动
CM2	企业	企业参与退出行动
CM3	村集体	村集体引导退出行动
DM	决策机制	宅基地退出行为决策形式
DM1	分权	多主体协同参与决策
DM11	有限参与	特殊利益主体参与决策
DM12	广泛参与	所有利益主体均参与决策
DM2	集权	自上而下的层级式决策制定方式
COM	协调机制	利益主体表达个人意愿
P	宅退后的规划	宅基地退出后的利用发展目标
P1	旧村改造	改善优化乡村人居环境、完善基础设施
P2	城乡增减挂钩	统筹城乡建设用地，破解城市空间发展难题
P3	乡村特色产业	实现美丽乡村建设
IM	信息机制	宅基地退出过程中的信息公开与披露机制
IM1	信息公开透明	退出相关信息普及范围广
CS	成本分担机制	宅基地退出行动资金来源
CS1	主导型	
CS11	政府财政	地方政府财政扶持

续表

代码	变量	具体要点
CS2	成本共担	利益相关者共担退出成本
BS	收益分配机制	退出过程中的获益主体
BS1	政府	—
BS2	企业	—
BS3	村集体	—
BS4	农户	—
O	结果	—
O1	宅基地成功退出	农户依法有偿退出宅基地

第 9 章　基于农户福利的平原农区宅基地退出模式运行效果

围绕前面提取出的房寺镇 4 种代表性的宅基地退出模式，本章节基于 5 项功能性活动指标构建宅基地退出农户福利评价体系，通过模糊数学法测度不同退出模式下的农户福利模糊指数，进而从纵向与横向两个维度比较分析农户福利变化状况，以探究不同宅基地退出模式的运行效果。

9.1　农户福利评价指标选取

9.1.1　选取原则

1. 系统性

宅基地退出过程中的农户福利涉及生产、生活和心理等诸多方面。农户福利评价指标的选取需全面考虑到构成退出农户福利的各项功能性活动，并分层次地剖析各自的含义，既立足于整体农户福利系统，又要关注到各福利要素间的相互关系。

2. 科学性

宅基地退出农户福利评价指标的选择应坚持理论指导与现实情况相结合，基于可行能力理论，因地制宜选取出具有典型性、代表性并合理清晰的农户福利评价指标，确保所选指标能客观真实反映研究对象的实际状况。

3. 针对性

为更真实准确地表示退出农户最切身的福利，所构建的指标体系既应考虑到研究区社会发展、资源禀赋和政策推行等差异性，又要关注农户个体的需求特征。为此，在选取农户福利评价指标时要尽可能降低相互间的相关性，满足其相对独立性，避免出现交叉与重复。

4. 可操作性

宅基地退出是一个动态化的过程，其影响的农户福利具有主观复杂性。在选择衡量农户福利的评价因素中，结合后续指标应用与数据处理的难度，要尽可能选择含义清晰、易于获取、便于定量统计分析的指标，实现福利评价测度的可行性。

9.1.2　农户福利评价体系构建

作为农户的一项福利制度安排，宅基地承载着居住保障、财产保障、社会保障和心理保障等多种功能，一旦发生退出，农户就有可能面临居住条件调整、拆迁重建损失、保障环境和社会关系重构等诸多风险，进而影响农户整体福利。本章将农户福利评价指标体系构建为"目标层—准则层—指标层"三层体系架构（见表9-1）。其中，目标层（A）是宅基地退出农户福利的总体水平；准则层（B）包括反映宅基地退出实施前后有关农户福利损益状况的五项功能性活动；第三层为指标层（C）。

1. 居住状况

居住作为人类生存与发展最基本的条件，是福利的重要组成部分，也是实现其可行能力的物质基础。随社会条件的改善和生活质量的提高，人们对居住条件的要求发生了质的转变。因此，宅基地退出后居住状况（B1）的改善情况是衡量农户福利状态的关键因素。退出后，农户不管是搬入高层社区集中安置还是取得城镇商品房，其资产配置都会发生改变，进而居住面积、质量等居住条件也将随之变化。其中，居住

149

表 9 - 1　　　　　　　　　指标选取与赋值

目标层（A）	准则层（B）	指标层（C）	指标说明及赋值	功效	类型
宅基地退出农户福利水平（A）	居住状况（B1）	居住环境（C1）	极其差 =1，稍微差 =2，一般 =3，稍微好 =4，极其好 =5	+	Q
		房屋面积（C2）	取决于实际居住面积（平方米）	+	C
		住房结构（C3）	土木 =1，砖木 =2，砖混 =3，钢混 =4	+	Q
		装修程度（C4）	毛坯 =1，简装 =2，精装 =3	+	Q
		基础设施完善程度（C5）	住房周边配套设施种类（种）	+	C
	经济状况（B2）	农业年收入（C6）	1 万元以下 =1，1 万 ~3 万元 =2，3 万 ~6 万元 =3，10 万元以上 =4	–	Q
		非农年收入（C7）	1 万元以下 =1，1 万 ~3 万元 =2，3 万 ~6 万元 =3，10 万元以上 =4	+	Q
		年日常支出（C8）	1 万元以下 =1，1 万 ~3 万元 =2，3 万 ~6 万元 =3，10 万元以上 =4	+	Q
	社会保障（B3）	医疗卫生（C9）	极其差 =1，稍微差 =2，一般 =3，稍微好 =4，极其好 =5	+	Q
		养老保障（C10）	极其差 =1，稍微差 =2，一般 =3，稍微好 =4，极其好 =5	+	Q
		就业机会（C11）	极其差 =1，稍微差 =2，一般 =3，稍微好 =4，极其好 =5	+	Q
		子女受教育机会（C12）	极其差 =1，稍微差 =2，一般 =3，稍微好 =4，极其好 =5	+	Q
	心理状况（B4）	邻里关系（C13）	邻家串门的频率（次/周）	+	C
		生活方式适应度（C14）	极其差 =1，稍微差 =2，一般 =3，稍微好 =4，极其好 =5	+	Q
		经济状况满意度（C15）	极其差 =1，稍微差 =2，一般 =3，稍微好 =4，极其好 =5	+	Q
		是否对未来充满希望（C16）	否 =0，是 =1	+	R

目标层（A）	准则层（B）	指标层（C）	指标说明及赋值	功效	类型
宅基地退出农户福利水平（A）	社会参与（B5）	补偿公平性（C17）	退出前 = 3；退出后：极其不公平 = 1，稍微不公平 = 2，一般 = 3，稍微公平 = 4，极其公平 = 5	+	Q
		决策机会（C18）	退出前 = 3；退出后：完全没有 = 1，比较少 = 2，一般 = 3，比较多 = 4，经常有 = 5	+	Q

环境反映了农户居住的空气质量和绿化环境；房屋面积反映的是新住房的宽敞程度；住房结构反映了安置房质量的牢固性；装修程度反映了农户居住设备的齐全性；基础设施反映了配套性设施条件的完善性。因此，本章拟选取居住环境（C1）、房屋面积（C2）、住房结构（C3）、装修程度（C4）和基础设施完善程度（C5）5 项指标来衡量宅基地退出前后农户居住状况这一功能性活动。所选取的各项基础指标数值越大，即宅基地退出后新住房的居住质量、舒适度、安全性与设施完善程度越好，所反映农户居住状况的福利水平也就越高[167]。

2. 经济状况

经济状况反映退出农户的经济性福利，尽管这一要素过于单一且存在偏差，但经济水平的高低对其他因素产生或转化为福利的效率有着直接影响，经济水平仍是评估农户福利状况的关键因素之一。作为农户的"沉睡资产"，宅基地从有到无，这势必影响退宅农户的经济状况；此外，农户作为工业发展的反哺对象，其收入高低直接关系着其生活质量与生活水平，由此可知，经济状况（B2）变动必然会影响退出农户改善生活品质和抵抗风险的能力。宅基地退出后，农户经济状况可能发生如下变化：一是农户的农业收入改变。宅基地退出增大了农户居住场所与农业耕作的空间距离，新住宅改变了原有乡村自给自足的生活方式，不再支持农业生产工作，这将会直接降低农户的农业收入。二是农户的非农收入有可能增加。宅基地退出后，社区安置房的近城优势使更多农户选择打工谋生实现就地就业，进而提升了农户的务工收入。三是农户生活开支可能增加。农户退出宅基地后，原来生火取暖等生活方式的改变可能会使生活成本和支出相应增加，如水电、燃气、食物等各项生活开支。因此，以收支为切入点，本章选择农业年收入（C6）、非农年收入（C7）、年日常支出（C8）3项指标来衡量退出农户经济状况这一功能性指标。农业收入指标越低，非农收入与家庭日常支出指标越高，反映农户经济状况的福利水平也越高。

3. 社会保障

宅基地不仅是农民生产生活的空间载体，还发挥以房养老、情感寄托等极为重要的作用，大部分农民对宅基地具有很强的依附心理。然而随着宅基地退出，其所承载的保障功能也会随之消失，社会保障缺失本质上也是对可行能力的一种剥夺，为此选择社会保障（B3）作为评估退出农户福利的一项功能性活动。宅基地退出前，农民的生活养老、情感寄托等各类社会保障都依靠着自身所拥有的宅基地，宅基地一旦退出，农户便失去了农村宅基地的使用权，此时是否能享有城镇居民的职业培训、教育资源等社会保障，将对农户福利产生极大的影响。因此，本章选取医疗卫生（C9）、养老保障（C10）、就业机会（C11）和子女受教育机会（C12）4项指标来反映农户的社会保障状况，其指标数值越大，说明宅基地退出后能帮助农户实现保障性倾斜与补助，为他们提供更好的公共服务，排解后顾之忧，扩大发展空间，相应地反映各项社会保障机会的农户福利水平就越高。

4. 心理状况

根据森所提到的5项功能性活动，农户不仅关注经济条件和防护性保障等物质性来源，还关注其在社会融入过程中的心理感受。宅基地是现存乡村文明的载体，其表征的是一种宗族情怀、落叶归根的心理寄托，宅基地退出意味着传统农村生活方式的转变，生活环境、交往人群的变化都将与农户适应力、幸福感和归属感等心理感受息息相关，从而影响农户的满意度。因此，选择心理状况（B4）作为衡量宅基地退出农户福利的重要组成部分之一。宅基地退出后的重新安置，不仅代表住房位置、结构等物理形态发生了变化，农户的生活方式与社会关系也发生了全新的调整。在生活方式上，退出后的生活支出成本可能会大幅上升，倘若农户不适应这些变化，则会降低对未来生活的预期及对未知风险的承受能力。此外，在社会关系上，宅基地退出改变了原有分散居住、独家独户的乡村居住状态，使邻居间交流沟通次数减少，进而影响农户的心理归属感。因此，本章将从农户的邻里关系（C13）、生活方式适应度（C14）、经济状况满意度（C15）和是否对未来充满希望（C16）几个指标衡量农户的心理状况。所选取的各项基础指标数值越大，说明宅基地退出后农户对生活适应度、满意度与期望值越高，其所反映的农户心理状况水平也就越高。

5. 社会参与

农户作为集体经济组织的成员，享有对宅基地退出相关事宜的参与权、表决权和获益权。因此，是否尊重农户在宅基地退出过程中的利益表达诉求与分配公平权益关乎农户福利，社会参与（B5）是衡量农户福利水平的重要因素之一。宅基地退出大多是政府依靠公权力行政推进，行政色彩较浓厚，此外，无论是集体引导还是企业参与，农户表现出明显的信息不对称。因此，为突出退出过程中的农户主体地位，本章选取补偿公平性（C17）、决策机会（C18）来评估退出农户的社会参与程度，所选取的指标数值越高，表明农户在退出过程中的退地补偿分配越公正，利益表达机会越公平，农户社会参与水平就越高。

考虑到通过调查所获取数据较为主观且模糊，并不能直接用于农户福利的测度，需进一步将一些定性变量数值化。对于房屋面积等数值型指标，可直接利用实际数据为变量值，而诸如居住环境、住房结构、装修程度等文本型变量，则按其优劣档次从 1~5 赋分。此外，对于退地补偿标准公正性与决策参与公平性等变量，考虑到发生在退出过程之后，退出前没有类似情况，因此统一将退出前的该类指标赋值为 3，即不好不坏的状态，这样一旦在退出过程中出现农户不满或认为补偿不公等情况，相应地，统计结果就会表现出福利水平下降的趋势，说明应就相应方面做出改善，具体的指标选取与量化赋值情况如表 9-1 所示。

9.2　构建农户福利测度模型

模糊数学评价法旨在将定性问题转化为定量问题，最终以模糊指数的形式呈现，用以解决量化困难且模糊复杂的现实问题。为有效避免福利主观性和模糊性带来的困难，本章研究选用模糊评价方法评估不同退出模式下的农户福利变化情况，主要从"模糊函数设定—指标权重确定—模糊指数加总"三个步骤展开。

9.2.1 模糊函数设定

设定集合 X 用以描述农户福利状况，宅基地退出后改变的农户福利可以用集合 M 表示，M 为 X 的子集。因此，将第 k 个样本农户福利函数设定为 $X_k = \{x, \mu_m(x)\}$，其中，$x \in X$，$\mu_m(x)$ 则是 x 对 M 的隶属度，且 $\mu_m(x) \in [0, 1]$，隶属度与农户福利水平呈正相关，当隶属度为 0.5 时，农户福利处于模糊状态[168]。

模糊数学法的关键是根据不同的指标属性选择最恰当的隶属函数 $\mu_m(x)$。通常来说，变量类型及其隶属度函数具体设定为：

第一，连续变量（C）隶属度函数式为：

$$\mu(x_{ij}) = \begin{cases} 0 & 0 \leqslant x_{ij} < x_{ij}^{min} \\ \dfrac{x_{ij} - x_{ij}^{min}}{h_{ij}^{max} - h_{ij}^{min}} & x_{ij}^{min} \leqslant x_{ij} \leqslant x_{ij}^{max} \\ 1 & x_{ij} > x_{ij}^{max} \end{cases} \tag{9.1}$$

$$\mu(x_{ij}) = \begin{cases} 1 & 0 \leqslant x_{ij} < x_{ij}^{min} \\ \dfrac{x_{ij}^{max} - x_{ij}}{x_{ij}^{max} - x_{ij}^{min}} & x_{ij}^{min} \leqslant x_{ij} \leqslant x_{ij}^{max} \\ 0 & x_{ij} > x_{ij}^{max} \end{cases} \tag{9.2}$$

其中，x_{ij} 为样本农户第 i 项功能性活动第 j 项指标。式（9.1）适用于初级指标与福利水平呈正相关关系，即 $\mu(x_{ij})$ 的数值越大，表明福利状态越好，式（9.2）则相反。

第二，在现实生活中，存在许多无法定量回答的问题，在定义其答案时只能根据研究问题及农户的主观感受程度定性回答，然后分别进行量化与评价，这类回答统称为定性变量。一般情况下，需要对研究问题设计"极其差、稍微差、一般、稍微好、极其好"五种回答状态，并分别给此类变量在 1~5 之间依次等距赋值。该虚拟定性变量（Q）隶属度函数表达式（9.3）为：

$$\mu(x_{ij}) = \begin{cases} 0 & 0 \leqslant x_{ij} < x_{ij}^{min} \\ \dfrac{x_{ij} - x_{ij}^{min}}{x_{ij}^{max} - x_{ij}^{min}} & x_{ij}^{min} \leqslant x_{ij} \leqslant x_{ij}^{max} \\ 1 & x_{ij} > x_{ij}^{max} \end{cases} \qquad (9.3)$$

第三，当初级指标为二分变量（R）时，变量存在"是"与"否"两种情况，相应的，变量取值非1即0，其隶属度函数式（9.4）为：

$$\mu(x_{ij}) = \begin{cases} 1, & x_{ij} = 1 \\ 0, & x_{ij} = 0 \end{cases} \qquad (9.4)$$

9.2.2 权重确定与指标加总

本章采用主客观综合法确定权重，首先通过层次分析法得出农户福利指标体系的主观权重，然后通过熵权法测算客观权重，最终，通过两者加权求和得到组合权重。

1. 层次分析法

层次分析法（AHP）是一种为达成总目标，将与其相关的定性与定量因素按相互关联及隶属关系组成的多层次分析结构模型，从而量化彼此间相对重要权值的层次化、系统化的方法，这主要包括"创建层次结构模型—组建判断矩阵—权重向量计算——致性检验"的计算过程。根据本章构建的农户福利层次结构体系（见表9-2），通过对相关专家、村干部与村民等询问意见，经过科学化分析后使用关键标度高度概括所

表9-2   标度说明

评分分级	标度含义
1	要素两两比较，同样相等
3	要素两两比较，其中一个重要性稍微大
5	要素两两比较，其中一个重要性明显大
7	要素两两比较，其中一个重要性强烈大
9	要素两两比较，其中一个重要性极其大
2，4，6，8	介于相邻标度之间

评价的内容，逐层构造如下对比矩阵 A_n，其中，$a_{ii}=1$，$a_{ij}>0$，$a_{ji}=1/a_{ij}$，a_{ij} 表示本层要素 a_i 比 a_j 相对于其上一层某指标的重要程度，赋值采用 $1\sim9$ 标度。

首先，计算出该矩阵的最大特征值 λ_{max}，其次，通过 $A_n K = \lambda_{max} K$ 求解特征向量，对其进行归一化后得到 $K' = (t_1, t_2, \cdots, t_n)^K$，则 $k_1 - k_n$ 依次为层次分析法赋予的指标权重。

$$A_n = \begin{bmatrix} 1 & a_{12} & a_{13} & \cdots & a_{1n} \\ a_{21} & 1 & a_{23} & \cdots & a_{2n} \\ a_{31} & a_{32} & 1 & \cdots & a_{3n} \\ \vdots & \vdots & \vdots & \ddots & \vdots \\ a_{n1} & a_{n2} & a_{n3} & \cdots & 1 \end{bmatrix}$$

一致性检验形式化表达为：

$$CI = \frac{\lambda_{max} - n}{n-1} \tag{9.5}$$

$$CR = \frac{CI}{RI} \tag{9.6}$$

其中，CI 为一致性检验指标，CI 值与一致性负相关。同时，根据随机一致性指标 RI 表（见表 9-3）计算一致性比率，当 CR < 0.1，对比矩阵 A_n 达到符合条件的一致性。

表 9-3　　　　　　　　　一致性指标 RI

矩阵阶数	1	2	3	4	5
RI	0	0	0.58	0.90	1.12

因此，针对宅基地退出农户总福利 A，与各功能性活动准则层 $B_1 \sim B_5$ 的相对重要性，组成农户福利各功能性活动指标的判断矩阵，CR = 0.0258 < 0.1，通过一致性检验。

$$A_1 = \begin{pmatrix} 1 & 1 & 2 & 4 & 3 \\ 1 & 1 & 3 & 4 & 3 \\ 1/2 & 1/3 & 1 & 3 & 3 \\ 1/4 & 1/4 & 1/3 & 1 & 1 \\ 1/3 & 1/3 & 1/2 & 1 & 1 \end{pmatrix}$$

$$\lambda_{max} = 5.1157$$
$$CR = 0.0258$$

针对宅基地退出农户福利准则层 B_1，及其评价指标 $C_1 \sim C_5$ 间的相对重要性，构成居住状况各指标的判断矩阵，$CR = 0.0821 < 0.1$，通过一致性检验。

$$B_1 = \begin{pmatrix} 1 & 1/3 & 2 & 2 & 1/2 \\ 3 & 1 & 3 & 4 & 2 \\ 1/2 & 1/3 & 1 & 2 & 2 \\ 1/2 & 1/4 & 1/2 & 1 & 3 \\ 2 & 1/2 & 1/2 & 1/3 & 1 \end{pmatrix}$$

$$\lambda_{max} = 5.3680$$
$$CR = 0.0821$$

针对宅基地退出农户福利准则层 B_2，与其评价指标 $C_6 \sim C_8$ 的相对重要性，构成农户家庭状况各指标的判断矩阵，$CR = 0.0307 < 0.1$，通过一致性检验。

$$B_2 = \begin{pmatrix} 1 & 1/3 & 3 \\ 3 & 1 & 3 \\ 1/3 & 1/3 & 1 \end{pmatrix}$$

$$\lambda_{max} = 3.0356$$
$$CR = 0.0307$$

针对宅基地退出农户福利准则层 B_3，及其评价指标 $C_9 \sim C_{12}$ 间的相对重要性，构成社会保障条件各指标的判断矩阵，$CR = 0.0679 < 0.1$，通过一致性检验。

$$B_3 = \begin{pmatrix} 1 & 1/2 & 2 & 2 \\ 2 & 1 & 1/2 & 1/2 \\ 1/2 & 2 & 1 & 1 \\ 1/2 & 2 & 1 & 1 \end{pmatrix}$$

$$\lambda_{max} = 4.1832$$
$$CR = 0.0679$$

针对宅基地退出农户福利准则层 B_4，及其评价指标 $C_{13} \sim C_{16}$ 的相对重要性，组成心理状况各指标的判断矩阵，$CR = 0.0874 < 0.1$，通过一致性检验。

$$B_4 = \begin{pmatrix} 1 & 3 & 3 & 4 \\ 1/3 & 1 & 1 & 2 \\ 1/3 & 1 & 1 & 2 \\ 1/4 & 1/2 & 1 & 2 \end{pmatrix}$$

$$\lambda_{max} = 4.2361$$

$$CR = 0.0874$$

针对宅基地退出农户福利准则层 B_5，及其评价指标 C_{17}、C_{18} 之间的相对重要性，组成社会参与各指标的判断矩阵，$CR = 0 < 0.1$，认为通过一致性检验。

$$B_5 = \begin{pmatrix} 1 & 1 \\ 1 & 1 \end{pmatrix}$$

$$\lambda_{max} = 2$$

$$CR = 0$$

2. 熵权法

熵权法是对信息不确定性进行度量的一种综合评价方法，旨在通过衡量指标间的变异程度判定相应指标的重要程度。通常情形下，指标值变化越显著，其信息熵值越小，对应指标的权重就越大。鉴于本章重点研究宅基地退出前后农户福利状况的变化差异，与该方法基本理论相适应。具体计算公式（9.7）为：

$$S_i = \frac{1 - H_i}{n - \sum_{i=1}^{n} H_i} (\sum_{i=1}^{n} w_i = 1, \ 0 \leqslant w_i \leqslant 1) \qquad (9.7)$$

其中，$H_i = -\frac{1}{\ln m} \sum_{j=1}^{m} p_{ij} \ln(p_{ij})$，$p_{ij} = \dfrac{\mu(x)}{\sum\limits_{j=1}^{m} \mu(x)}$，$H_i$ 表示第 i 项指标的熵定义，S_i 表示熵权法赋予指标的客观权重，$\mu(x)$ 为指标标准化后的值，即各项福利指标的隶属度，m 为调研农户的样本数，n 为评价指标的个数。

3. 最终权重确定

本章采用主客观综合权重法确定农户福利评价指标的最终权重。考虑到本部分的研究对象"农户福利"是一个较主观的概念，依据主体的主观感知所计算出的权重更符合偏好；同时，熵权法的计算结果表明，宅基地退出前后变化越显著的功能性活动或指标，其重要程度越大，而如果在权重计算过程中就过多关注指标前后变化信息，则可能加大宅基地退出对农户福利的影响的偏差。综上，为弥补两者缺陷，本章在确定最终权重时以主观权重为主，客观权重发挥修正偏差作用。结合文献查阅并邀请专家学者对这上述方法进行权重结构赋值，2种方法分别赋0.7、0.3的权重。综合权重确定式（9.8）为：

$$\overline{W_i} = \sum_{t=1}^{2} w_{it} \times \alpha_t \tag{9.8}$$

式中，$\overline{W_i}$为各指标最终综合权重值，w_{it}为使用层次分析法、熵权法计算的指标权重，α_t为上述2种方法各自对应的权重。据此计算出宅基地退出农户福利指标体系的最终权重值（见表9-4）。

表9-4 指标综合权重

目标层 A	准则层 B	主观权重	客观权重	综合权重	指标层 C	主观权重	客观权重	综合权重
宅基地退出农户福利变化	居住状况	0.309	0.196	0.275	居住环境	0.170	0.233	0.189
					房屋面积	0.387	0.061	0.289
					住房结构	0.163	0.080	0.138
					装修程度	0.142	0.527	0.258
					基础设施完善程度	0.139	0.099	0.127
	经济状况	0.345	0.309	0.334	农业年收入	0.281	0.534	0.357
					非农年收入	0.584	0.275	0.491
					年日常支出	0.135	0.191	0.152
	社会保障	0.184	0.210	0.192	医疗卫生	0.296	0.265	0.287
					养老保障	0.231	0.277	0.245
					就业机会	0.236	0.290	0.252
					子女受教育机会	0.236	0.168	0.216
	心理状况	0.076	0.263	0.132	邻里关系	0.501	0.235	0.421
					生活方式适应度	0.187	0.105	0.162

目标层 A	准则层 B	主观 权重	客观 权重	综合 权重	指标层 C	主观 权重	客观 权重	综合 权重
宅基地退出农户福利变化	心理状况	0.076	0.263	0.132	经济状况满意度	0.187	0.171	0.182
					是否对未来充满希望	0.125	0.489	0.234
	社会参与	0.086	0.022	0.067	补偿公平性	0.500	0.318	0.445
					决策机会	0.500	0.682	0.555

9.2.3　福利指数加总

根据以上指标初级隶属度和对应权重的计算结果，退出农户福利指数表达式（9.9）为：

$$E = \sum_{i=1}^{n} \mu(x_{ij}) \times \overline{w_i} \tag{9.9}$$

其中，E 为宅基地退出农户的福利指数，n 为指标的个数，$\overline{w_i}$ 为指标的组合权重。$\mu(x_{ij})$ 为被调查农户福利指标隶属度。

9.3　不同宅基地退出模式下的
农户福利变化分析

围绕前面提取凝练出的房寺镇四种最具代表性的宅基地退出模式，基于构建的农户福利指标体系及模糊数学评价模型测度宅基地退出前后的农户福利变化水平，从横向与纵向两个角度分别探讨农户总体福利变化和各福利构成要素变化状况，以说明不同宅基地退出模式在实践过程中的运行效果。

9.3.1　横向比较：宅基地退出前后农户福利变化分析

反映房寺镇样本农户福利状况的功能性活动及其初级指标隶属度的统计结果（见表 9-5）。从福利测算结果可以看出，由于不同宅基地退出模式所采取的补偿措施不同，从而其所影响的农户福利水平也各异（见图 9-1）。总体上看，四种模式下农户福利的总模糊指数较退出前均有所提高，且均达到福利较好的状态，分别从 0.491、0.435、0.387、0.473 上升到 0.632、0.669、0.623、0.670，说明房寺镇宅基地退出工作在农户福利提升方面成效明显。

表 9-5 不同宅基地退出模式下的农户福利评价结果

功能性活动与指标变量	资产置换		货币补偿		以地养老		土地入股	
	退出前	退出后	退出前	退出后	退出前	退出后	退出前	退出后
居住状况	0.470	0.757	0.399	0.789	0.362	0.739	0.453	0.813
居住环境	0.457	0.729	0.271	0.750	0.500	0.833	0.429	0.786
房屋面积	0.440	0.734	0.539	0.768	0.387	0.646	0.511	0.731
住房结构	0.533	0.895	0.361	0.833	0.389	0.889	0.429	0.857
装修程度	0.500	0.743	0.458	0.792	0.250	0.667	0.500	0.857
基础设施完善程度	0.429	0.729	0.188	0.833	0.292	0.792	0.286	0.893
经济状况	0.467	0.508	0.494	0.564	0.424	0.423	0.468	0.596
农业年收入	0.386	0.400	0.313	0.292	0.417	0.333	0.214	0.321
非农年收入	0.550	0.607	0.625	0.771	0.458	0.500	0.643	0.821
年日常支出	0.393	0.500	0.500	0.521	0.333	0.458	0.500	0.679
社会保障	0.433	0.692	0.255	0.764	0.238	0.770	0.339	0.809
医疗卫生	0.450	0.707	0.229	0.792	0.208	0.792	0.357	0.786
养老保障	0.436	0.679	0.229	0.729	0.250	0.833	0.357	0.786
就业机会	0.407	0.650	0.208	0.688	0.250	0.667	0.286	0.786
子女受教育机会	0.436	0.736	0.375	0.854	0.250	0.792	0.357	0.893
心理状况	0.672	0.666	0.587	0.644	0.504	0.736	0.708	0.615
邻里关系	0.693	0.543	0.729	0.458	0.708	0.708	0.786	0.357
生活方式适应度	0.564	0.657	0.417	0.688	0.417	0.750	0.607	0.750
经济状况满意度	0.521	0.643	0.313	0.688	0.333	0.667	0.429	0.786
对未来充满希望	0.829	0.914	0.667	0.917	0.333	0.833	0.857	0.857
社会参与	0.500	0.495	0.500	0.472	0.500	0.500	0.500	0.576
补偿公平性	0.500	0.579	0.500	0.542	0.500	0.708	0.500	0.714
决策机会	0.500	0.429	0.500	0.417	0.500	0.333	0.500	0.464
总模糊指数	0.491	0.632	0.435	0.669	0.387	0.623	0.473	0.670

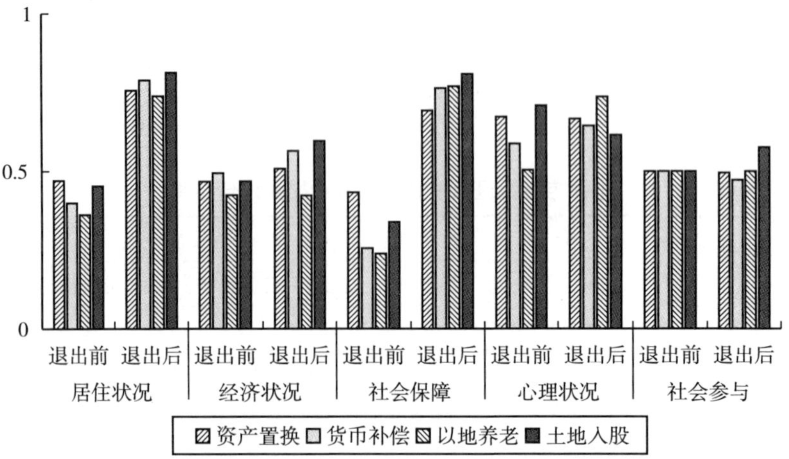

图9-1 不同退出模式下农户福利功能性指标变化

1. 居住状况

房寺镇宅基地退出工作开展实施后，四种模式下农户居住状况变化方向一致，福利状态均显著提升，具体表现为土地入股（0.813）>货币补偿（0.789）>资产置换（0.757）>以地养老（0.739）。主要原因是：第一，土地入股模式有效实现了村集体、企业与农户间的利益联结，通过村企合作的形式共同打造乡村特色股份有限公司，帮助退出农户在就地就业的机会中增加稳定的收入来源，增收空间与渠道的扩展为农户追求高品质的居住生活提供了可靠的物力支持；同时，乡宿、乡娱、乡旅等乡村特色产业实现农村人居环境的提质升级，农户居住状况得以明显改善。第二，货币补偿模式除了直接的一次性经济补偿外，还涉及间接的购房补贴形式，这对于有进城意向的农户来说，可以极大程度上缓解其在城镇购置房屋的经济压力，新的住房条件、完善的基础设施、良好的治安环境等使得该模式下农户的居住状况有所提升。第三，资产置换模式下，退出农户统一安置到政府投资建设的新型社区中，丰富的附属配套设施、安全的社区住房结构、舒适的社区环境和便利的交通条件相比较于村民原有的宅基地生活环境有明显的改善，农户居住状况水平显著提高。第四，以地养老模式下，政府与企业通过普惠性、基础性的民生建设创新农户养老服务体系，打造新型养老公寓，实现养老条件的现代化、服务设施的专业化及养老环境的宜居化，全面改善以往破旧的农村养老环境，进而提升了退出老年农户的居住水平。

2. 经济状况

房寺镇宅基地退出工作开展实施后，反映农户经济状况的福利指数在三种退出模式中出现上升趋势，但仍处于福利中等的状态，具体表现为土地入股（0.596）＞货币补偿（0.564）＞资产置换（0.508），而以地养老模式（0.423）下农户的经济福利水平有下降趋势，且福利状态较差。这种现象的原因主要是：第一，土地入股模式下，村集体积极引导企业出资合作组建股份有限公司发展乡村特色产业，参与退出的农户能以闲置宅基地使用权入股的形式享受合作社在市场运营收益中的比例分红，这在一定程度上拓宽农户退出后的收入渠道，改善农户的收入结构，但由于市场运作的不确定性，农户通过入股获取的资金可能会存在一定比例的风险系数，因此在该模式下农户经济福利状态虽有所改善，但上升幅度并不明显。第二，货币补偿模式以一次性现金收入为退出补偿条件，帮助农户在短时间内大幅度改善收入结构并提升收入水平，但选择该模式的大多数农户，其职业特征仍属于兼业型，他们对农业收入的依赖行为仍然存在，退出所获取的部分资金难以维持其长期可持续的生计需要，加之就业能力与机会受限，农户的经济状况改善不明显。第三，资产置换模式下，农户统一搬迁安置在新型社区，便利的近城优势和政策优惠为退出农户的非农就业提供了可能。然而，虽然社区生活提高了生活质量，但是水电费、取暖费和物业费等生活成本使家庭日常支出陡然增加。因此，该类农户在退出后的经济状况仍处于中等水平。第四，以地养老模式下，老年农户放弃用以安身立命的宅基地，耕作半径的增加极大程度上切断了其最主要的农业生产收入来源，每月固定有限的补助金成为脆弱性的生活支撑，这使得农户在退出后经济状况略有变差。

3. 社会保障

房寺镇宅基地退出工作开展实施后，农户的社会保障水平均得到了显著提升，具体表现为土地入股（0.809）＞以地养老（0.770）＞货币补偿（0.764）＞资产置换（0.692），即四种宅基地退出模式下农户社会保障福利水平相比退出前明显提升，且达到福利较好的状态。这表明：第一，土地入股模式下农户社会保障状况变化最为显著，原因在于，该模式实现村集体和企业合作打造股份有限公司，为农户提供大量就地就业与创业机会，实现公共资源更好地向农村倾斜；同时，此模式也为参与农户提供了共享乡村特色产业收益的机会，土地红利为农户寻求其他更优质的公共服务资源提供了可能。第二，以地养老模式下，政府允许农村老年农户以退出宅基地为前提置换统一专业的养老服务，有针对性地破解农村独居老人家庭养老困境和社会保障功能弱化的双重难题，完善的养老服务使退出农户的社会保障状况不断优化。第三，选择货币补偿模式的农户大多已在城市定居，或选择用获取的部分补偿资金用于在城镇购置新房，农户退出宅基地后，便利的近城优势与平台可以帮助他们快速整合城镇优质的公共服务资源，享受到医疗卫生、就业培训、教育资源等优质化、均衡化的社会服务，农户社会保障状况达到较好的状态。第四，资产置换下，政府以新型社区建设为抓手，为有力地突破城乡二元壁垒，积极统筹完善城乡社会保障体系，加快城乡基本公共服务均等化步伐，实现社会服务政策更多地向进城农户倾斜，农户社会保障福利水平得以明显提升。

4. 心理状况

房寺镇宅基地退出工作开展实施后，资产置换、土地入股模式下农户心理状况这一功能性指标福利指数变差，而货币补偿与以地养老模式得到了显著改善，但四种模式仍处于福利较好的状态，具体表现为以地养老（0.736）＞资产置换（0.666）＞货币补偿（0.644）＞土地入股（0.615）。这一福利水平的变化趋势表明：第一，以地养老模式下，政府与社会参与主体在打造养老服务兜底工程中，聚焦于老年人的社交特征及其心理需求，探索并创建出兼具社交与文娱的新型老年公寓，形式多样的交流环境促使农村老人在全新的社交空间中更好地实现其身份认同，提高他们的心理归属感，农户心理状况达到较好的状态。第二，资产置换模式下，农户退出宅基地后打破了原有的社会关系网，降低邻里之间直接交往的频率，阻碍邻里关系进一步发展；然而，便利的近城资源和丰富的就业机会帮助农户摆脱原有村庄落后的发展制约环境，提高他们对未来生活的希望与信心。因此，农户心理状况虽有所下降但仍处于较好的状态。第三，货币补偿模式下农户的心理状况福利指数略有上升。一方面，宅基地退出后农户合法的财产性权利得到有效保障，现金补偿提高了农户对当前经济状况的满意度；另一方面，直接性的经济补偿作为强大的生活支撑，能帮助退出农户实现进城落户的意愿，进而让他们对追求未来的美好生活充满极大的希望与信心。第四，土地入股模式下农户不仅收获到参股经营下的土地红利，还获得了更多就业与创业机会，帮助农户有效解决其长远生计，充分调动农民参与宅基地退出的积极性和主动性，提高了农户经济收益的满足感及对未来生活的希望感，相应地，农户心理状况也有所改善。

5. 社会参与

宅基地退出实施后，与退出前的不好不坏的模糊状态（0.5）相比，土地入股模式下农户的社会参与状况出现上升趋势，其余三种模式下的农户福利指数呈现不变或下降趋势，具体表现为土地入股（0.576）＞以地养老（0.500）＞资产置换（0.495）＞货币补偿（0.472），出现这种变化的原因可能是：第一，土地入股模式能一定程度上保证农户合法的财产权益，实现土地增值收益的分配，但在宅基地退出与开发过程中，由于村集体处于中间媒介作用，使得农户与企业间的沟通链大大加长，决策参与渠道不畅通使农户意愿表达不及时，因此该模式下农户社会参与福利状态改善不明显。第二，以地养老模式下农户社会参与状况未发生变化，主要原因是该模式虽实现社会公共服务有力地向特殊群体倾斜，然而，老年农户受自身文化水平限制，不仅对宅基地退出相关政策的认知程度低，而且未能在退出程序中充分表达自身利益诉求。第三，资产置换模式下，政府在社区集聚建设过程中仍处于主导地位，不仅参与到农村土地整理拆迁项目，还贯穿于社区建设规划、监督管理与最终验收的各个环节，但由于农户反馈意见的渠道单一，使得他们在置换选择上的利益诉求与决策参与机会有限。第四，货币补偿模式下，农户在获取财产性补偿的过程中普遍存在补偿范围不全面、补偿标准不一等现象，这反映出宅基地退出补偿机制尚不健全，并且未建立起完善的沟通协调机制，因而不能真正有效地维护农户参与退出决策的民主权益。

9.3.2 纵向分析：宅基地退出前后农户福利构成要素变化分析

1. 资产置换

资产置换模式下宅基地退出后的农户福利指数为0.632，较退出前的福利指数（0.491）提升28.7%，且达到了较好的福利状态。对该类模式下农户福利各构成要素的模糊指数进一步分析发现（见图9-2），邻里关系、决策机会与农业年收入几项指标呈现出下降趋势。这可能是由于在资产置换模式下，村民统一入住到新型社区，导致原村民小组分散，农户间交流串门的频次下降，原先构建起的"熟人社会"网络被打破，邻里关系密切程度下降；同时，由于受教育水平有限、政策宣传不到位等影响，再加上沟通参与机制不健全，意愿表达渠道有限，农户决策参与积极性并不强；另外，退出宅基地意味着耕作半径增大，耕作成本增加，相应地，农户家庭农业年收入水平整体下降。

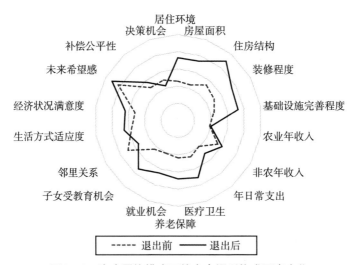

图9-2 资产置换模式下的农户福利构成要素变化

此外，其他各构成要素的福利模糊指数呈现上升趋势，且变化幅度最大的前五位要素分别为：基础设施完善程度、子女受教育机会、住房结构、房屋面积和居住环境。这是由于退出前，调研样本点所在村庄基础设施覆盖不全面，对乡村公路等生活性和文化广场等人文性基础设施建设投入度低，部分村庄存在垃圾清理不及时、道路硬化不到位、绿化工作不完善等影响村容村貌的问题；且像大李店这样的远郊村来说，乡村区位特殊性和交通不便也成为农村子女获取优质教育资源的制约条件。同时，旧宅基地结构多以砖瓦或砖木为主，受到常年侵蚀易出现年久失修、楼宇坍塌等危旧房的状况。另外，宅基地面积虽分为住房、院落、圈舍等场所用地，但居住面积普遍有限，仅限于一室或者两室。宅基地集体退出后，农民集中搬迁至新型社区，随着公共服务基础设施的升级改造，便民超市、健身器材、幼儿园等配套设施的完善，社区治理及绿化水平的提升都极大优化了人居环境；且受城市"辐射作用"影响，近城优势与交通便利性为退宅农户提供更加优质的教育条件与机会。同时，新置换的住房面积以原宅基地测量面积为依据，按照规划区位地价为农户换算成不低于 1∶1.2 的补偿面积，农户普遍置换到两室或三室的房屋，虽置换面积与原住宅面积相比减少，但实际用于居住的面积增大；社区楼房大多采用更稳固的钢混结构，按更高质量标准统一设计，居住安全系数明显提升。

167

2. 货币补偿

货币补偿模式下宅基地退出后的农户福利指数为 0.669，与退出前的模糊状态（0.435）相比整体显著提升 53.8%，农户福利水平改善程度显著。宅基地退出前后各福利构成要素的模糊指数结果显示（见图 9 - 3），与资产置换相似，货币补偿模式下农户邻里关系福利指数显著降低，决策机会及农业年收入也存在下降趋势。主要原因是，选择该模式的农户大多借助补偿的现金或提供的购房补贴进城生活与打拼，城乡间文化的差异与碰撞将直接导致价值观念冲突与心理焦虑，农户难以短时间内融入全新的人际关系网络，身份认同感极低。此外，大部分农户认为在货币补偿过程中普遍存在退出标准不统一，补偿范围不全面等现象，且不健全的意愿表达机制使他们未能真正参与到决策过程中，农户参与感并不强。同时，该模式的选择人群大多属于兼业型农户，对农业耕作仍然具有极大的依赖性，然而，将自身宅基地置换为货币即彻底改变了其自给自足的传统农业生计模式，因此，农业收入水平大幅下降。

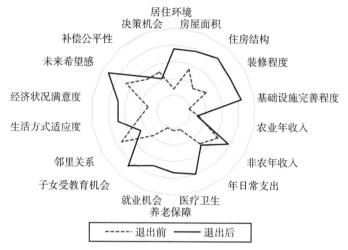

图 9 - 3　货币补偿模式下的农户福利构成要素变化

此外，其余各农户福利构成要素的模糊指数显著上升，且变化幅度最大的前五位要素分别为：基础设施完善程度、医疗卫生、就业机会、养老保障、居住环境。这进一步表明，在宅基地退出前，除宅基地所处村庄基础设施条件不完善，以及原宅基地居住环境落后外，农村医疗、养老保险、教育条件、就业培训等社会保障力度覆盖也不够全面，且由于乡村信息闭塞，农户对社会保险的认识也相对滞后。宅基地退出后，随着进城落户政策的逐步完善，大部分农户选择将获取的财产补偿投入到城市的各类资源中，城市保障性住房供应破解了"新市民"的住房难题，全新的住房结构和布局使他们能够享受到优于乡村生活的治安、绿化等基础设施环境及地理位置、交通便利等各种优越的条件，进而提升农户整体生活质量与水平。同时，宽松的户籍改革制度使进城农户所享受到的公共服务水平逐渐提高，且他们通过城市资源的整合，逐渐提高参保意识，努力追求城市均等化、普惠性的医疗资源、教育条件、就业机会及养老保障等社会基本公共服务，逐步消除进城担忧，维护其自身权益。

3. 以地养老

以地养老模式下总体的农户福利指数为 0.623，较退出前的模糊状态（0.387）整体显著提升 61.1%，农户福利水平明显改善。对退出前后农户福利各构成要素模糊指数的对比分析发现（见图 9-4），决策机会、农业年收入指标的福利指数明显下降。主要因为，纯农型的老年农户在退出宅基地后，受个人年龄、教育水平、职业素质、传统观念等因素的影响，一方面，他们对相关退出政策理解不到位，认知能力有限，信息获取不全面，且对补偿决策利弊分析存在滞后性，因此不能及时有效地表达自身的合理意见与需求；另一方面，农村老人长期留守务农，"安土重迁"观念深厚，缺乏继续从事其他非农工作的能力与条件，一旦退出宅基地就意味着失去农业这一基本社会保障，自给自足经济将大幅下降。此外，农户的邻里关系变化不明显，主要原因是老年人在宅基地退出后集中入住到新型养老公寓，其中益智、健身、社交等活动中心的建立为诸多老年人之间搭建了便利的联络机会与联谊场所，提升老年公寓的整体活力，从而帮助他们构造新的生活圈，结识新朋友，满足老年农户的心理归属感。

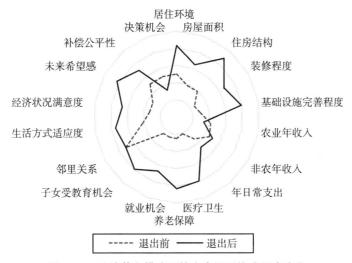

图9-4　以地养老模式下的农户福利构成要素变化

此外，其余各农户福利构成要素的模糊指数显著上升，且变化幅度最大的前五位要素分别为：医疗卫生、养老保障、子女受教育机会、基础设施完善程度、装修程度。主要是因为宅基地退出前，村镇对农村基础设施建设供给资金有限，对公共服务设施建设无序且编制滞后等制约公用基础设施的发展，农村电网、垃圾处理池等生活性基础设施不完善，医疗、养老、教育等社会公益性设施仍十分匮乏。此外，老年农户

"勤俭节俭"的传统观念根深蒂固，习惯于保留生活积蓄维持基本生活或给予自己的下一代，他们将宅基地视为遮风避雨的生活设施，房屋结构与装修程度较为原始简易。宅基地退出后，通过创新一站式集体养老综合服务，打通了退出农户的基本医疗、养老保障与住房需求，在改善基本的医疗卫生、养老条件、为子女带来更多教育机会等社会保障性福利的同时，公寓适老化设计还提高了老年人居住的舒适度与便利性，相应的各项福利构成要素指数显著提升。

4. 土地入股

土地入股模式下总体的农户福利指数为 0.670，较退出前的模糊状态（0.473）上升了 41.6%。对农户福利各构成要素的模糊指数进一步对比分析发现（见图 9－5），邻里关系、决策机会显著降低。这表明，农户放弃自身宅基地的使用权，通过土地股份转化的形式享受一定比例的乡村特色产业运营分红，虽扩宽了农户的收入渠道，但由于退出行为调整了原居住区位及生活方式，进而破坏了村民间原有沟通链条，邻里关系维护困难；且大部分农户认为在土地增值收益分配中的意愿表达不畅通，且有关合作社运营效率及营业收益等存在信息不对称现象，自身权益未能得到真正有效的保障。

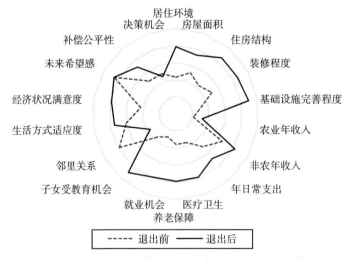

图 9－5　土地入股模式下的农户福利构成要素变化

此外，其余各农户福利构成要素的模糊指数呈上升趋势，且变化幅度最大的前五位要素分别为：基础设施完善程度、就业机会、子女受教育机会、养老保障、医疗卫生。主要原因是退出前，代表村庄大多位于远郊，融资渠道狭窄，基础设施规划建设滞后和管理欠佳等导致农村医疗、教育、养老、就业等公共生活服务设施覆盖面极窄且建设标准较低，这也成为郊区功能提升和实现美丽乡村建设的主要瓶颈。宅基地退出后，该模式聚焦乡村特色产业发展，深入延长现代化产业链条，大力推进乡村振兴，积极吸引社会资本参与郊区基础设施建设与管养，加快推动文化教育、医疗卫生等公共服务向农村延伸；同时，土地增值收益分红有力地提高了农户参与社会保险、获取高质量教育资源和医疗卫生条件的能力以及可能性，从而使农户各项社会保障性福利状况明显改善。

9.4 小　　结

本章从农户需求与农户福利的综合视角出发，及时总结归纳不同宅基地退出模式在具体实施过程中存在的短板与不足，并以此为依据提出相应的模式优化对策，围绕四种典型的宅基地退出模式，从加强社区就业服务和精神文明建设、完善补偿形式及规范补偿标准、强化普法宣传与保证农户参与、健全增值收益跟踪监管与风险防范机制等方面提供了完整的宅基地退出政策导向与理论支撑，以期在宅基地退出实践过程中更好地满足农户的多样化需求并改善农户综合性福利，切实保障农户的合法权益。

第10章 面向平原农区的空心村治理模式绩效评价

通过前面对平原农区典型镇域房寺镇村庄的空心化测度以及对空心村形态识别的特征研究，分析了空心化村庄的主导因素和空心村形态类型，基于此，本章将基于行动者网络理论对空心村治理模式进行解构，从而识别出房寺镇空心村治理中的四种典型模式，并通过行动者网络对不同模式的运行过程进行剖析，从而总结出房寺镇空心村治理的总机制。

10.1 空心村治理模式识别

10.1.1 空心村治理模式系统解构

基于行动者网络理论的空心村治理模式包含了关键行动者、治理主体、治理客体、转移和身份转换5个方面，在不同的村庄中，根据乡村禀赋特征的不同，治理客体与治理主体之间，按照特定的强制通行点，在关键行动者的主导下进行转译和身份的转换，从而形成了不同的空心村治理模式。

以行动者网络理论为基础，房寺镇空心村治理模式的识别是一个由多方面综合作用的复杂系统（见图10-1），由乡村禀赋特征、治理客

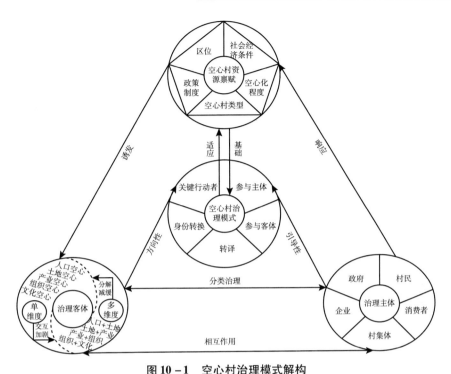

图 10 - 1 空心村治理模式解构

体、治理主体以及彼此之间相互影响和作用的综合过程。其中，空心村的资源禀赋是空心村治理模式选择的先决条件，村庄源禀赋明确了空心村的外部环境特征，包括空心村的区位、类型、社会经济条件、空心化程度及所在地域现行的政策制度等，资源禀赋的缺位或不足诱发了一种或多种村庄的空心化形态，因此资源禀赋是治理模式选择的基础支撑，反之，空心村治理模式的选择必须适应该村庄的现状。治理客体则体现了当前空心村内部存在的问题和治理的阻碍，包括人口、土地、产业、组织、文化方面的空心化，基于治理客体存在的问题与阻碍将空心村分为单维度形态和多维度形态，面对不同的空心村类型，其治理模式的选择具有多元性和针对性，为空心村模式的选择提供方向。治理主体则是引导空心村治理模式实施的关键，通常包括政府、村民、村集体、企业、消费者，治理主体的选择和关键行动者的确定是空心村治理的核心，由治理主体发挥自身的能动性作用于空心村现有资源和现存问题，形成了调控力量，保证了空心村治理的有序进行，推动空心村治理模式的实施。治理客体与治理主体之间的不断协调则形成了治理模式中的转译和身份转换，促使空心村内部系统不断的优化升级，改善空心化程度。基于此，通过对不同空心村资源禀赋的认识，结合治理客体存在的问题，通过治理主体的能动作用，对参与空心村治理的所有行动者进行转译，通过彼此之间的相互作用和相互影响促成参与行动者的身份转换，形成不同类型的空心村治理模式。

10.1.2　空心村治理模式划分

房寺镇人多地不广，人地矛盾已经阻碍了农村社会经济可持续发展，空心村的存在，不仅浪费了大量土地资源，并且对农村居民切身利益造成了巨大的损害，空心村治理工作势在必行。从"美丽乡村"建设到"乡村振兴战略"，房寺镇作为农村土地制度改革试点地区，开展空心村治理工作。以单一形态为主要表现特征的空心村只是少数，多数空心村存在两种及以上的多维复合形态，房寺镇在空心村治理过程中针对区位、形态表征、村庄规模、村庄实力等差异对空心村进行综合治理，以达到彻底消除多形态空心化的复合效应的目的。基于对空心村形成与发展的规律认识，充分考虑房寺镇各空心村形态特征，将该镇空心村治理分为四种模式，即新型城镇建设引领—城乡统筹模式，规模化经营带动—村庄整合模式，特色种植业培育—村内集约模式和观光游开发—原址优化模式。满足各行动者的目标和利益需求，需要在网络中实现转译以排除行动阻碍，由各模式中的关键行动者对其他异质行动者进行征召，从而产生不同模式下的网络关系，并且随着政策及空心村的演变，行动者网络会发生动态调整，表现为异质行动者的进入、退出及角色转变对网络关系所产生的影响。目前，房寺镇空心村治理已取得显著成效，并且总结出许多较为完整的平原农区空心村治理典型村庄与模式，具体内容见表 10-1。

表10－1　　　　　　　　　案例村庄治理情况

典型模式	案例村庄	村庄基本情况	治理内容	治理前后对比
新型城镇建设—城乡统筹模式	房寺社区	位于城镇周边，空心化程度较低，为单形态主导型空心村，农民对农业收入依赖性不强，外出务工者较多，村庄内留守人员老弱化严重，村民对村庄治理和实现城市化愿望强烈	村庄治理关键行动者为政府与村集体共同组成的空心村治理小组，治理核心是集中搬迁至城镇社区，将村庄土地整合后流转，创新城乡统筹配置与生产要素流机制，实现居住和就业共同城镇化	治理前 治理后
规模化经营带动—村庄整合模式	邢店社区	远离城镇中心，村落聚集度高，空心化程度较低，为双形态复合型。村庄土地闲置面积大，村庄基础设施配备不完善，农户以务农为主要收入来源，能够接受较大的耕作半径并有意改善当前生活环境	村庄治理关键行动者为镇政府，治理核心是实现经营规模化，居住集中化，农业现代化与土地集约化，将附近村庄迁村并点至社区，对原村庄土地进行复垦，建设规模化的社区农业园区	治理前 治理后
闲散土地盘活—村内集约模式	郑牛村	远离中心镇且根据规划为保留治理型村庄。空心化程度濒临中度，属于双形态复合型空心村，村庄土地利用粗放，基础设施条件差，农户以外出务工与农耕为主要收入来源，宅基地季节性闲置明显	村庄治理的关键行动者是村民，治理核心是集约利用农村边角地、坑塘等闲散土地，规划村庄边界，限制无序扩张，鼓励村民腾退多余宅基地并利用边角地补充村庄绿化，基础设施，发展种植业	治理前 治理后
观光旅游开发—原址优化模式	尉庄	南邻徒骇河，西靠如意湖水库，空心化程度较低，为双形态复合型空心村。村民以外出务工及传统农业为生，土地利用粗放，配套设施不健全	村庄治理的关键行动者是政府，核心是利用灌溉优势和交通优势发展种植业，建立合作社和种植基地，并对村庄各方面进行集中治理，挖掘景观潜力，开发生态观光旅游	治理前 治理后

10.2 不同模式下空心村治理运行过程

10.2.1 新型城镇建设—城乡统筹模式

行动者网络运行过程：该模式以房寺镇政府与各村两委共同组成的空心村治理小组为关键行动者，通过自上而下的征召对各行动主体进行利益赋予，排除行动时的阻碍：①行政征召。根据禹城市政府所下达的政策指令，房寺镇政府将空心村治理作为重要议题，联合镇驻地周边村庄村集体成立空心村治理小组，整合多部门行政资源，共同加入空心村治理的行动者网络。②房屋与土地征召。在城镇中心附近建立安置区，通过对拆迁补偿补贴或住房补贴的方式，促使周边村庄村民自愿退出宅基地，迁入新社区，对腾退宅基地及村内空闲土地复垦，可采取多元利用模式。③生产与就业机会征召。主镇区立足精细化管理，不断建设功能设施配套，2016 年起共投入 1.6 亿元，实施12 项工程，承载力、匹配度大幅提升。通过建立工业区和商贸物流区繁荣城镇经济，大力发展商贸流通和现代服务业，创新融资渠道，恰当引入竞争机制，吸引企业投资进驻，为城镇居民提供了大量的就业机会目前。④生活环境整治征召。房寺镇坚持把握"人的城镇化"这一核心，坚持以人为本、实事求是、顶层设计、创新引领，以打造宜居宜业新房寺为目标，房寺社区获得中央预算内投资 1700 万元，社区改造配套基础设施项目总投资 2685.4 万元，主要建设给水、排水、供电、供暖、燃气、道路、照明、绿化等配套基础设施，满足了 1251户拆迁安置居民的生活基本配套需求，同时完善新社区中医疗、卫生、教育等公共服务，拓展广场、公园、图书室等公共空间，提高居民生活适宜度（见图 10-2）。

行动者的角色转变：随着城乡要素进一步融合，行动者网络的 OPP从空心村治理转向加速新型城镇化建设，空心村治理行动者网络转变为城乡统筹发展网络。在房寺社区空心村治理行动者网络中，空心村治理小组发挥关键行动者的主导作用，作为主体的村集体一直处于被动地位，在村民逐步搬迁至城镇社区后，政府将大部分主导权下放至村级行动者，在新的行动者网络中，政府的领导权逐渐减弱，取而代之赋予其配合村庄运营的职能，各村村"两委"共同组成社区物业办逐渐掌握空间开发、配套设施等决策权，出现了成为关键行动者的趋势。对于非人类行动者，该模式的实施将各村庄原有的要素与城镇互联互通，形成长效的城乡统筹机制：①城乡空间统筹。房寺社区建成后，农民既可在城镇中就业又能集中享受城市化生活环境，社区的运营与管理积极与城镇相融合，构建城乡一体的和谐空间，促进农民生产、生活方式的转变。②城乡经济统筹。依托工业区和商贸物流区推动土地、资本、人才、技术、管理、信息等生产要素在城乡间自由、高效流动，形成规范的要素流通秩序，营造各类经济主体获取机会均等，使用权利平等的要素利用环境。③城乡社会统筹。城镇就业和居住相结合，为村民增加就业机会，吸引周边农业人口转移，加快城乡一体化速度，从社会管理、公共服务供给等方面实现均等化。

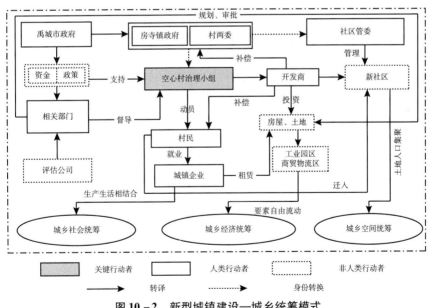

图 10-2 新型城镇建设—城乡统筹模式

10.2.2 规模化经营带动—村庄整合模式

行动者网络运行过程：该模式以邢店村为中心，集聚周边村落，行动者网络以房寺镇府为关键行动者，依靠现有行政网络对其他行动者进行征召：①行政征召。镇政府把握落实政策，资金筹措等关键环节，督导各村村集体根据村庄实际情况，领导村民整体或分期搬迁至安置区。②房屋与土地征召。为规避对农村腾退宅基地评估不公平现象，村委应聘请第三方公司评估房屋价格，制定合理的补偿安置标准，由农用地整理公司及村集体对腾退、废弃宅基地，低效利用土地及空闲地进行综合整治，通过建立省内东西部耕地占补平衡利益挂钩机制，以 17 万元/亩的价格在禹城补充东南沿海城市相应的占用耕地指标。③农业转型征召。通过政府的资金支持以及东部沿海城市向禹城市提供耕地开垦的财政转移，流转土地约 60 亩，建成社区产业园区和生态体验园，促进传统农业向现代农业转型，促进社区居民在本地就业，收入与生活质量同步提升（见图 10-3）。

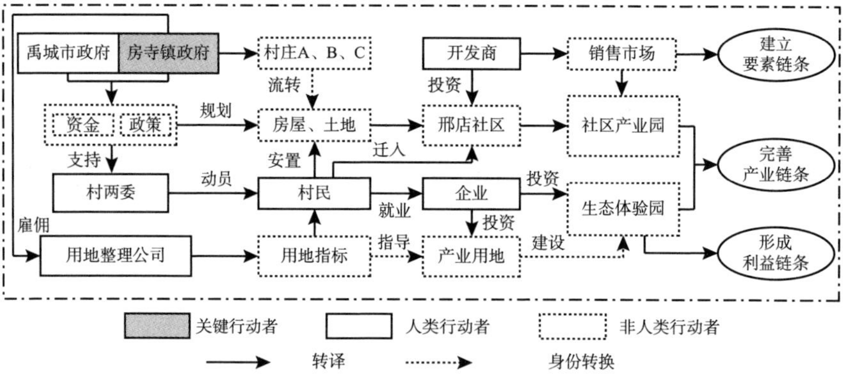

图 10-3　规模化经营带动—村庄整合模式

行动者的角色转变：邢店社区初步建成后，其发展面临着新的转型，行动者网络的 OPP 转向促进农业增产增效，从而引起了行动者角色的转变以及新行动主体的加入。对于人类行动者，通过村庄整合，原本分散的村落集聚到安置区，村"两委"在政府的引导和监督下承担村庄转型发展的主要职责，通过协调投资企业、村民、村集体间的利益关系，打破原各个村庄独立的经济状态，组成新的利益共同体，一定程度上给予新行动者进入网络的动力。对于非人类行动者，以规模经营为基础，农业增产、农民增收为目标，构建以要素、产业、利益为链接的现代农业产业联合体：①产业链条。邢店社区村集体带领村民发展生猪养殖和大棚种植，进行奶牛、肉牛养殖，通过土地流转，建成了社区产业园区和生态体验。村集体发挥自身职能，组织引导村民在园区就业，并积极与企业开展合作，吸引企业投资，扩大宣传吸引消费者，打造村庄品牌，实现农业与第二、三产业之间的有效连接，形成现代化农业产业链条。②要素链条。社区产业园内部各经营主体通过签订合同确立农产品生产资料及服务的买卖关系，促使经营活动紧密捆绑，并不断探索建立农产品产地、生长生产、加工等全过程溯源体系，形成现代化农业要素链条。③利益链条。投资企业向产业园提供农业生产资料并收购农产品，解决资金短缺问题，村民投工投劳，解决劳动力不足问题，村集体协调农业专业企业，解决技术落后问题，各经营主体发挥各自优势，保障产业园合理运营，以此获取稳定利润，形成利益链条。

10.2.3　闲散土地盘活—村内集约模式

　　行动者网络运行过程：该模式下的行动者网络以郑牛村村两委为关键行动者对其他行动者进行征召：①行政征召。依据禹城市政府及房寺镇政府所指定的各类标准，鼓励村民参与共同整合村庄现有资源，通过招商引资等方式吸引企业加入行动者网络中。②房屋与土地征召。郑牛村通过鼓励农户对各自房屋进行修缮，以200元/房的补偿标准鼓励村民退出多余宅基地，整理闲散地共100余亩，并制定合理的土地流转及再利用方案，对土地进行确权登记，通过合作社将整理后的土地承包给村民，鼓励村民自主投工投劳。③产业发展征召。郑牛村围绕全镇建设经济林带和精品线路工作部署，充分利用复垦后土地种植柿树、桃树5000株，打造"万柿如意郑牛村"的村庄品牌。④环境整治征召。利用所拨发的专项治理资金对村庄道路进行硬化，建设生活垃圾、污水处理设备等基础社会，配置卫生、文娱等公共服务设施，同时种植樱树、海棠、冬青等绿化苗木 3000 株，改善村庄自然环境和人居环境（见图 10 - 4）。

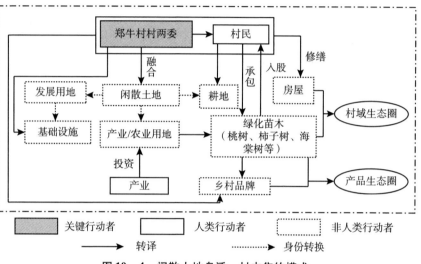

图 10 - 4　闲散土地盘活—村内集约模式

　　行动者的角色转变：随着该模式的实施与初步完成，行动者网络的 OPP 转向发展种植业，建设绿色乡村。在行动者网络中，村集体作为项目主导者通过旧村改造培育特色种植业为村民提供就业机会，待经济树木见效益后，由村集体与村民按比例分红。对于非人类行动者，以西红柿种植为手段建立产业化发展模式，建设绿色乡村。①产品生态圈。以村民为主体，以开发绿色农产品品牌为中心，积极探索"农户—基层组织—市场"的经营模式，作为连接市场和农户的桥梁，村集体大力推行购买和耕种、管护和售卖的结合，实现标准化种植。②村域生态圈。通过动植物生产、微生物转化，恢复平衡的生态系统，实现在村域范围内的生态小循环，提高乡村生态环境承载力，为日后打造生态观光农业奠定基础。

10.2.4　观光旅游开发—原址优化模式

　　行动者网络运行过程：该模式下的行动者网络以当地政府为关键行动者，自下而上地对其他行动者进行征召：①行政征召。房寺镇政府依托禹城市所指定的优惠政策和资金支持，积极联合相关部门，包括旅游部门、村集体等，加入行动者网络并承担相应职责。②房屋与土地征召。整合村内建设用地，村民根据自身意愿对房屋进行修缮，开办农家乐、民宿等旅游服务项目，提升村庄内部美观性的同时增加收入来源；对村内土地采取规模化经营，引进高产品种爱宕梨，建立种植基地。③环境整治征召。通过与尉庄旅游管理办公室共同商讨，确定环境综合整治方案，对村内水质、道路、公共场所进行综合开发，硬化道路，建立污水处理站，广场等，增加公共空间。④景观资源征召。聘请环境规划公司对村庄建筑等景观资源进行再设计，优化景观布局，开发人文景观价值，通过举办梨园写生等线下活动，吸引禹城报社媒体，禹城摄影家协会的热情关注，促进乡村品牌建设，同时，逐步完善娱乐、住宿、餐饮等服务，为返乡人员和村民提供就业机会（见图 10 - 5）。

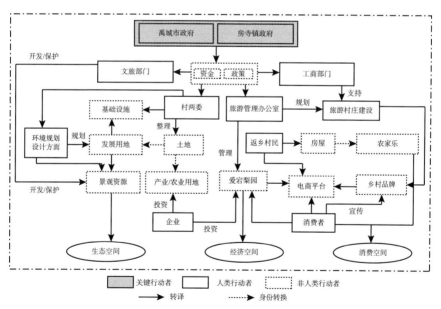

图 10 - 5　观光旅游开发—原址优化模式

行动者的角色转变：随着该模式的实施与初步完成，行动者网络 OPP 转变为建设旅游村落，新的行动者受到了乡村治理、运营观念更新的影响进入了旅游村落建设的行动者网络。对于人类行动者，政府由原本的主导者成为背后的支持者，给予乡村特惠政策及宣传渠道，而原本处于被动地位的旅游管理办公室、村民等低层主体，逐渐掌握乡村运营的决策权。乡村发展向好趋势吸引返乡人员、消费者等异质行动者加入网络，同时，由于网络自身的排斥性，旧的行动者或因异议退出，比如部分企业撤出投资、商品退出经营等。对于非人类行动者，通过对村庄原有房屋的修缮，以及对爱宕梨园的品牌宣传，形成集聚观赏性的消费品，采摘园、梨花园、餐饮、民宿等消费空间随着旅游村落的建设融入了特色乡村风情，从而被赋予了更多消费特性。

10.3 基于行动者网络的空心村治理机制

空心村存在于在复杂的乡村内外环境和社会经济网络之中，空心村的治理根植于所在乡村内部空间—经济—社会等行为客体的约束框架之内，凝聚着政府、企业、村集体等利益行为主体间的博弈、竞争与合作关系。

在治理客体方面，村庄内部系统中经济、空间、社会等子系统构成了空心村治理的行为客体，各子系统及其要素的交互作用塑造了空心村单维和多维的样貌和形态特征，并对空心村治理的治理模式、运作方式和行动者投入施加重要影响。空心村的形成过程是由低质实心村逐渐空心化最终形成空心村的阶段性过程，空心村的形成可以看作是当前村域的条件及发展水平难以满足农民对生活条件和质量的需要，为寻求更好的生活而离开村庄，或村庄内部所能提供的物质和精神需求持续降低导致村庄衰落。根据影响因素对空心村形成作用力方向的不同，将其划分为内核推动力和外援拉动力，一方面，在农村的内核系统中，农业生产发展、社会文化变迁、公共服务设施、道路建设、农户生计多元化转型等要素的变化，影响着乡村经济、空间和生态的调整和改变，对农村空心化的演进和发展发挥着基础性、内生性推动作用，尤其是部分农村所处的区域位置和自然条件等因素，农村产业状况不佳、经济效益偏低，在就业机会匮乏，收入水平低下、教育质量偏低等因素的影响下，农民会产生脱离农村、融入城镇和非农产业的心理导向。另一方面,在工业化和城镇化加速发展时期,农村外援系统的拉动力是空心村形成的主导驱动力,主要表现为:工业化、城镇化进程农用现代工业替代了部分农业劳动和土地的投入,城镇丰富工作岗位的吸引,为乡村人口转移提供了动力,同时也满足了农民获取优质教育、公共服务资源及提升生活质量的需要,从根本上拉动农村人口空心化;土地利用制度的变革与创新带来了土地经营方式转变和农民收入增加,与土地管理政策滞后、社会文化变迁和传承共同拉动了农村土地空心化;此外,国家政策制度、资金分配的城市偏向性,长期以来忽视了农村地区发展,城乡要素流动受阻,缺乏促进农村发展的物质资本、人力资本及技术资本,造成农村内在发展动力不足,治理能力薄弱、文化技术落后、产业链短、附加值低,导致农村产业、组织、文化空心化。与此同时,乡村地域系统的演进过程中,若遭遇突发性或不可预见的事件或现象,如洪涝、地质等自然灾害、重大项目建设、重大污染等人为事件,整个乡村系统就会偏离演进轨道,表现为村庄空心化快速发展或由空心化到实心化。

在村庄治理主体方面,非农化水平较高或资源禀赋丰富的地区,建设用地需求旺盛,农户思想观念相对开放,实施推进空心村治理的驱动力较强;而在非农化水平较低的地区,产业类型单一,农户收入来源以农业为主,农户对土地的依赖性较强,空心村治理的驱动力不足。此外,村庄区位条件、发展定位、信息化水平等因素的综合作用也影响着空心村治理模式的选择,比如交通便利、村落规模较小且集聚、土地闲置面积大、产业结构以农业为主的村庄,适宜采取村庄整合型模式,通过对分散村庄的迁并和新社区的建设,实现人口和居住的整合;位于城市边缘区或中心镇周边,农户生计来源主要为外出务工的村庄,适宜采取城镇化引领模式,治理重点在于解决农民城镇就业与居住的匹配问题。同时,村庄内部、外部环境对空心村治理组织运作方式具有较大影响,如城镇周边或非农产值较高的村庄,通过乡村治理会获得较高的经济效益,企业参与治理的积极性较高,形成多元融资机制和组织运营模式,而产业单一、远离中心镇的空心村多以政府、村两委主导。空心村治理涉及当地政府及相关部门、开发商、施工或投资企业、村民两委、农户等多种利益主体,各群体拥有不同的目标和利益诉求,通过沟通协调联结形成空心村治理行动主体系统。政府的权力运作、企业的资本运作和开发行为、村两委的协调行为、农户个人意愿以及各利益主体间的博弈、合作等行为过程共同影响着空心村治理模式，推动着空心村土地与空间的变化。

综上，城镇化进程中城乡发展衍生出的技术进步、政策变制度、发展规划定位等外部环境为空心村治理提供了必要性和可能性，同时，空心村内部人口—土地—产业—组织—文化等形态表征，为空心村分类治理提供了依据。空心村治理即行为主体对村庄内外环境的综合评估后，基于规划设计、资金筹措、组织实施以治理模式的构建，对行为客体进行干预和调整，以此达到乡村产业兴旺、生活富裕、生态宜居、乡风文明、治理有效目标的过程（见图10-6）。

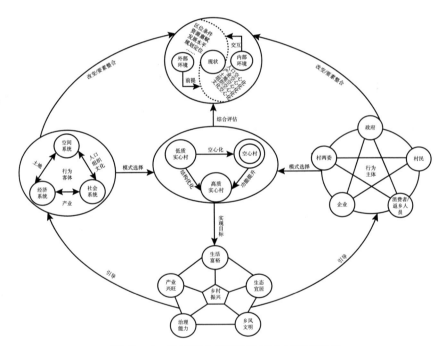

图 10-6 基于行动者网络的空心村治理机制

10.4　基于行动者网络的房寺镇
空心村治理绩效分析

本节从治理客体与治理主体两方面构建了空心村治理的绩效评价体系，将用于空心村治理绩效评价的分析方法进行阐述，并分别计算案例村庄空心村治理的客体绩效、主体绩效和综合绩效，并对结果进行详细分析。

10.4.1　绩效评价指标选取

1. 评价指标体系选取原则

（1）科学性。空心村治理绩效评价体系的构建应充分体现房寺镇空心村的内涵、形态表征及参与主体的作用和影响，选择代表性强、定义清晰的指标，并在实践中容易获得，具有可重复操作的特点。

（2）系统性。房寺镇空心村治理是一个复杂的系统化过程，不仅会涉及人口、土地、产业、社会、文化等多个方面，也会受治理过程中不同参与主体和治理运作模式的影响。构建房寺镇空心村治理绩效评价指标体系需立足于全局，既包括空心村内部要素，又不能忽视与空心村治理相关的外部环境。

（3）层次性。房寺镇空心村治理涉及多方的参与者，根据行动者网络理论将其绩效评价体系分为两方面。首先，依据乡村振兴战略总要求，区分不同维度，根据各维度的内涵选择对应的指标，在指标之间建立逻辑关系，形成治理客体体系；其次，按照行动者网络理论的架构，确定主要参与主体，根据治理逻辑选择指标，形成治理主体体系，从而构建基于主—客体关系的绩效评价体系。

（4）先进性。空心村从开始到形成是需要经过较长时间的积累，不同时期的空心村表征大不相同，空心村治理也是一个动态变化的过程，在指标体系构建中，不能盲目地借鉴学者已有的经验和研究成果，指标体系的构建要与时俱进，与当下政策和战略相契合的同时也要把握未来乡村发展方向。

（5）区域性。房寺镇空心村治理绩效评价体系要考虑该地区的区域特征，包括自然、社会、经济、文化等发展情况，因此，所选取的指标需体现该地区特色，并在一定范围具有通用性。

（6）可操作性。该原则要求空心村治理绩效评价体系的构建要满足空心村治理绩效评价的现实需要，指标选择要从空心村治理实践入手，尽量选择可量化的指标，并且大部分指标可直接获取，反映绩效评价的准确性，并满足评价主体的需要，简单易懂，可接受度高，确保该工作的顺利开展。

2. 绩效评价体系构建

（1）治理客体绩效评价体系构建。不同村庄的空心化形态也有所不同，根据空心村的内涵及其表现形态，按照科学性、整体性、代表性及数据可获得性等原则，将空心村治理客体评价体系分为三层（见表10-2）：第一层为目标层（G），是绩效评价体系的预想结果，即空心村治理客体绩效。第二层为准则层（C），包含人口、产业、土地、组织和文化5个层面。第三层为指标层（I）：①人口层面选取人口空心化率、人口结构、人口密度项指标，其中人口空心化率直接反应村庄人口空心化程度，数值越低，人口层面治理绩效越显著；人口结构反映村庄劳动力占比，数值越大，人口层面治理绩效越好；人口密度反映了乡村人口与土地的关系，数值越大，人口层面治理绩效越好。②土地层面包含宅基地空废率、建设用地空废率、耕地撂荒率3项指标，反映村庄土地资源利用程度趋势，数值越大说明村庄土地层面治理绩效越低。③产业层面选取经济结构、职业结构和就业方向3项指标，村集体非农产值越高，村内产业结构越完善，人口留乡的吸引力越大，村庄劳动力越丰富，农业及兼农从业人员数量增多，本地范围内（县或镇）就业人员数量增多，说明村庄治理效果越好。④组织层面包含村民参与选举程序、村干部素质和村干部年龄结构3项指标，反映村庄治理水平，村干部平均年龄越高，综合素质越低，村民参与相关村务程度较低，乡村治理能力越弱，组织层面治理效果越差。⑤文化层面包含乡村归属感、文化认同感和文化满意度3项指标，乡土文化越丰富、历史传承越厚重，居民对乡村文化的认同感和满意度越高,外出务工人员的乡土情怀和归属感也将随之升高,文化层面治理效果越好。

表 10 - 2 空心村治理客体绩效评价指标体系

系统层	子系统	指标层	指标释义	功效
空心村治理客体绩效（G）	人口（C₁）	人口空心化率（I₁）	村庄净流出人口/村庄户籍人口	−
		人口结构（I₂）	村庄 16~60 岁劳动人口/村庄常住人口数	+
		人口密度（I₃）	乡村总人口/区域面积	+
	土地（C₂）	宅基地空废率（I₄）	村庄空废宅基地面积/村庄用地总面积	−
		建设用地空闲率（I₅）	村内空闲建设用地面积/建设用地总面积	−
		耕地撂荒率（I₆）	村庄粗放利用耕地面积/村庄耕地总面积	−
	产业（C₃）	经济结构（I₇）	村集体非农产值/总产值	+
		职业结构（I₈）	村内农业从业及兼农人员/总从业人员	+
		就业方向（I₉）	本地（县、镇）从业人/村庄从业人员总数	+
	组织（C₄）	重大事务参与度（I₁₀）	村民参与个人利益相关村务程度	+
		村干部素质（I₁₁）	村委干部平均受教育程度	+
		村干部年龄结构（I₁₂）	村委干部平均年龄	−
	文化（C₅）	乡村归属感（I₁₃）	外出务工人员回乡发展意愿	+
		文化认同感（I₁₄）	当地文化遗产等传统文化传承度	+
		文化满意度（I₁₅）	村民对乡村文化环境的满意程度	+

注:客观指标通过镇域、县域或村庄统计年鉴获取,通过综合计算得出;主观指标数值以问卷方式,通过打分方式获取,分值设定为 1~3 分,分值越高,对问题认可度越高。

（2）治理主体绩效评价体系构建。不同空心村治理过程中参与治理主体有所不同,根据案例空心村治理的人类行动者,构建空心村治理主体

187

绩效评价体系（见表10－3）。目标层为治理主体绩效（A）；准则层（B）包含政府、村两委、村民、企业、游客5个层面；指标层（C）政府层选取政府引导、政府回应和投入关注3项指标；村集体层选取农户利益分配合理度、协调相关事项能力和基层管理稳定性三项指标；村民层选取村庄治理参与度、村庄治理方式认可度和群众满意度3项指标；企业层选取参与治理运行成本、投资利润率（C_{11}）和参与项目建设数量3项指标；游客层选取景观吸引度、再次旅游概率和服务满意度项指标。

表10－3　　　　　　　空心村治理主体绩效评价指标体系

目标层（A）	准侧层（B）	指标层（C）	指标释义	功效
空心村治理主体绩效（A）	政府（B_1）	政府引导（C_1）	政府及相关部门指导治理、编制方案、布局规划合理情况	+
		政府回应（C_2）	政府及相关部门对各项事务及问题回应程度、速度和质量情况	+
		投入关注（C_3）	各项治理措施联系紧密结合程度	+
	村集体（B_2）	利益分配合理度（C_4）	治理前对村民补偿合理度与治理后村民参与产业的效益分配合理度	+
		协调相关事项能力（C_5）	村两委切实保障农户的利益的情况	+
		基层管理稳定性（C_6）	村两委开展有序治理的能力	+
	村民（B_3）	村庄治理参与度（C_7）	空心村治理实施全过程的村民参与程度	+
		村庄治理认可度（C_8）	村民对村庄治理模式的满意度	+
		群众满意度（C_9）	村民对村庄综合满意程度	+
	企业（B_4）	参与治理运行成本（C_{10}）	参与企业对村庄建设项目的总投资	+
		投资利润率（C_{11}）	企业通过项目建设获利情况	+
		参与项目建设数量（C_{12}）	企业参与建设项目的总数	+
	游客（B_5）	景观吸引度（C_{13}）	消费者对旅游村整体旅游环境满意程度	+
		再次旅游概率（C_{14}）	消费者再次前来游玩的可能性	+
		服务满意度（C_{15}）	消费者对乡村旅游服务的满意度	+

注：客观指标通过镇域、县域或村庄统计年鉴获取，通过综合计算得出；主观指标数值以问卷方式，通过打分方式获取，分值设定为1~3分，分值越高，对问题认可度越高。

10.4.2 绩效评价方法

1. 指标权重确定

考虑到空心村治理绩效评价涉及定性、定量两部分指标内容，范围广且相关数据较难以获得，因此本章拟选用熵权法和层次分析法分别计算治理主体和治理客体的绩效指标权重。

（1）治理客体绩效指标权重。熵权法是根据各项评价指标值的差异程度来确定权重，有效信息的多少与熵值成反比，与权重成正比。按照评价指标的正负功效，采用极差标准化方法（式 10.1）进行归一化处理，分别度量各维度和指标的重要程度确定治理客体测度指标权重（见表 10 - 4）。

表 10 - 4　　　　　　　　空心村治理客体绩效指标权重

目标层	准则层	权重	指标层（I）	权重
空心村治理客体绩效	人口	0.3	人口空心化率	0.12
			人口结构	0.089
			人口密度	0.091
	土地	0.21	宅基地空废率	0.097
			建设用地空闲率	0.067
			耕地撂荒率	0.046
	产业	0.19	经济结构	0.056
			职业结构	0.054
			就业方向	0.080
	组织	0.17	重大事务参与度	0.076
			村干部素质	0.053
			村干部年龄结构	0.041
	文化	0.13	乡村归属感	0.051
			文化认同感	0.037
			文化满意度	0.042

189

标准化处理原始数据矩阵：

$$R = (r_{ij})_{m \times n} \qquad (10.1)$$

功效性正向指标：

$$I_{ij} = \frac{X_j^i - X_{min}}{X_{max} - X_{min}} \qquad (10.2)$$

功效性负向指标：

$$I_{ij} = \frac{X_{max} - X_j^i}{X_{max} - X_{min}} \qquad (10.3)$$

式中：I_j^i 为第 j 个样本 i 指标的标准化值，$i = 1, 2, 3, \cdots, m$，$j = 1, 2, 3, \cdots, n$；X_j^i 为第 j 个样本 i 指标的原始值；X_{max} 为最大值，X_{min} 为最小值。

设第 i 个评价指标的熵定义为 H_i：

$$H_i = k \sum_{j=1}^{n} p_{ij} \ln(p_{ij}) \qquad (10.4)$$

式中，$p_{ij} = \dfrac{X_{ij}}{\sum\limits_{j=1}^{n} X_{ij}}$，$k = \dfrac{1}{\ln n}$

得出熵值结果便可确定权重 T_i：

$$T_i = \frac{1 - H_i}{m - \sum\limits_{i=1}^{m} H_i} \left(\sum_{i=1}^{m} T_i = 1, \, 0 \leqslant T_I \leqslant 1 \right) \qquad (10.5)$$

（2）治理主体绩效指标权重。层次分析法（AHP）是将与实现目标有关的定性和定量因素划分为不同层次，以此量化主观因素的方法。在构建空心村治理主体绩效评价体系时，将主体绩效划为目标层，政府、村集体、村民、企业、游客等主体划为准则层，每个主体对应多个因素为指标层[51~53]。利用矩阵比较，明确同层每个元素对其上级中元素的重要程度（见表 10 - 5）。比如若要明确准则层（B）中的各元素对于目标层（A）的重要程度，则构建 A - B 矩阵（见表 10 - 6）。

判断矩阵中的 b_{ij} 代表 B_1 对于 B_2 的重要程度，所建立的判断矩阵需具有如下的性质：$b_{ij} > 0$；$b_{ij} = 1/b_{ji}$；$b_{11} = 1$。

表 10 – 5　　　　　　　　　　标度说明

评分标度	具体含义
1	两个要素，具有同样的重要性
3	一个要素比另一个要素稍微重要
5	一个要素比另一个要素明显重要
7	一个要素比另一个要素强烈重要
9	一个要素比另一个要素极端重要
2，4，6，8	介于上述两个相邻判断尺度的中间

表 10 – 6　　　　　　　　　　A – B 判断矩阵

A	B_1	B_2	B_3	…	B_n
B_1	1	b_{12}	b_{13}	…	b_{1n}
B_2	b_{21}	1	b_{23}	…	b_{2n}
B_3	b_{31}	b_{32}	1	…	b_{3n}
…	…	…	…	…	…
B_n	b_{n1}	b_{n2}	b_{n3}	…	1

假设将 A – B 矩阵记做其最大特征值 λ_{max}，再利用方程 $WT = \lambda_{max} T$，对应向量 T 后进行归一化 $T' = (t_1，t_2，t_3，\cdots，t_n)^T$，则 $t_1 - t_n$ 分别为 $B_1 - B_n$ 的权重。

运用一致性检验，为保证结果的准确性，引入指标 CI：

$$CI = \frac{\lambda_{max} - n}{n - 1} \tag{10.6}$$

若 CI = 0，判断矩阵完全一致；CI 值越大，一致性越低。在判断过程中，需引入 RI 作为平均随机一致性指标，通过与 CI 的比值检验判断矩阵一致性满意程度，CR < 0.10，则视为满意的一致性（见表 10 – 7）。

$$CR = \frac{CI}{RI} \tag{10.7}$$

表 10 – 7   平均随机一致性指标 RI 的取值

阶数 n	1	2	3	4	5	6	7	8	9
RI	0.00	0.00	0.58	0.90	1.12	1.24	1.32	1.41	1.45

将空心村治理主体综合评价值设为总目标 A，$B_1 \sim B_5$ 之间的相对重要性组成判断矩阵 A（见表 10 – 8），$CR = 0.0413$，认为达到满意的一致性，可运用于分析评价。

表 10 – 8   目标层 A 与准则层 B 的判断矩阵

A	B_1	B_2	B_3	B_4	B_5
B_1	1	1	3	4	4
B_2	1	1	1	3	4
B_3	1/3	1	1	1	3
B_4	1/3	1/3	1	1	1
B_5	1/4	1/4	1/3	1	1

$$CR = 0.0413$$
$$\lambda_{max} = 5.1849$$

空心村治理主体准侧层 B_1，及其评价指标 C_1、C_2、C_3 之间的相对重要性组成判断矩阵（见表 10 – 9），$CR = 0.0488$，认为达到满意的一致性，可运用于分析评价。

表 10 – 9   准侧层 B_1 及其指标的判断矩阵

B_1	C_1	C_3	C_3
C_1	1	1	1/4
C_2	1	1	1/3
C_3	4	3	1

$$CR = 0.0488$$
$$\lambda_{max} = 3.0092$$

空心村治理主体准侧层 B_2，及其评价指标 C_4、C_5、C_6 之间的相对重要性组成判断矩阵（见表 10 - 10），CR = 0.0462 < 0.1，认为达到满意的一致性，可运用于分析评价。

表 10 - 10　　　　　　　准侧层 B_2 及其指标的判断矩阵

B_2	C_4	C_5	C_6
C_4	1	2	2
C_5	1/2	1	2
C_6	1/2	1/2	1

$$CR = 0.0462$$
$$\lambda_{max} = 3.0536$$

空心村治理主体准侧层 B_3，及其评价指标 C_7、C_8、C_9 之间的相对重要性组成判断矩阵（见表 10 - 11），CR = 0.0176，认为达到满意的一致性，可运用于分析评价。

表 10 - 11　　　　　　　准侧层 B_3 及其指标的判断矩阵

B_3	C_7	C_8	C_9
C_7	1	1/3	2
C_8	3	1	4
C_9	1/2	1/4	1

$$CR = 0.0176$$
$$\lambda_{max} = 3.0183$$

空心村治理主体评价体系准侧层 B_4，及其评价指标 C_{10}、C_{11}、C_{12} 之间的相对重要性组成判断矩阵（见表 10 - 12），CR = 0.0725，认为达到满意的一致性，可运用于分析评价。

表 10 - 12　　　　　　　准侧层 B_4 及其指标的判断矩阵

B_4	C_{10}	C_{11}	C_{12}
C_{10}	1	3	4
C_{11}	1/3	1	3
C_{12}	1/4	1/3	1

$$CR = 0.0725$$
$$\lambda_{max} = 3.0754$$

空心村治理主体准侧层 B_5，及其评价指标 C_{13}、C_{14}、C_{15} 之间的相对重要性组成判断矩阵（见表 10 – 13），$CR = 0.0036$，认为判达到满意的一致性，可运用于分析评价。

表 10 – 13　　　　　准侧层 B_5 及其指标的判断矩阵

B_5	C_{13}	C_{14}	C_{15}
C_{13}	1	4	2
C_{14}	1/4	1	1/2
C_{15}	1/2	2	1

$$CR = 0.0036$$
$$\lambda_{max} = 3.0037$$

综上分析，得出空心村治理主体绩效评价体系指标权重，如表 10 – 14 所示。

表 10 – 14　　　　空心村治理主体绩效评价体系指标权重

目标层	准则层	权重	指标层	权重
空心村治理参与主体绩效	政府及相关行政部门	0.249	政府引导	0.061
			政府回应	0.121
			投入关注	0.067
	村两委	0.206	农户利益分配合理度	0.033
			协调相关事项能力	0.062
			基层管理稳定性	0.111
	村民	0.229	村庄治理参与度	0.043
			村庄治理方式认可度	0.132
			群众满意度	0.054
	企业	0.178	参与治理运行成本	0.065
			投资利润率	0.050
			参与项目建设数量	0.063

目标层	准则层	权重	指标层	权重
空心村治理参与主体绩效	消费者	0.138	乡村吸引物	0.045
			乡村旅游支持度	0.042
			乡村旅游服务满意度	0.051

2. 评价模型选择

（1）治理客体绩效评价模型。依据治理客体绩效评价体系和指标权重，在数据标准化处理的基础上，运用综合评价公式：

$$U_k = \sum_{j=1}^{m} T_i \times I_{ij} \qquad (10.8)$$

式中：U_k 为空心村治理客体绩效得分，m 为指标个数，T_i 指标权重，I_{ij} 为指标标准化后的值。

（2）治理主体绩效评价模型。模糊综合评价能够有效地量化主观问题，依据治理主体绩效评价体系和权重，运用模糊综合评价计算空心村治理主体绩效，步骤如下[54~56]：

①确定指标集合为 A：

$$A = \{u_1, u_2, u_3, \cdots, u_m\}$$
$$a_i(i = 1, 2, \cdots, m)$$

u_i 为评价对象对应的第 i 个指标，m 为评价指标的个数。

②确定评价结果的等级集合 V：

$$V = \{v_1, v_2, v_3, \cdots, v_n\}$$
$$v_j(j = 1, 2, \cdots, n)$$

本章评价等级 V = ｛最高，偏高，中等，一般，最低｝ = ｛5，4，3，2，1｝

③计算每个单因素在评价等级上的隶属度 r_{ij}，第 i 个元素的隶属度构成但匀速评判级 $r_i = r_{i1}, r_{i2}, r_{i3}, \cdots, r_{in}$，将全部因素组合，构建判断矩阵：

$$R = (r_{ij})_{m \times n} = \begin{bmatrix} r_{11} & r_{12} & \cdots & r_{1n} \\ r_{21} & r_{22} & \cdots & r_{2n} \\ \vdots & \vdots & \ddots & \vdots \\ r_{m1} & r_{m2} & \cdots & r_{m \times n} \end{bmatrix}$$

195

④依据权重（W）与评价矩阵（R）进行综合评价，得出治理主体绩效值：

$$U_z = W \times R \tag{10.9}$$

（3）综合绩效评价模型。耦合度能够表示两个及两个以上系统之间相互作用的强弱程度，以此来衡量存在协同关系是否有序，其取值范围在 0～1 之间，且越接近 1 说明系统之间关联程度越高。在空心村治理过程中，治理客体与治理主体绩效两者差异保持在一定限度之内，就可以认为二者是协调发展的。耦合协调度模型反映的为两个及两个以上系统之间相互作用的关系以及系统之间是否具有较好的协调发展水平，兼顾系统的完整性和整体性，因此，本章以耦合协调度模型测算空心村治理的综合绩效水平[57]。计算公式为：

$$C = \left[F_1 \times F_2 \Big/ \left(\frac{F_1 + F_2}{2} \right)^2 \right]^k \tag{10.10}$$

$$T = \alpha F_1 + \beta F_2 \tag{10.11}$$

$$D = \sqrt{C \times T} \tag{10.12}$$

式（10.10）中，C 为耦合度，k = 2 为调节系数，T 为治理客体与治理主体的整体绩效，α 和 β 和为 1，分别表示客体绩效和主体绩效权重，在此测算中，认为两者同等重要，权重均为 1/2，F_1 和 F_2 分别代表治理客体和治理主体的绩效水平，D 为耦合协调度。表 10 - 15 为耦合协调度等级划分标准。

表 10 - 15　　　　　　　耦合协调度等级划分标准

区间值	协调等级	耦合协调程度
[0～0.3)	1	严重失调
[0.3～0.4)	2	轻度失调
[0.4～0.5)	3	濒临失调
[0.5～0.6)	4	轻度协调
[0.6～0.7)	5	勉强协调
[0.7～0.8)	6	中级协调
[0.8～1.0)	7	优质协调

10.4.3 房寺镇空心村治理绩效分析

围绕前文 4 个典型空心村治理机制，基于空心村治理参与主体与客体，由贡献度分析，获得空心村治理客体指标绩效评价结果（见表 10-16 和图 10-7）及空心村治理主体指标绩效评价结果（见表 10-17 和图 10-8），得到空心村治理客体和主体的评价指标贡献程度。利用纵向分析和横向分析分别分析不同村庄的治理客体和治理主体绩效，基于主客体绩效评价结果，测算并分析村庄治理的综合绩效。

表 10-16　　　　　空心村治理客体指标绩效评价结果

指标	房寺社区	邢店社区	郑牛村	尉庄
人口空心化率（I_1）	+	++	+++	++
人口结构（I_2）	++	+++	+++	++
人口密度率（I_3）	+++	+	+	++
宅基地空废率（I_4）	+++	+	++	+
建设用地空闲率（I_5）	+++	++	+	++
耕地撂荒率（I_6）	+++	+	+	+
经济结构（I_7）	+++	+	+	+++
职业结构（I_8）	+	+++	+++	+
就业方向（I_9）	+++	++	+	+++
重大事务参与度（I_{10}）	++	+	+++	++
村干部素质（I_{11}）	++	++	+	+
村干部年龄结构（I_{12}）	+++	+	+	+
乡村归属感（I_{13}）	+	++	+++	+++
文化认同感（I_{14}）	+	++	++	+++
文化满意度（I_{15}）	+	++	++	+++

注："+++"为最强，"+"为最弱，"-"为无。各项指标贡献度评价结果由公式 5.5 得出，保留两位小数点。

197

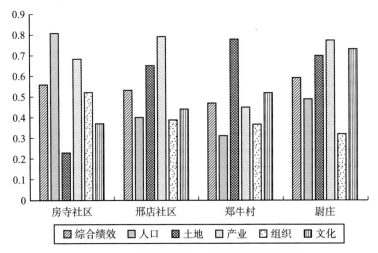

图 10 - 7 案例村庄治理客体绩效评价结果

表 10 - 17 空心村治理主体指标绩效评价结果

准则层	指标层（C）	房寺社区	邢店社区	郑牛	尉庄
政府 （B_1）	政府引导（C_1）	+++	++	+	+++
	政府回应（C_2）	+++	+	++	++
	投入关注（C_3）	++	++	+	+++
村集体 （B_2）	农户利益分配合理度（C_4）	++	++	+++	++
	协调相关事项能力（C_5）	++	+	+++	++
	基层管理稳定性（C_6）	++	+	++	+
农户 （B_3）	村庄治理参与度（C_7）	+	++	+++	+++
	村庄治理认可度（C_8）	++	+++	++	++
	群众满意度（C_9）	++	++	++	++
企业 （B_4）	参与治理运行成本（C_{10}）	+	+++	+	+++
	投资利润率（C_{11}）	++	++	+	+++
	参与项目建设数量（C_{12}）	+	+++	+	+++
游客 （B_5）	乡村吸引物（C_{13}）	−	++	−	+++
	旅游支持度（C_{14}）	−	++	−	++
	旅游服务满意度（C_{15}）	−	+	−	++

注："+++"为最强，"+"为最弱，"−"为无，各项指标评价结果由模糊综合评价法得出，保留两位小数点。

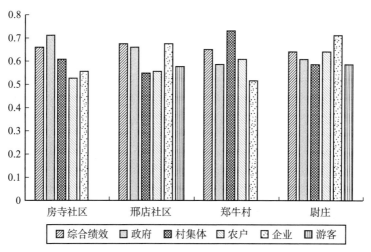

图 10 - 8　案例村庄治理主体绩效评价结果

1. 治理客体绩效分析

（1）纵向分析。

房寺社区村庄治理客体综合绩效为 0.56，各子系统得分排序为人口 > 产业 > 组织 > 文化 > 土地，得分依次为 0.81、0.69、0.52、0.38 和 0.23。房寺社区人口和产业子系统得分较高，主要原因是由于该村庄治理以城乡融合为基础，农村人口迁于镇中心附近社区集中安置，促进城乡人口融合，使得人口空心化率有所降低，改善村庄主体结构，增加了人口密度，并且，受到城镇企业的辐射作用，村民获得了大量的就业岗位，在改变村庄传统的经济和职业结构的同时，也为城镇企业提供了丰富的劳动资源。但由于村庄治理过程中，未及时对腾退宅基地和空闲土地进行复垦和利用，加之村民搬入城镇社区后远离耕地，导致村庄土地资源粗放，使得土地治理方面绩效较低。另外，村民搬入城镇楼房居住后，短期内很难适应城镇生活，虽然新社区公共服务不断升级，文娱生活不断丰富，但是归属感和认同感依旧较低。

邢店社区村庄治理客体综合绩效为 0.53，各子系统得分排序为产业 > 土地 > 文化 > 人口 > 组织，得分依次为 0.79、0.65、0.44、0.40 和 0.39。邢店社区产业和土地子系统得分较高，主要原因是由于该村庄治理以村庄整合为基础，将原本散落的村庄集聚到中心村，对腾退土地、宅基地、闲散地等进行专业化的综合整治，利用增减挂钩政策获得

199

财政资金，实现社区规模化经营，不仅有效降低宅基地、建设用地空废率和耕地撂荒率，还建成农业产业联合体，改变经济结构并为村民就地就业提供了便利，增强各村庄之间的凝聚力，提升村民的归属感、认同感和满意度。但由于村庄治理过程中，各村两委为维护本村利益，常出现意见不统一、责任互相推诿的情况，村庄基层治理体系有待完善，另外，邢店社区仍处于传统农业向现代化农业的转型期，产业结构单一，难以吸引人才入村创业和外地务工人员返乡，人口空心化率依旧较高。

郑牛村村庄治理客体综合绩效为 0.47，各子系统得分排序为土地 > 文化 > 产业 > 组织 > 人口，得分依次为 0.78、0.52、0.45、0.37 和 0.31。郑牛村土地和文化子系统得分较高，主要原因是由于该村庄以村内保留治理为基础，整理腾退宅基地和村庄闲散地后由承包给村民，通过村民的共同参与，不仅有效利用村庄废弃宅基地、闲散建设用地和耕地，还增加村民主人翁意识，增强村民的归属感、认同感和满意度。但由于村庄配套基础设施和公共服务匮乏，难以吸引外出务工人员返乡，人口结构失衡、人口密度较低仍是主要问题，同时，基层组织建设中缺乏青年人才也使得基层治理涣散，缺乏创新性，难以支撑产业后续的优化运行，为村庄未来整体发展带来严峻考验。

尉庄村庄治理客体综合绩效为 0.59，在 4 个典型案例村庄中得分最高，各子系统得分排序为产业 > 文化 > 土地 > 人口 > 组织，得分依次为 0.77、0.73、0.70、0.49 和 0.32。尉庄产业和文化子系统得分较高，主要原因是由于该村庄治理以开发旅游为基础，利用村庄内部景观资源及文化资源，充分发挥乡村传统文化的魅力吸引游客和企业，并综合利用村庄土地采取规模化经营，有效调节村庄经济结构，提高土地利用效率，促进村庄产业多元化发展。但该村庄旅游业发展缺乏创新，人才的缺乏和村民专业知识的不足难以参与到村庄发展的决策中，基层组织照搬各地旅游村建设的经验，缺乏特色。

（2）横向分析。

人口子系统绩效评价得分由高到低依次为房寺社区 > 尉庄 > 邢店社区 > 郑牛村，分值区间为 0.31~0.81，通过村庄合并搬迁至镇中心，房寺社区将城乡人口转移作为村庄治理的切入点与核心，促进城乡人口融合，有效地改善了村庄人口结构；尉庄和邢店社区在产业上有一定的发展，劳动力有所回流，人口空心化率得到较大改善；郑牛村通过腾退宅基地和村庄土地综合整治，改善村庄布局，节约大量居民点用地，在人口密度上稍有突破，但因村庄经济仍旧落后，人口子系统绩效并未得到显著提高。

土地子系统绩效评价得分由高到低依次为郑牛村＞尉庄＞邢店社区＞房寺社区，分值区间为 0.23～0.78，土地治理效果差距较大，郑牛村通过盘活利用村内闲散土地，在土地集约利用方面具有明显优势；邢店社区通过村庄集聚和规模化经营，有效降低了村庄建设用地闲置率；房寺社区因搬离原有村庄后土地未得到及时复垦，导致土地资源浪费严重，导致土地系统综合绩效得分较低。

产业子系统绩效评价得分由高到低依次为邢店社区＞尉庄＞房寺社区＞郑牛村，分值区间为 0.45～0.79，产业绩效得分差距较小，邢店社区和尉庄通过发展现代农业和乡村旅游，有效带动了村庄经济的发展，改善了经济结构；房寺社区通过城乡经济融合，为村民提供了大量的就业机会，改善村庄的就业结构；郑牛村以发展种植业为核心，建立农村合作社，在一定程度上促进农户投工投劳，提升村民收入，村庄产业逐渐向系统化发展

组织子系统绩效评价得分由高到低依次为房寺社区＞邢店社区＞郑牛村＞尉庄，分值区间为 0.32～0.52，组织建设得分平均且分值较低，主要是因为 4 个案例村庄在治理过程中，对于基层治理体系建设投入较少，忽视了乡村治理能力的提升，且村干部和村民尚未意识到村庄基层组织对村庄发展的重要作用，因此该系统绩效得分较低。

文化子系统绩效评价得分由高到低依次为尉庄＞郑牛村＞邢店社区＞房寺社区，分值区间为 0.38～0.73，文化得分差距较大，尉庄通过开发乡村旅游，极大地带动产业发展，以此延伸出村民对乡村文化的认同感、归属感及满意度的提升；由于外来人员较少，郑牛村依然保持原有的乡村地缘、亲缘的传统关系，村民归属感较高；邢店社区和房寺社区通过村庄合并，将原有村落集中安置，使村民的归属感大大降低，加之在村庄治理过程中忽视精神文化的建设，在一定程度上降低村民对文化的认同感。

2. 治理主体绩效分析

（1）纵向分析。

房寺社区村庄治理主体绩效为 0.66，各准则层得分排序为政府＞

村集体＞企业＞农户，得分依次为 0.70、0.60、0.56 和 0.53。房寺社区政府及相关行政部门和村两委得分相对较高，主要原因是该村庄治理是由房寺镇政府与各村村两委共同组成的空心村治理小组自上而下发起的治理，由政府制定治理方案再由村两委负责与农户协调，使各项措施紧密有序地开展。但在治理实施的过程中，农户一直扮演执行者的角色，很难有效参与到村庄治理过程中去，另外，对村庄未来发展方向的未知，在一定程度上降低了群众对村庄治理的认可度与满意度。

邢店社区村庄治理主体绩效为 0.68，各准侧层得分排序为企业＞政府＞游客＞农户＞村集体，得分依次为 0.68、0.66、0.59、0.57 和 0.55。邢店社区企业和政府得分较高，主要原因是该村庄治理由房寺镇政府扮演决策者、监督者等关键角色，在村庄整合的过程中，多家企业共同参与投资，建立社区生态园和体验园等多个项目，并长期参与到社区产业的运营。该村庄治理中，农户和村集体得分相当，一方面是因为在村庄治理前期，村集体和农户是各项措施的被动接受者，难以发挥其主体地位，另一方面，是村庄合并后，由于社区人口规模增加，后续管理及配套设施未及时到位，基层管理状况不稳定，群众满意度在一定程度上降低。

郑牛村村庄治理主体绩效为 0.65，各准则层得分排序为村集体＞农户＞政府＞企业，得分依次为 0.73、0.62、0.59 和 0.52。郑牛村村集体和农户得分较高，主要原因是该村庄治理是以村集体为关键行动者，通过制定合理的土地流转方案，鼓励农户共同参与村庄治理，广泛听取村民意见，充分发挥村集体和农户的主体地位，确保基层治理的稳定性，保障农民的利益不受损失，得到广大村民的认可。由于该村庄治理运行以村民自主投工投劳为主，企业参与度较低，故其绩效得分明显低于其他主体。

尉庄村庄治理主体绩效，0.64，各准则层得分排序为企业＞农户＞政府＞村集体＞游客，得分依次为 0.71、0.65、0.63、0.61 和 0.59。尉庄企业和农户的分较高，主要原因是企业作为旅游村建设的主要力量贯穿村庄的投资、建设及运营，而农户则具有参与者和经营者双重身份，在村庄治理过程中拥有更多的话语权，并根据自身经营情况为村庄发展建言献策，参与度明显提升，大大增加了群众对村庄治理的认可和满意程度，故二者绩效得分明显高于其他主体。由于农户自主经营，村集体在决策利益分配方面的作用明显被削弱，加之旅游村落所涉及要素复杂，村集体治理能力在短时间内难以达到预期，导致村庄旅游环境和服务存在缺陷，游客对村庄治理效果评价较低。

（2）横向分析。

政府层面绩效评价由高到低依次为房寺社区＞邢店社区＞尉庄＞郑牛村，分值区间为 0.59～0.71，在 4 个案例村庄中，房寺社区、邢店社区和尉庄均以政府或政府与村两委作为关键行动者，对其他主体进行指导与监督，而在郑牛村治理中，政府虽然没有发挥关键行动者的决策作用，但给予了资金和政策的支持，推动了村庄治理的进程。总之，政府为空心村治理提供了必要的政策和支持，政府的引导、回应及投入关注的好坏在很大程度上影响空心村治理的绩效。

村集体层面绩效评价由高到低依次为郑牛村＞房寺社区＞尉庄＞邢店社区，分值区间为 0.55～0.73，在 4 个案例村庄中，郑牛村是由村集体作为关键行动者，协调各参与主体开展空心村治理工作，其他 3 个村庄村集体作为执行者参与治理。村集体作为乡村的基层组织，应承担着协调沟通及维护农户利益的职责，但在实际治理过程中村集体并没有充分发挥其主体作用，其治理和协调能力并未得到村民的高度认可，因此，绩效评价得分为中等水平。

农户层面绩效评价由高到低依次为尉庄＞郑牛村＞邢店社区＞房寺社区，分值区间为 0.53～0.65，农户作为乡村的主体，其参与度、认可度和满意度是评价乡村治理绩效的重要标准，虽然村庄治理后农户的生活得到很大程度的改善，但农户均为被动接受者，其意愿和建议并未得到认可与体现，部分农户认为在村庄治理过程中自身利益没有得到合理的保护，对村庄治理方式的认可度较低，加深对村庄未来发展的不确定性，因此，该层面绩效评价得分较低。

企业层面绩效评价由高到低依次为尉庄＞邢店社区＞房寺社区＞郑牛村，分值区间为 0.52～0.71，在 4 个案例村庄中，尉庄与邢店社区以发展产业为核心，企业是村庄治理与发展过程中的主要力量，承担着投资与项目建设的重任，贯穿村庄治理与运营的全过程，充分发挥其市场优势，成为村庄治理的投资者与利益获得者。房寺社区治理过程中，企业投资较少，主要是通过人口非农转移为城镇企业增加劳动力，增加其收益，而郑牛村实施治理中，企业参与程度较低，因此，该层面绩效评价的分较低。

游客层面绩效评价主要以尉庄和邢店社区为主，尉庄以发展乡村旅游为核心，充分利用村庄内资源，逐步完善娱乐、住宿、餐饮等服务，整体塑造旅游环境，游客各方面满意度较高，而邢店社区以现代农业为依托，延伸出生态体验园，配套服务尚不完善，因此，在游客层面治理绩效得分略低于尉庄。

3. 综合绩效分析

根据耦合协调度测算结果（见表 10 - 18），4 个案例村庄耦合度分值区间为 0.987 ~ 0.999，耦合度高，说明在空心村治理过程中治理客体与治理主体之间相互作用强且协同关系有序；村庄治理客体与主体绩效协调度分值区间为 0.743 ~ 0.781，根据协调程度等级划分，均为中级协调程度，协调程度均未达到良好水平。空心村治理过程是人类行动者和非人类行动者相互作用的动态过程，由于各种社会因素的影响会使二者发生不同程度的反馈与响应，从而影响到空心村治理的综合绩效。

表 10 - 18 案例村庄综合绩效评价结果

案例村庄	C	T	D	协调程度
房寺社区	0.997	0.610	0.780	中级协调
邢店社区	0.992	0.605	0.775	中级协调
郑牛村	0.987	0.560	0.743	中级协调
尉庄	0.999	0.610	0.781	中级协调

空心村治理是主客体长期互馈过程，空心村"人口—土地—产业—组织—文化"等客体以综合作用影响着村庄治理的重点与方向，其不断地变化为参与主体提供了路径和策略选择，参与主体通过政策引导、工程介入、资金投入和公众参与等多元化手段，能够有针对性的改变空心村的样貌，并有效抑制空心化的蔓延和加剧，不断提升乡村治理客体绩效水平；反之，村庄客体治理绩效的提升能够有效增强村庄系统要素的活力，提高参与主体治理的积极性，以及措施实施与村庄现状的匹配程度，激发乡村治理的内生动力。但空心村治理具有周期长、波动大等特点，需要参与主体与村庄客体不断磨合，在短时间

内难以达到高度协调。

其中，房寺社区在镇政府和村集体的支持和帮助下搬迁至城镇社区，有效促进农民非农转移和就业，但在村庄治理过程中，农户参与程度较低，但由于迁入城镇社区后，乡村性逐渐降低，农户对村庄的认同感削弱，对村庄治理的参与责任感减弱，并且农户远离耕地，在一定程度上失去了一定收入来源，尤其是治理前以耕作为主要收入来源的农户，其生活负担增加，生活质量不升反降，加之以政府为关键行动者的村庄治理机制更侧重于政府业绩的获得，对村庄后续的发展以及农户未来生活的改善关注度过低，导致治理客体与治理主体之间的协调程度未达到良好水平；郑牛村以村集体为关键行动者，承担空心村治理的主要任务，在一定程度上满足农户的需求，维护农户的利益，但由于村庄人口老弱化态势明显，思想观念传统，新政策和新方式难以得到推广，加之政府和企业参与度不高，资金支持薄弱，村集体面临较大的财政压力，难以支撑村庄产业、布局、公共服务等基础性设施的建设，导致村庄主客体协调度难以达到良好水平；邢店社区和尉庄治理是以产业为基础，在村庄治理过程中企业成为主要支撑力量，由于企业为营利性组织，在空心村治理的过程中将自身经营收入放在首位，与村民和村集体之间建立为买卖关系，没有承担相应的社会责任，不重视空心村本身的建设与发展，与乡村发展之间供需不协同问题显著，再加上村庄人口结构失衡，产业培育过程中劳动力和专业人才的引导，村庄得不到可持续的良性发展，农户需求也难以得到满足，因此，治理客体与主体之间的协调程度仅为中等水平。

10.5　小　　结

本章基于行动者网络理论，从治理客体与治理主体两方面构建了空心村治理的绩效评价体系，并利用多因素综合评价法、模糊综合分析法和协调度分别计算了 4 个案例村庄治理客体、主体及综合绩效，尉庄治理客体综合绩效最高，依次为房寺社区、邢店社区和郑牛村，人口子系统绩效得分差异最大，是空心村治理的关键，组织子系统得分差异最小，但得分均较低，是空心村治理中容易被忽视的部分；邢店社区治理主体综合绩效最高，依次为房寺社区、郑牛村和尉庄，政府层面绩效得分差异最小且较高，在空心村治理中，政府依旧处于主导地位，企业层面得分差异最小，尤其是在不以发展产业为核心的村庄中，企业的投资较少，参与度低；根据治理主客体综合绩效结果，4 个案例村庄均为中等协调程度，说明案例村庄当前的空心村治理工作开展较有序，但也存在些许问题有待改进。

第11章 平原农区宅基地退出模式优化与空心村治理策略

为实现宅基地退出模式,合理匹配农户需求并有效改善农户福利,本章依据前面凝练出的宅基地退出模式原型及不同模式运行前后农户福利状况的分析结果,从农户需求满足和农户权益保障的角度对不同宅基地退出模式在实际运行过程中存在的问题进行识别,并据此提出相应的优化建议。空心化村庄治理是一个主体与客体互动过程,通过对平原农区空心村治理模式绩效分析可以发现,在空心化村庄治理过程中还存在许多问题,为优化空心村治理模式,本章将基于行动者网络理论在治理主体与客体方面提出优化治理策略。

11.1 基于农户意愿的模式优化

基于对受访者中积极农户对宅基地退出政策的期望和消极农户不愿退出宅基地原因的分析,本书在原有的"住房补偿""货币补偿""住房+住房"和"住房+货币"4种基本的宅基地退出模式的基础上,对4种基本模式进行了优化,使完善后的宅基地退出模式能够满足更多农户的需求,具体的优化过程与各项退出模式的特点如图11-1和表11-1所示。

图11-1为宅基地退出模式的优化过程,将农户的需求概括为基本生存需求、经济需求、为子女置房的需求和提高生活质量的需求4类,其中提高生活质量的需求包括希望获得更好的居住环境、医疗条件、养老保障、教育资源、就业机会等,为了满足农户的这些需求,新的宅基地退出模式应该能够提供住房、货币以及医疗、养老、教育、就业等方

面的支持，因此在原有四种宅基地退出模式的基础上，加入了"其他保障"这一因素，以满足农户对医疗、养老、教育和就业等方面的需求。

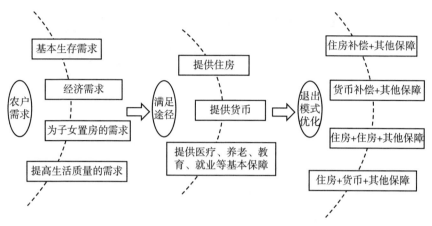

图 11 −1　宅基地退出模式优化

表 11 −1　　　　　　　　　　　宅基地退出优化模式说明

宅基地退出模式	退出模式解释	适宜条件
住房补偿 + 其他保障	依照当地的经济状况，将农村宅基地的价值以一定比例置换为住房（按照安置地点的不同又可以分为城市住房和农村集中建房）补偿给农户，同时为农户提供一定的医疗、养老福利或教育条件、就业机会等基本社会保障	农户的宅基地价值＜家庭重新安置成本，农户有基本生存需求和提高生活质量的需求
货币补偿 + 其他保障	将农村宅基地的价值按照一定比例置换成相应的货币补偿给农户，同时为农户提供一定的医疗、养老福利或教育条件、就业机会等基本社会保障	农户没有住房顾虑，有经济需求和提高生活质量的需求
住房 + 住房 + 其他保障	将农村宅基地的价值按照一定比例置换为多套住房补偿给农户，同时为农户提供一定的医疗、养老福利或教育条件、就业机会等基本社会保障	农户的宅基地价值＞家庭重新安置成本，农户有住房需求、为子女置房的需求和提高生活质量的需求
住房 + 货币 + 其他保障	将农村宅基地的价值按照一定比例置换为住房和货币补偿给农户，同时为农户提供一定的医疗、养老福利或教育条件、就业机会等基本社会保障	农户的宅基地价值＞家庭重新安置成本，农户有住房需求、经济需求和提高生活质量的需求

优化后的农村宅基地退出模式的解释说明及适用的条件如表 11–1 所示，新的退出模式更注重农户的提高生活质量的需求，可以同时满足农户多种层面的需求，为农户退出宅基地之后的生活的改善提供了更多的支持。除此之外，相关部门还应注重对宅基地退出政策的宣传，并加强农户新的居住环境的配套基础设施的建设，以期能够提高消极型农户对退出宅基地所能够获得利益的预期水平。

11.2　基于农户需求与福利的模式优化

11.2.1　资产置换模式

1. 资产置换模式疏忽农户经济需求与社交需求，社区融入存在心理壁垒

首先，资产置换模式疏忽了农户退出后的长远经济需求。宅基地退出意味着旧生活场所的解构和新生活场所的重构，虽然社区安置房改善了退出农民的居住状况，但由于退出方式缺乏必要的经济性与服务性配套补偿措施，这就使得农户在统一搬迁到新型社区后，原先自给自足的生活平衡被打破，不仅要承担重新装修房屋的成本，还需要定期缴纳社区物业费、水费、电费等日常开销费用，吃穿住用行等固定开支急剧上升，再加上社区就业服务网络搭建滞后，受有限的就业信息共享机会与渠道的制约，退出农户的收入水平并不能随高昂的日常开销而增长，因此部分农户难以享受到社区生活方式带来的便利，这对于他们的长远生计无疑是一种挑战。

其次，资产置换模式下社区文化建设空间预留工作不到位。新型社区安置房集中居住的形式相较于传统乡村群落开放式居住更加封闭，农户面临着"农转居"后邻里关系陌生化、孤立化等不确定性。受原有乡土社会习惯的影响，退出农户社会交往范围仅限于同村或同族，缺乏与其他村族或社区居民间搭建新的沟通交际网的自觉，邻里关系交往频率下降，社区融入存在心理壁垒，异质性心理衍生出来的被动"城市边缘化"使他们认为尚未真正融入新的生活中，农户的社区适应感不强，因此，生活和谐程度与满意程度也仅达到一般水平，难以满足其社交需求。

2. 资产置换模式应优化就业服务网络，注重社区文化创建

首先，资产置换模式应创建社区就业服务网络。社区自组织应注重宅基地退出后的多元补偿措施，可利用数字化、网络化等手段对社区文化交流机制进行重塑，通过线上文化讲座、云交流平台等多渠道、多层次、多形式不定期组织开展专业化、个性化的就业技能培训与职业指导活动，大力鼓励并引导退出农户在非农领域就业，以拓宽农户务工收入渠道与收入来源，有力缓解其家庭日常开支的压力，保障和实现退地农民经济需求，尽可能维护他们的切身利益及其长远生计。

其次，资产置换模式要注重引领社区文化创建工作。政府与新社区物业要预留出空间来做配套，加强社区精神文明建设，以满足退出农户的社交需求为立足点，充分抓好社区文化的基础设施建设，努力将开放共享的文娱资源考虑在内，积极投入并整合社区文化软硬件设施，如阅览室、健身房、公共广场、文化服务中心等各种场所，调动左邻右舍沟通交流的积极性，使农户在社区活动中感受到文化交流的互动性，全力消除村庄界限与城市壁垒，打破农民进城的封闭状态，逐步回归社区建设的出发点，推动农民向市民的有效转变，提高退出农户的归属感、认同感与安全感。

11.2.2　货币补偿模式

1. 货币补偿模式忽略农户长远经济需求，退出补偿范围不全面

首先，货币补偿模式中退出补偿缺乏系统规划。在房寺镇宅基地退出补偿实践中，货币补偿模式是最基本和常见的补偿方式，这种"一锤子买卖"式的补偿措施虽程序简化，能迅速改善退出农民短期内的经济条件，但却难以保障他们的长远生计。宅基地退出后，农户对所获得的部分补偿资金的处置存在极大的随机性，或用于购置资产，或用于生活开销，或用于金融投资，一旦这笔资金不能被合理支配运用，就会造成钱宅两空的被动局面。此外，大多数农民退出前以农为生，文化水平和职业技能有限,退出后必然缺乏维持其家庭长远生计的谋生手段,农民总生计稳定性较低。

其次,货币补偿模式下退出补偿标准单一且偏低。房寺镇现行的退出补偿标准多是基于房屋及其附属设施等建筑用地面积,可见,退出农户获得的补偿价值仅涉及宅基地的占有及使用价值,未能综合考虑宅基地保障价值、农业增收等直接经济价值以及土地发展权与利用开发等间接经济价值建立全面的退出机会成本价值评估体系,无法体现宅基地本身价值的复杂性。因此,这一模式下难以充分保障农户退出宅基地后的合法财产权,阻断了退出补偿收益作为农户进城落户资金保障的支撑。

2. 货币补偿模式应健全配套性补偿形式,完善相应补偿机制

首先,货币补偿模式需要丰富相关配套补偿形式。政府应结合多元化配套服务体系为农户提供足够的补偿,以增强他们选择货币补偿参与退出的积极性,如除一次性货币补偿外,根据农民的不同需求更准确地完善一揽子保障政策和配套服务,通过给予农户保障性住房供给与适当的价格,帮助退出农户打通城乡二元户籍壁垒;同时健全就业服务体系,加大就业技能培训力度,拓宽非农就业的机会与渠道,保障退出农户实现就地就业与创业,优化农户收入结构,解决其后顾之忧。

其次,货币补偿模式下退出补偿标准单一且偏低。房寺镇现行的退出补偿标准多是基于房屋及其附属设施等建筑用地面积,可见,退出农户获得的补偿价值仅涉及宅基地的占有及使用价值,未能综合考虑宅基地保障价值、农业增收等直接经济价值以及土地发展权与利用开发等间接经济价值建立全面的退出机会成本价值评估体系,无法体现宅基地本身价值的复杂性。因此,这一模式下难以充分保障农户退出宅基地后的合法财产权,阻断了退出补偿收益作为农户进城落户资金保障的支撑。

11.2.3 以地养老模式

1. 以地养老模式难以实现老年农户尊重需求,参与协调机制不健全

首先,以地养老模式缺乏对接农户预期的政策支持体系。以地养老这种新型农村养老方式的适用主体大多属于纯农型的老年人，这类农户易受传统思想的束缚，其故土情节、养儿防老等观念根深蒂固，改变宅基地产权对他们来说是一种巨大的心理挑战，因此对该方式大多持观望态度；同时，与年轻人相比，老年型农户对于宅基地的处置问题会更加谨慎，农村老人对宅基地的依赖度较高，更在乎农村土地价值的释放，考虑到以地养老是一个关乎民生但预期风险相对较高的行为，宅基地未来价值存在着不确定性，且受自身素养和技能落后等因素的制约，宅基地一旦退出则意味着会丧失农业收入这一稳定的家庭收入来源，从而对宅基地退出后未来的生计安全存有顾虑，缺乏退出宅基地的积极性。

其次，以地养老模式中农户沟通协调联结机制不健全。该模式下老年农户对宅基地退出政策的知情权、参与权及表决权实现程度较低，宅基地退出补偿的制定难以真正体现民意。由于基层治理主体和社会投资方在对接宅基地退出项目、规划民生工程、调动农户积极性等方面的影响较大，这使得老年农户在宅基地退出决策过程中的主体身份处于弱势地位；此外，老年人文化基础有限，因此对宅基地退出政策的认知淡薄，不能对相关退出补偿的方式、程序及条件保障等与自身权益相关的信息进行及时获取并有效理解，逐渐形成被动接受上级或村集体安排的错误退出方式，难以有效实现老年农户的尊重需要。

2. 以地养老模式应加大政策普法力度，完善主体参与机制

首先，以地养老模式应强化政策普法并健全支持体系。村集体可在村内设立宅基地退出专项小组，并借助村委会和组织讲座等各种宣传平台和手段，向农村老人细致讲解退出补偿、住房搬迁和选择赡养安置房等具体事项，以此引领农户对该模式的正确认知。同时，地方政府部门还应进一步注重发展养老服务多样化形式，逐步改变"养儿防老"的陈旧传统观念，对选择入住养老公寓的农户提供相关的政策优惠措施，并通过对相关企业提供融资扶持，提高社会基本养老保险的给付金额，为老年农户实施社会救助以实现后续养老保障，消除子女的养老负担。

其次，以地养老模式还需要健全农民主体参与机制。在以地养老模式推行实施之前，政府应充分预留好时间来实现老年农户对退出补偿相关事宜或信息的获取，保证他们在充分理解补偿安置方案的基础上能各

抒己见；同时，做到因户施策，畅通针对老年农户等群体的交流沟通渠道，可以通过村民代表大会、村民座谈会等多种形式听取民意，切实保障老年农户的利益诉求得以充分表达，真正做到项目建在民生上，民生建在民意上，实现以地养老模式与农户切实需求的精准匹配与衔接，努力实现老年人的社会价值及其尊重需要。

11.2.4　土地入股模式

1. 土地入股模式忽略农户自我实现需求，增值收益分配不完善

首先，土地入股模式忽略了农户退出后的自我实现需求。该模式下农户将退出地块的使用权交由村集体与企业进行共同开发运营，其参与股权的大小直接与土地增值收益相挂钩。农民股东和社会资本持有者相比，根本利益存在着差异，非农股东以投资经营为主要目的，而农民股东则是为了保障自身可持续生计。因此，若涉及村集体组织调整、企业经营风险、生产技术服务变动等因素，由于信息的不对称使得退出农户在主张权益、增值利益分红过程中可能存在较为被动的局面，与股份对等的经营决策权没有被真正赋予，不能有效保障农户的合法权益。

其次，土地入股模式中增值收益分配存在风险。该退出模式下，村集体按照协议或持股比例，根据股份合作社的市场运营状况为参与退出的村民分发土地释放的部分红利，由于市场运作的不确定性及多主体交易运转的复杂性，乡村特色产业链面临着"收益—成本"失衡的经营风险。此外，乡村产业在运营过程中还存在着自然环境变化等各种不可抗因素，各种风险交织冲击着土地增值收益分配的稳定性，进而导致农户产生参与入股的畏难心理，这左右着农户是否要退出宅基地使用权。

2. 土地入股模式应强化收益跟踪监管，健全风险防控机制

首先，土地入股模式应健全增值收益跟踪监管机制。明确村集体、开发商和农户等相关参与主体各自的职责，大力推进权责清单编制工作，对运营分红中违法乱纪行为加强监督处置力度，在财务管理规范化

建设中公开市场收益清单、分红标准等信息，实现财务情况的公开透明，让所有利益主体都能够在一种规范有序、风险共担、利益共享的状态下合作；同时，在制定土地增值收益分配方案时保证农户的谈判资格，充分调动农民参与退出的自愿性和主动性，建立以农户为主体地位的利益分配机制，努力实现他们在增值利益共享时的优先权，确保农户合法权益不受损害的前提下能安心地退出宅基地，帮助农户规避风险，满足其自我实现的需要。

其次，土地入股模式要注重完善产业运营风险防控机制。从实际情况出发规范并优化土地增值收益结构，以科技赋能实现乡村产业领域规模化和连锁化发展，延伸产业链条，在坚持产业提效升级和实现农民增收的前提下，提升农民收益分配来源的稳定性；此外，应提高股份合作社运营主体的风险防范意识，制定长期与短期相结合的风险评估战略，有针对地健全农村股份合作社有关市场运营风险或不可抗力风险的预警与管控机制，最大化提升风险防范与抵御能力，助推乡村特色产业健康有序发展，保障农户在退出宅基地后也能获得稳定可观的增值收益。

214

11.3 基于主客体的空心村治理策略

11.3.1 治理客体方面

1. 治理客体存在问题

（1）空心村治理资金匮乏。空心村治理融资渠道包括一般包括政府投资、企业投资、村庄集体投资、银行贷款等多种途径。在空心村治理中，乡村社会方方面面的问题纷纷涌现，而问题的解决就需要长期的资金投入。同时，在空心村治理工作中，政府作为资金投入的主体，相应资金的投入，存在渠道较窄的问题。依据空心村治理的实际情况，目前国家及政府所提供的资金，并不能保持空心村可持续健康发展，资金短缺已经成为一个亟待解决的问题。自 2006 年取消农业税后，我国农村地区的财政支持力度大幅度下降，但受到社会发展水平逐步提高以及思想观念逐渐更新的影响，农村地区公共服务和基础设施的需求量大幅度增加，有限的财政转移支付难以满足支撑我国广大农村地区建设与发展的资金，导致绝大部分农村地区尤其是自然环境恶劣、自身条件欠缺的农村经济运转停滞，乡村治理可支配资金严重匮乏，乡镇政府和村集体财政危机加剧，不得不通过企业、银行等渠道获取乡村治理的资金，但许多村庄治理案例表明企业投资进行空心村治理往往会因为与原有宅基地拥有者之间存在诸多的矛盾和问题导致工期无法按时完成，企业成本大幅上升，加之空心村治理后期土地利用范围较狭窄，投资回报率较低，企业进行空心村改造积极性不高。而大部分村集体本身并不具备空心村治理的财力，难以负担空心村治理的长期投入，并且村集体没有可抵押的信用获得足够的贷款，虽然有个别物质资源和资金赋予的村庄采取村集体投资的方式，实现了空心村的转型，但此类投资方式不具备可复制性和可推广性，在经济相对落后的村庄难以实施，同时，因无可用抵押物且长期受益的不可预见性，村集体也无法从银行切实获得贷款，资金来源渠道的匮乏，为空心村治理工作开展增添了阻碍。另外，由于预算考虑不足，重建设、轻管理成了普遍现象，导致后期运营资金不足。加之没有合理的乡村发展路线和管理模式，让乡村后期运维成本成倍的攀升，大大增加了乡镇的压力，而部分企业在考虑选择建设项目时，过分注重盈利而不考虑后期运行的实际情况，盲目选用高投入产业，让后续的运营资金不堪重负，乡村发展停滞不前。

（2）空心村治理缺乏可持续发展机制。空心村治理主体在前期规划注重对房屋、土地以及产业发展的问题，很少考虑空心村治理后，村民在新村庄中的生活、就业等生活保障问题，并且如果村民无法实现就近就业，对于前期空心村的治理效果难以维持长久，甚至会出现再一次的空心村。特别是对于整村搬迁至异地的村庄，由于村庄占地面积较大，为保证耕地红线不被突破，通常会搬迁至与原村庄距离较远的地方，新开发的村庄难以及时引进产业或形成规模化经营，村民为了获得收入仍需要去发展较好的县城打工，村庄无法留住劳动力，长此以往必然会使得村庄再一次空心。在房寺镇空心村的治理中，无论是参与治理的企业还是村集体，都只顾眼前短期的成效，难以放眼长远，所建设的项目和产业在后期运转中缺乏动力，而且对其衍生出的附加产业的建设用地规划考虑不周，即使村民在当下实现了就近就业，后期仍有可能因为工厂运转效率低、经营效益微薄，而导致村民分分离开，选择外出务工，必然会再次出现空心化现象。新村建成后政府对新村缺少市政配套。新村的建设政府或者民间组织往往投入巨大的资金，然而不能有效解决治理后村庄居民的上学、就医、出行、生活配套等问题，但是房屋和居住环境的变化仅仅满足了居民的体验，而在实质上并不能获得城镇居民的医疗、教育等待遇。另外，在空心村治理以后，许多村庄对基础设施的维护和对生态环境的保护十分缺乏，尤其是不以发展旅游业为核心的村庄，该问题尤其突出，受文化程度和环保理念普及度的影响，受传统小农观念的影响，在空心村治理以后，大量基础设施都得以修复和新建，但农村居民对于基础设施的公共性认识不够，在内部比例和应用上不尽人意，资源浪费的现象较为普遍，许多村民认为住宅附近的基础设施可以为自己所独占，用来晒洗和储存私人物品，很大程度地降低了基础设施的利用率，不仅使基础设施建造资金和材料的浪费，也是土地资源的变向浪费，与空心村治理的初衷相违背。

（3）空心村治理疏忽文化服务建设。乡村文化建设是城镇化发展过程中的重要部分，虽然空心村文化建设不同于其他可以直接体现出的客体治理，但是文化不仅可以促进村庄经济的发展，也可以带动村民自身的发展，对空心村的治理具有深沉、长远的意义。在房寺镇空心村治理的过程中，村庄对于人口、土地、产业、组织等方面的治理都非常重视，但除了尉庄这种需要依靠文化资源带动空心村发展的村庄以外，基本上没有专门的措施对村庄自身的文化建设加以提升。在空心村治理的过程中，虽然物质条件得到了显著的改善，但是由于文化基底薄弱，新进入空心村外外界信息对于村民的思想和观念带来了冲击，现代文化与乡村文化的结合在一方面可以促进传统文化的传播和传承，能够在一定程度上满足村民的精神需求，但是由于忽视文化的建设，许多低俗的文化也进入了乡村，误导村民，由于文化是在潜移默化中影响人们，加之在一般情况下，对于空心村治理绩效考核的指标中，乡村文化指标及分值所占比例较少，导致人们对文化的重视程度不足，将物质生活的改善放在第一位，任凭或未察觉到低俗的文化正在侵蚀乡村。另外，由于过度重视经济的建设和发展，对于空心村治理主要集中于物质方面，认为只有可以直接体现出的成果才可以彰显村庄治理的效果以及基层组织自身的治理能力，文化建设难以体现，需要一个较长的周期且需要配合相应的宣传方式，才可以被外界所知，不能带来明显的治理效果，从而缩减文化建设资金，对文化站、图书馆等原有的陈旧设备不加以维修和管护，甚至为了增加用地将文化活动场所拆除。同时，在乡村文化所涵盖的内容方面，村民和某些基层管理人员将乡村文化单纯的定义为文艺演出、歌舞相声等，缺乏对文化内容的全面认识，在一定程度上也会制约着空心村文化的体系的建设。

2. 面向客体的空心村治理对策

（1）金融体系。空心村治理不是对某一方面进行单一的治理，而是一项全方位复合性的综合工程，治理的多样和复杂性使得需要消耗较多的物质资源及时间，从现阶房寺镇空心村治理的难度来看，资金来源渠道单一、投入总量匮乏是空心村治理面临的主要问题，空心村治理绩效很大程度上受到治理资金的影响，因此，扩展资金来源渠道和构建完善的农村金融体系，是空心村治理重要的物质支撑。首先，寻求多元空心村治理资金的渠道，最大限度获得镇政府、财政局等上级财政支持，但由于禹城市政府和房寺镇政府自身财政力量薄弱，较难满足空心村治理长期的资金需求，同时，空心村村民就业结构单一，农业收益和土地收益较低，难以自发地筹集到资金，一定程度上也延缓了空心村治理的进度。因此，在空心村治理所需资金的获取方面，主要还是需要国家财政对空心村治理的专项资金审批，以此获得收益为空心村治理提供经济支撑。与此同时，要积极开展市场化运作，鼓励多方力量参与投资，在利用市场规律的同时，也要鼓励村民自主筹集资金或者推动各方社会力量对村庄的发展进行投资，空心村后续的发展过程中，要不断加强村集体经济的建设，为空心村的发展提供强有力的支撑。其次，对于国家对空心村治理所划拨的专项资金的使用，要进行使用明细的公开，并且该资金只能用于对空心村治理规划、调研或项目建设的使用，要建立强有力的资金使用的监督机制，不仅要监督基层组织的资金使用，也要对参与空心村治理的各方主体所需的资金支出进行记录和公开，或者设立专门账户，仅供空心村治理专用，从根本上杜绝资金的乱用。最后，以城乡一体化建设为契机，积极借鉴城市发展的方式，将市场引入空心村治理的过程中，充分挖掘乡村的资源和潜在资源，利用市场规律使其得到更好的发展。由当地镇政府和村集体组织共同担当，凭借镇政府自身的

217

政治地位和协调组织优势，逐渐拓展农村经营市场，同时逐步调整经营方式与市场相适应充分发现民营经济组织的灵活性，从而促进实现资源的优化配置，为空心村治理拓宽渠道、筹集资金、收集方法，并对空心村资产进行积聚、重组、运营，从中获取收益，实现村庄的自我积累和自我发展。

（2）建立空心村治理保障机制。空心村治理涉及项目多，不仅包括对村庄本身的改造，还包括村民生活质量的改善和自身素质的提升，空心村治理效果在短期内并不能彰显出显著的效果，并且空心村前期工作的实施并不能直接达到成熟，需要后期的不断完善、加强或者修改、调整，因此，需要建立长效的保障和管理机制，对空心村的发展进行长期的管护，这样才能保证空心村治理落到实处。第一，可依靠理论教育和实地考察让居民认识到环境和基础设施保护的重要性，依托村委会建立专门的负责部门或人员，制定环境保护与公共设施维护的规章制度和监督制度，并提出改善意见。利用村中的图书馆、会议室等场所，定期开展教育培训或者宣讲工作，让环保意识深入每个村民的内心，共同维护乡村的环境。第二，强化劳动保障运行机制，为解决部分村庄治理后村民失地失业的问题，政府应加强对村民开展就业培训，让村民找到自己的就业定位，或者与高等院校或科研院所进行合作，鼓励自主创业，并定期组织召开教育会议，提升村民的素质。第三，完善沟通机制，采用面对面的沟通方式，定期开展村民与政府之间的谈话，使政府和村两委对村民的利益进行重新认识，及时了解在村庄治理过程中村民的困难及意见，使双方相互理解，达成一个双方共同认可的方式。第四，由广大村民共同参与制定规范的村规民约，反映民意，统一村民认识，并且要及时更新，包含乡村生产生活和乡村治理中所涉及各方面的事情，同时还需要对内容详细规定，促进其发挥实质作用，是村民的生产生活得到长效的保障。

（3）重视农村公共文化服务体系建设。在空心村治理的过程中，要明确无论是物质生活改善还是精神生活的丰富，都是空心村治理中不可缺少的部分，既要注重经济的发展，也不能疏忽文化的建设。首先，参与空心村治理的主体要明确乡村文化的丰富内涵，既包括景观资源、空间肌理、村庄建筑、生产工具等物质方面的文化，也包括民俗、传统工艺和艺术、村规民约，尤其重要的是价值观、道德观和淳朴古朴的乡风等精神方面的文化。只有充分理解乡村文化的内涵，才能明白乡村文化对于乡村发展的重要作用，才能明白文化底蕴是乡村发展必不可少的部分，优秀的传统文化是中华民族精神的体现，也是中华民族特色的体现，而农村的传统文化是中国传统文化中不可或缺的一部分，所以在空心村治理过程中，要积极弘扬和发展当地的传统文化，提倡勤俭节约、勤劳勇敢的和谐乡风。其次，在空心村文化治理的过程中，要引导村干部和村民以优秀的理论为思想指导，树立正确的价值观。最后，创新文化建设新思维，利用数字化、网络化等手段对农村公共文化服务项目、公共文化服务空间进行重塑，通过云图书馆、线上文化讲座等信息化的方式，丰富空心村的文化氛围，不仅可以节约村庄建设用地的使用，也节省了一部分对文化建筑建设和维护的资金，与此同时，要加强文化的监管机制，坚决抵制低俗文化、腐朽文化在乡村的传播，并且完善空心村治理绩效考核体系，适当增加文化建设所占比例，提高文化建设的重视程度。

11.3.2　治理主体方面

1. 治理主体存在问题

村民参与空心村治理积极性不高。村民作为乡村的主体，是推动乡村治理的内生动力，空心村治理的前期、中期和后期，都需要村民的积极参与和配合。然而，在实际的治理过程中由于村民与政府或村集体地位不对等、话语权较少等多方面因素，导致村民对于乡村治理工作缺乏参与热情，甚至会出现反对或联合抵制村庄治理的行为。通过对案例村庄的研究和分析，影响村民参与空心村建设积极性的原因有以下几点：第一，对于宅基地拆迁补偿额度不满，因各村庄情况不一，宅基地建设年份等方面的不同，导致村民之间获得补偿款金额具有差异，受村民之间的比较以及相对公平心理影响，导致村民在宅基地拆迁补偿中，往往因寻求心理平衡，为获得更多的利益，拒绝参与村庄民主会议，甚至阻碍村庄治理工作的实施；第二，对于迁入的社区或新房不满，许多村民在住进新房后，出现难以适应楼房生活的现象，相较于在原有村庄和平房中居住，生活便利度有多下降，包括如农耕半径的增大，农业耕作不便，村民生活习惯改变，生活成本上升，邻里关系转变，治理前以农耕为收入来源的农户无法获取新的收入渠道等，加之政府和村集体在村庄治理过程中很容易忽视后期配套的实施，导致村民不满情绪的积攒，对村集体民主会议产生抗拒心理，不愿参与村庄的治理工作；第三，外出务工人员乡土情结的弱化，也影响着其参与村庄治理工作，许多村民长时间在外务工，逢年过节回乡也仅是短时间的停留，内心对乡村乡情的认同感和归属感逐渐降低，对村庄的治理与发展漠不关心，并且由于传统小农思想的束缚，不愿腾退闲置的宅基地，漠视村集体和政府所采取的措施，更不会主动参与和配合村庄的治理；第四，空心村主体老弱化明显，法律意识淡薄且固有思维严重，缺乏乡村社会生活共同体意识，对于相关政策和措施的了解，大多都依靠村集体通知，逐渐形成了认为村庄的治理应该是由政府和村集体负责，村民只需要享受成果即可的错误观念，而对于有意向为村庄发展做出贡献的村民，由于自身受教育程度较低，对技术、经营方法或管理手段缺乏系统的学习，也难以为乡村治理提供可采纳的建议，长此以往，村民参与村庄治理的积极性会逐渐被磨灭。

2. 面向主体的空心村治理策略

（1）充分发挥村民主体作用。在空心村治理中，农民是成果享有者也是治理参与者，要激发村民参与的热情，充分利用数字化、信息化平台向对村民进行普法教育和政策宣讲，帮助村民树立正确的思想道德观和价值观，加强政治意识，提高政治觉悟。与此同时，应开展专业技能的教学，增加村民的知识储备，培养村民的管理能力，最大限度地运用群众对空心村发展与转型过程的推动与促进作用。空心村治理中，要坚持以人为本，无论是村庄合并还是村庄规划，都应尊重农民的意愿，切实保障农民的切身利益诉求，给予农民足够的时间去理解相关的政策规定，尊重他们做出的符合自己利益的选择。另外，鼓励外出农民回乡创业是空心村治理中充分发挥村民主体地位的重要方式，尤其是拥有高文化素质的精英，凭借其丰富的经营管理知识和理念参与空心村治理。总之，村民作为村庄的主体，对本村基本情况、村情民意较为了解，是空心村治理重要的推动力，在空心村的治理过程中，要从根本上改变村民仅是治理成果享有者的观念，鼓励村民投身于空心村治理中，这样才能够增强村民的认可度，将村民的现实需要融入空心村治理的过程中，在治理方式上选择适合村庄现状的方式，尽量做到民主化、多元化，突出群众参与空心村治理的主体感受，让村民感受到自己是村庄的主人，更加乐于参与到建设村庄的行列中，扩大乡村治理的主力军。

（2）提升农村基层治理水平。在乡村组织结构中，基层组织是支撑农村建设和发展的引导者，基层组织的治理涵盖了整个乡村从生产到生活方方面面的大小事务，是乡村社会运行稳定，守护着村民生活安定，保障着广大村民的切身利益。空心村治理本就是一个复杂且长期的工程，不仅牵扯到许许多多的主体，并且对村民的生活、生产以及切身利益可以带来直接的影响，村庄只有具备一个高效、公正的基层组织，才能确保空心村治理的顺利开展，才能保护好乡村的稳定和村民生活的安宁。首先，要提升基层治理水平最主要的是改善治理方式，坚持基层党组织的领导是一切基层工作开展的核心，在党组织的带头和协调下，村委和群众应积极投身于空心村治理和发展中去，积极容纳一切对空心村治理起到推动作用的积极因素，形成现代化的基层组织的治理体系，推动空心村治理各项工作顺利、平稳的实施。其次，提升村干部治理水平，加强农村基层组织人才队伍建设，打破常规束缚，不断拓宽选配"村官"路子，鼓励大学生和有能力、善管理的外出务工人员加入村干部队伍，通过民主投票的形式让村民选取所信赖村民加入空心村治理的领导小组中，帮助村民反映需求和意愿，同时代表村民监督整个空心村的治理过程。在日常工作中，领导班子也要不断加强学习，增加知识储备量，跟进先进的思想意识，结合空心村治理的实际情况，创新管理办法与治理方式，同时，要建立一套公开与监督的机制，让基层组织的工作在村民的监督下进行。最后，创新基层治理方式和方法，通过互联网等技术手段进行乡村事务的公开，增强信息的公开和透明，主动接受村民监督，解决当前村民大量外出务工，难以及时参加村级活动和村民会议的难题，使村民及时、便捷地了解基层治理情况，增强村民对基层组织的认同感和信任感。

（3）激发各方力量治理动力。空心村的形态特征来看，乡村主体的弱化是造成村庄宅基地宅址、土地资源浪费、产业发展滞后的主要原因，要实现空心村的有效治理，提升治理主体的效能是关键。一般

221

来说，农村的治理主体应该为村两委，但在实际的空心村中，基层组织弱化，严重阻碍了基层组织治理能动性的发挥。根据行动者网络理论，政府、村民、企业等社会力量要依法依规地发挥自身优势，相互沟通、相互协调、共同合作，以谋求空心村治理的目标实现，这就需要通过多种途径激发治理主体的能动性，充分发挥各个主体间的合力。在治理过程中，不仅要为实现共同目标而努力，还不能忽视各主体的利益，尽最大可能地将利益损害降到最低，才能充分调动多治理主体的能动性，在不断完善制度保障的同时，通过村庄合并、宅基地复垦、完善公共服务等一系列举措，对治理模式不断进行优化提升，尤其是鼓励企业，发挥经济引领作用，利用出台优惠政策、降低贷款利率等多元方式，鼓励企业在乡村建设具有带动作用的项目，利用项目扩展产业，通过提供就业岗位、村企合作、土地流转等方式，提高村民收入，与此同时，可以借鉴城市经营与方式与空心村的发展道路相结合，让企业助推空心村治理的同时，也能够保证其经济效益，增强企业参与投资和治理的动力。

（4）政府与企业参与空心村治理动力不足。无论是以政府作为关键行动者的空心村治理机制，还是由企业作为主要力量的空心村发展机制，唯有积极参与到村庄治理的全过程中才能切实促进空心村治理的高效完成。空心村治理工作不仅关系社会发展的多方面，还涉及各级政府、政府各部门之间的利益协调和关系沟通，在空心村治理工作实施的过程中，会产生相互的交叉和碰撞，即使在权责界限不明确的情况下，也容易产生相互扯皮和推诿的情况，难以发挥各部门的合力，同时，空心村治理会涉及多主体的利益，尤其是村民作为村庄的主体，若其利益受到不公正的对待，极容易引发一系列事件，不仅会阻碍村庄的发展，也会影响各部门工作的开展，加之村庄治理在布局规划、项目设立、土地开发以及房屋拆迁补偿方面需要大量的资金支持，许多乡镇财政紧缺，村庄治理的物质资源和人力资源严重不足，在一定程度上也抑制了政府参与空心村治理的动力。由于以上多种因素的影响，使得政府在治理过程出现动力不足的现象。对于企业来说，空心村治理是属于惠民性项目，项目实施需要统筹各方面的安排，包括前期的选址建房、对旧房的拆迁改造、对土地的复垦以及新产业的培育，这些项目会耗费企业的时间和资金，但空心村治理是一项长期的工程，前期和中期需要大量的投资，但短期内难以获得相应的经济效益，同时，乡村治理资金渠道来源不畅通，村庄改造过程中需要大量的资金，加之空心村自身不仅缺乏物质资源，也缺乏人力资源，企业在村庄治理前期和后期不仅垫付大量资金，还要投入大量的劳动力，由于后期收益也难以得到保证，企业经营利润受到较大损失。另外，在房寺镇空心村治理过程中，群众参与积极性不高，缺乏对施工方的施工质量进行有效监督，并且，相对于村庄的建设，企业更关注如何才能确保自身的利益得到更快地实现，不愿在后期的设施维护中投入更大的精力，并且，在以发展农业为主的村庄中，农产品产量和质量难以保障都达到市场标准，经营存在不稳定性，因此，企业并不愿意主动参与空心村治理工作。

（5）空心村基层治理效果落后。在空心村治理中，村两委是落实各项政策，推动空心村治理有序开展的关键主体，其治理能力的高低直接影响到空心村治理的成效。第一，村干部是协调解决村庄事的主要力量，空心村普遍存在村干部年龄结构老龄化、文化水平不高，工作能力水平低等问题，尤其在当前高速信息化时代，办公方式已转化为无纸化，年龄较大、学习能力不强的村干部难以适应，给其带来较大的工作阻力，逐渐消磨了工作积极性，基层组织涣散软弱，凝聚力和向心力不强，在村庄治理中不能充分发挥其组织引领作用，导致村庄治理的效能不高、服务不优，同时，由于干部素质和能力的限制，真正能够承担村庄治理职责的人员少之又少，村庄治理的日常工作进展缓慢。第二，由于监督机制的不健全，部分村干部在乡村治理过程中以权谋私，滥用职权损害农民利益的行为时有发生，村民的知情权难以得到保障，公共事务的处理难以反映广大村民的意见，加深了村民对村集体的不信任和不满意，不愿意配合村集体进行乡村治理工作的开展。第三，村两委关系矛盾突出，在空心村治理过程中，两者往往会产生许多矛盾，村党支部过分强调其领导作用，过多干预乡村治理工作，导致村民自治功能的弱化，两者之间沟通协调的不顺畅，难免会导致村庄治理偏离预定轨道。第四，由于空心村治理方式是多元的，需要结合时代发展轨迹不断进行动态调整，尤其是近年来农村社会阶层向多元化发展，村干部以往传统的工作方式方法已难以满足基层治理需求，部分村干部只会照搬发展先进村的经验，难以实现突破，导致村庄治理存在很强的滞后性。

11.4　小　　结

本章从农户需求与农户福利的综合视角出发，及时总结归纳不同宅基地退出模式在具体实施过程中存在的短板与不足，并以此为依据提出相应的模式优化对策，围绕四种典型的宅基地退出模式，从加强社区就业服务和精神文明建设、完善补偿形式及规范补偿标准、强化普法宣传与保证农户参与、健全增值收益跟踪监管与风险防范机制等方面提供了完整的宅基地退出政策导向与理论支撑，以期在宅基地退出实践过程中更好地满足农户的多样化需求并改善农户综合性福利，切实保障农户的合法权益。与此同时，根据案例村庄空心村治理主体、客体及二者综合绩效的测算结果及空心村治理过程中存在的主要问题，以此为依据提出优化对策，分别是充分发挥村民主体作用，提升农村基层治理水平，激发各方参与治理动力，扩展并完善农村金融体系以及建立空心村治理保障机制，以此提升空心村治理的绩效。

第12章 结　　语

本书以山东省禹城市房寺镇为例探究平原农区空心化村庄及宅基地退出模式，在空心化村庄形态识别及治理治理模式上，选取 4 个典型空心村为研究对象，从治理主体和治理客体两方面探索其治理模式运作规律及治理效果，总结治理经验，发现治理过程中待改进的问题，对空心化村庄治理主体和治理客体的治理策略进行探讨。在宅基地退出方面，以农户视角为研究主线，通过构建"诊断—设计—结果"框架和原型分析法，凝练不同宅基地退出模式运行机理，建立农户福利评价体系，探究不同宅基地退出模式的运行效果，最后在结合农户需求和意愿的基础上，对房寺镇当前不同宅基地退出模式和空心村治模式提出针对性优化策略，为平原农区空心化村庄背景下宅基地退出模式提供决策依据。

12.1　本书主要结论

本书以禹城市房寺镇为研究区域，利用房寺镇第三次土地调查数据库、高分辨遥感影像数据库以及房寺镇第三次全国农业普查数据统计数据，获得房寺镇 62 个行政村的土地利用数据和社会经济数据，基于行政自然村自然环境、社会经济发展和村庄治理模式的差异性，选取房寺社区、邢店社区、郑牛村和尉庄 4 个村庄作为本书主要研究的案例村庄，通过问卷调查与村干部和典型家庭访谈相结合的方式，获得用于研究的相关数据，使用贡献度分析和 LSE 模型对房寺镇整体空心村情况进行类型识别。基于行动者网络理论，分析典型治理模式运行过程，并从治理主体和治理客体两方面构建绩效评价体系，对治理客体和治理主体的绩效进行评价，运用协调度计算案例村庄空心村治理的综合绩效结果，并对空心村治理过程中存在的问题提出针对性建议，在空心村形态识别的基础上，基于宅基地退出的农户意愿角度，按照农户收入来源和从事职业的不同，将受访者分为了农业型、兼业型和非农型3种类型；其次从个体特征、家庭状况、居住条件和农户认知等四个方面，选取了共38个可能会影响农户的退出意愿和退出模式选择行为的影响因素，同时通过对农户需求的分析和对房屋价值与重新安置成本的比较，识别出了"住房补偿""货币补偿""住房＋住房"和"住房＋货币"这4种宅基地退出的基本模式；然后在建立二元Logistic回归模型和灰色关联分析模型的基础上，将访谈和问卷调查所获取的数据进行了分析，得到影响不同类型农户退出意愿的主要因素和选择不同宅基地退出模式的农户特点；最后对已有的宅基地退出模式进行了优化，并对农村宅基地退出政策的完善提出了相应的建议。

而后，以农户需求视角为研究主线，基于层次需求、可行能力等理论，构建了研究的理论框架体系。从农户需求和农户福利两条路径出发，对研究区禹城市房寺镇13个村庄实地调研所获取的数据进行统计与分析，探讨不同农村宅基地退出模式的运行机理与运行效果。首先，对宅基地退出模式进行系统理论解构，针对宅基地内外部性要素间的多元组合形式，识别并设计出资产置换、货币补偿、以地养老、土地入股4种典型类型。其次，从农户需求出发，基于"诊断—设计—结果"框架理解宅基地退出模式的集体行动逻辑，提取房寺镇宅基地退出实践中的模式（子）原型，凝练不同宅基地退出模式的运行逻辑及运行机理。再次，基于农户福利角度，结合可行能力理论与案例村实际情况选取退出农户的福利评价指标，采用模糊数学法评价不同退出模式下的农户福利状态，以探究不同宅基地退出模式的运行效果。最后，综合农户需求与农户福利，对房寺镇当前不同宅基地退出模式进行问题诊断，进而针对性地提出优化策略，主要结论如下：

本书从农户视角下，基于利益相关者、农户需求层次等理论，构建了研究框架体系，分析了平原农区空心化村庄农户对农村宅基地退出的意愿选择和退出模式选择的行为特点。研究主要结论如下：

第一，①房寺镇整体空心化程度整体偏高，在空间上表现出中部地带空心化程度低，南部和北部地区空心化程度高的现象。人口空心化率高，空废宅基地面积广、经济结构失衡是房寺镇村庄空心化的主导因素。房寺镇村庄空心化具有单形态主导和多形态复合的特征，其中单形态主导型空心村较少，仅占村庄数量的8.06%，双形态、三形态、四形态和五形态复合型空心村分别占25.81%、33.87%、22.58%和9.68%，说明房寺镇空心村复杂多样。房寺社区、邢店社区、郑牛村和尉庄4个案例村庄，空心化程度分别为46.28、48.78、49.12和47.36，处于低度和中度空心化水平，说明空心村治理初见成效，其中，房寺社区属于单形态主导类型，空心化贡献度最高的指标为乡村归属感，邢店社区属于双形态复合类型，空心化贡献度较高的指标为村民重大事项参与程度和人口结构，郑牛村属于双形态复合类型，空心化贡献度较高的指标为经济结构和人口空心化率，尉庄属于单形态类型，空心化贡献度最高的指标为重大事务参与程度。②在案例空心村治理模式上，房寺社区采取以空心村治理小组为关键行动者的新型城镇建设—城乡统筹模式，核心为集中搬迁至城镇社区，解决农民非农就业与居住空间的匹配问题，实现居住和就业城镇化；邢店社区采取以房寺镇政府为关键行动者的规模化经营带动—村庄整合模式，核心实现经营规模化，居住集中化，农业现代化及土地集约化，集中建设规模化的社区农业园区；郑牛村采取以村两委为关键行动着的闲散土地盘活—村内集约模式，核心是集约利用农村闲散土地，发展种植业；尉庄采取以房寺镇政府为关键行动者的观光旅游开发—原址优化模式，核心是利用灌溉优势和交通优势发展种植业，挖掘资源潜力和景观价值，开发生态观光旅游。③基于行动者网络理论分别构建空心村治理客体与主体绩效评价体系，根据治理客体绩效评价结果，尉庄治理客体综合绩效最高，依次为房寺社区、邢店社区和郑牛村，人口子系统绩效得分差异最大，是空心村治理的关键，组织子系统得分差异最小，但得分均较低，是空心村治理中容易被忽视的部分；从主体绩效结果来看，邢店社区主体综合绩效最高，依次为房寺社区、郑牛村和尉庄，政府层面绩效得分差异最小且较高，说明在空心村治理中，政府依旧处于主导地位，企业层面得分差异最小，尤其是在不以发展产业为核心的村庄中，企业的投资较少，参与度低；根据治理主客体综合绩效结果，4个案例村庄均为中等协调程度，说明案例村庄当前的空心村治理工作开展较有序，但也存在些许问题有待改进。

第二，①在所有受访农户中，愿意退出农村宅基地的人数比例约为60.5%，其中农业型农户中愿意退出的比例仅为44.8%，而兼业型和非农型农户中愿意退出的比例相对较高，分别为 60.1% 和 70.3%，造成这种差异的原因主要与农户的收入水平有关。通过进一步分析得知，愿意退出农村宅基地的农户普遍具有以下几种特点：在个体特征方面，农户对新政策的接受度较高，对农村住宅的保障功能的依赖性较小；在家庭情况方面，农户家庭的收入水平较高、收入来源较稳定，家庭的抗风险能力较强，对农村住宅及土地的资本功能的依赖性小；在居住条件方面，农村现有的居住环境的适宜性较低，农村生活的便利度较低；在农户认知方面，农户对城市生活比较向往，对宅基地退出的相关政策有一定的了解。②对积极农户愿意退出农村宅基地的直接原因进行分析得知，在政府或村委会统一规划、村里大多数人选择退出、已经退出宅基地的农户的生活条件得到了改善和认为退出政策及补偿合理的情况下，农户更愿意选择退出农村宅基地。在四种宅基地退出模式中，三种类型的农户选择"住房补偿"和"货币补偿"的人数比例都相对较高，对不同类型农户做出不同退出模式选择的原因进行分析得知，促使农户做出不同选择的原因主要与农村宅基地的价值大小和农户家庭的人口结构及收支情况有关。一般来说，在现有房屋质量较差、家庭赡养系数较高的农户会选择"住房补偿"模式，已经在城镇购房即没有住房压力、家庭收入较高的农户会更愿意选择"货币补偿"，而家中有闲置宅基地或宅基地价值较高的农户，在满足基本的住房需求之后，会根据是否有为子女后代置房的需求等，选择"住房+住房"或"住房+货币"的宅基地退出模式。农户在选择宅基地退出模式时主要考虑的是现有宅基地资源的价值和自身的需求，对政策认知程度的作用并不大。③对消极农户不愿退出农村宅基地的原因分析得知，宅基地退出模式的不完善会降低农户对政策实施之后的预期，而农户对政策的不了解和自身对维持现有生活状态的希望是使得农户不愿退出宅基地的直接原因。基于农户对宅基地退出能够带来的补偿条件的期望，本书在 4 种基本退出模式的基础上，又加入了为农户提供更好的医疗条件、养老保障、教育条件和就业机会等方面的其他基本社会保障的条件，对已有的农村宅基地退出模式进行了优化，以满足农户在提高生活质量和获得更好的生活条件方面的需求。④依据对不同类型农户的退出意愿的分析结果与退出模式的选择和优化结果，从提高农户的政策感知和完善宅基地退出机制这两个方面，对农村宅基地退出政策的实施提出了政策建议。具体包括加强对农村宅基地退出政策的宣传，提高农户在宅基地退出过程中的参与度，兼顾公平性和差异性，优化退出模式与退出流程，完善农村的基本社会保障体系，加强配套基础设施的建设，加强对宅基地退出的综合管理和建立监督体系等建议。

第三，①宅基地退出模式系统由"外缘—内核"式要素构成，其中外缘系统囊括政策条件、宅基地特征与农户特征等驱动内核运作的外部性因子，内核系统则是针对外缘系统的行为响应和组合设计的多元要素，宅基地退出模式是内核、外缘系统耦合驱动的结果。农户与宅基地的联系最为密切，不同类型的农户主体会基于自身的多样特征选择不同的退出方式来实现其预期，由此形成差异化的宅基地退出模式；反之，不同模式间通过多元化的激励机制有效地与农户特征相匹配，进而激发农户参与退出的积极性。因此，开展宅基地退出模式研究应突出农户主体地位，坚持农户视角。②立足农户多层次需求，对房寺镇 13 个案例村庄的宅基地退出集体行动原型进行提取，凝练在异质性案例中重复出现的属性组合规律，进而深析不同退出模式与农户多层次需求间的匹配关系。本书总共提取出 4 种退出模式原型，具体表现为满足农户住房需求的资产置换模式、满足农户经济需求的货币补偿模式、满足农户养老需求的以地养老模式和满足农户尊重与自我实现需求的土地入股模式，对生成形式背景下的一连串原型进行高度定焦与特性深析，进而纵向分解出涉及参与主体、农户类型、村庄禀赋、区位条件等核心要素的 6 种子原型，这成为构成退出模式差异化运行过程的关键。房寺镇农村宅基地退出模式的运行过程各有特色，具体表现为，资产置换模式的运行过程具有政府主导、财政扶持、住房置换、旧村改造等特征，货币补偿模式的运行过程具有政村协作、成本共担、经济激励、增减挂钩等特征，以地养老模式的运行过程具有政企共建、三方投资、养老服务激励、精准扶贫等特征，土地入股模式的运行过程具有村企合作、成本共担、利益联结、美丽乡村建设等特征。③围绕前面提取凝练出的四种宅基地退出模式原型，从农户福利角度出发展开对退出模式运行效果的分析。根据农户福利测度结果发现，不同宅基地退出模式下农户福利水平变化不同。总体上看，4 种退出模式下农户总福利水平均有所改善，且达到福利较好的状态，但改善程度存在差异，具体表现为土地入股 > 以地养老 > 资产置换 > 货币补偿。在衡量农户福利的功能性指标中，居住状况、经济状况、社会保障、心理状况这4项功能性指标的模糊指数较宅基地退出前显著提升，而社会参与状况较退出前呈现下降趋势。在对农户福利各构成要素指标的变化结果来看，各模式间改善幅度最大的前5位指标具有差异性，但在存在下降趋势的具体指标上又具有一定共性，主要包括农业年收入、邻里关系及决策机会这3项福利构成要素指标，说明宅基地退出模式运行过程中存在问题需进一步改进。④综合农户需求与农户福利两个方面，对4种宅基地退出模式进行问题识别，进而提出针对性的优化建议，具体表现为，资产置换模式应完善就业保障体系，引领社区文化建设，充分实现农户的经济需求与社交需求；货币补偿模式的优化应兼顾完善的退出补偿机制与多元化配套补偿方式，努力满足退出农户的长远经济需求；以地养老模式应加强政府的政策引导与政策支持，树立农户主体地位，靶向老年农户的经济与尊重需求；土地入股模式应从利益分配与监管机制着手，缓冲乡村特色产业市场运营风险，尽可能多地满足退出农户自我实现的需要。

12.2　研究特色与创新

第一，目前对于空心村治理侧重于过程的绩效评价，对于治理后效果的绩效评价甚少，并且评价体系的构建大多以形态表征和形成机制为基础，并未考虑人类行动者，即治理主体绩效；此外，对于宅基地退出模式的刻画与研究多侧重政府主导层面下"一刀切"的退出方式，基于农户主体开展退出模式运行机理和运行效果的研究甚少。本书从空心村治理的客体和主体两方面构建指标体系，对案例村庄治理绩效进行全面评价，并通过比较分析，梳理空心村治理中存在的问题并提出优化对策。同时以农户视角为主线，从农户需求与农户福利两条路径展开对农村宅基地退出模式研究，对研究视角来说是一种创新。

第二，现有关于空心村形态特征的解析多从地理学层面出发，集中在农村建设用地的粗放利用，而本书从人口、产业、组织、文化等方面，对空心村形态特征进行补充。已有文献的研究中，对空心村治理模式偏向于路径及对策的研究，对主体能动性的分析尚有不足，笔者从行动者理论视角出发，对空心村治理中的人类行动者与非人类行动者行为及角色定位进行分析，全面解析空心村治理模式的运行过程，总结了房寺镇空心村治理机制。值得一提的是，本书创新地将原型分析法应用到宅基地退出模式研究中，高度总结并提取当前房寺镇宅基地退出模式的运行逻辑，进而解析其运行机理，为其他地区宅基地退出提供了新的实证参考借鉴。

第三，已有关于农村宅基地退出问题的研究，或侧重于对农户退出意愿的微观因素的分析，或侧重于对退出模式的分析，两者兼顾的研究较少，且并未针对消极农户的意愿选择原因进行退出模式的优化与完善。而本书在农户感性认识和理性选择基础上，利用 Logistic 模型和灰色关联分析法，分别构建农村宅基地退出意愿模型和退出模式选择模型，在从农户行为视角下分析影响农村宅基地退出的影响因素的基础上，进一步将农户行为与农村宅基地退出模式进行匹配，综合分析影响农村宅基地退出的意愿的微观机制与模式选择。对于积极农户，剖析其退出模式选择的作用机理；对于消极农户，分析其意愿选择的原因，参考已退出农户的行为选择与退出模式，进行模式优化，探究"理性、利益、公平"兼顾目标下农村宅基地退出模式最优组配方案，在研究思路和实践上是一种新的尝试。

231

12.3　讨论与展望

第一，由于本书受限于研究尺度和数据的可获取性等原因，仅对平原农区典型空心村治模式进行分析，对空心村形态的复杂性认识还不够深入，且所分析的空心村治理机制可能并不适用于偏于山区或地形地质复杂的农村。另外，空心村治理与乡村振兴存在着密切的关联，空心村治理过程离不开乡村振兴战略的方向引导和政策支持，人口、土地、产业、组织、文化作为空心村治理客体充分对应乡村振兴战略五大目标，为空心村治理路径的方向性选择和治理方案构建提供了科学依据和有力保障，反之，空心村的有效治理有力推进乡村振兴与转型发展。最后，对于治理客体和治理主体中村民所涉及的指标可能会存在内容上的部分交叉，在后续研究中对于空心村治理绩效的指标体系构建还需进一步推敲。

第二，本书仅选取平原农区禹城市房寺镇的邢店村、张安村、大李店村等 13 个典型案例村庄开展宅基地退出模式相关研究，所选村庄虽具有宅基地退出实践的代表性，但由于原型提取的本质是逆向寻找特殊性案例中普遍性的规律组合关系，所提取的各种模式（子）原型要素也会基于异质性案例的存在而变得多元。因此，本书所剖析出的宅基地退出模式运行机制对于全国其他地区的普适性上稍有欠缺。此外，福利是一个主观且模糊的概念，指标体系的构建可能会随研究视角的不同而多样，进而会产生不同的研究结论，本书构建的福利评价指标体系虽能涵盖研究区房寺镇农户整体的现实状况，但较多涉及主观上的定性指标，这个体系的精度还有待推敲与完善。

第三，随着宅基地退出改革工作在我国诸多试点的不断开展，全国其他地区的农村在具体退出的实践过程中，因地制宜，分类施策，积极探索具有本地区特色的不同退出模式类型，如义乌"集地券"、平罗"土地收储"模式等。由于差异化的退出方式、补偿条件等要素是形成多元模式运行机理的关键，因此，未来应就不同地区宅基地退出模式运行逻辑间的共性和特性开展纵向研究。另外，未来应根据宅基地退出前后农户福利变化的动态状况开展更为深入的研究工作，既更多捕捉到反映时间变化要素的面板数据，又要有针对性的构建福利评价体系，考虑增添客观指标，进而提高福利测算的精度。

参 考 文 献

[1] H. Jun. Building a New Country Side: A Long-term Task in China's Modernization Drive. *China Economist*, No. 6, 2007, pp. 93 – 111.

[2] Woods M. Rural Geography: Processes, Responses and Ex Periences in Rural Restructuring. *London: Sage*, 2005.

[3] Moseley M J. Rural Development: Principles and Practice. *London: Sage*, 2003.

[4] Gray J. The Common Agricultural Policy and the Re – Invention of the Rural in the European Community. *Sociologic Ruralis*, Vol. 40, 2000, pp. 30 – 52.

[5] Woods M. Social Movements and Rural Pol Itics. *Journal of Rural Studies*, Vol. 24, No. 2, 2008, pp. 129 – 137.

[6] Goodwin M. Rural Governance, Devolution and Policy Delivery. In: Woods M. New Labour's Countryside: Rural Policy in Britain Since 1997. *Bristol: Policy Press*, 2008, pp. 45 – 58.

[7] WoodsM. Engaging The Global Countryside: Globalization, Hybridity and the Reconstitution of Rural Place. *Progress in Human Geography*, Vol. 31, No. 4, 2007, pp. 485 – 507.

[8] Alene A D, Manyong V M, Coulibaly O. Responding to Food Supply Shocks Through Global Partnerships in Technology Development and Transfer-the Case of the IIT A – led Biological Control of Cassava Mealybug in Sub – Saharan Africa. *Outlook on Agriculture*, Vol. 35, No. 4, 2006, pp. 255 – 261.

[9] TenAsbroek A H A, Delnoij D M J, Niessen L W, et al. Implementing global knowledge in local practice: A WHO lung health initiative in Nepal. *Health Policy and Planning*, Vol. 20, No. 5, 2005, pp. 290 – 301.

［10］VanDormael M, Dugas S, Diarra S. North – South Exchange and Professional Development: Ex Perience from Mali and France. *Family Practice*, Vol. 24, No. 2, 2007, pp. 102 – 107.

［11］Kupidura A, Frczewski M, Home R, et al. Public Perceptions of Rural Landscapes in Land Consolidation Procedures in Poland. *Land Use Policy*, Vol. 39, No. 3, 2014, pp. 313 – 319.

［12］Besley, Property Rights and Investment Incentives: Theory and Evidences: Theory and Evidence from Ghana. *Journal of Political Economy*, No. 103, 1995, pp. 1121 – 1126.

［13］Macmillan D C. An Economic Case for Land Reform. *Land Use Policy*, Vol. 17, No. 1, pp. 49 – 57.

［14］Anka L, Miran F, Franc L, et al. Modelling the Rural Land Transaction Procedure. *Land Use Policy*, No, 25, 2008, pp. 123 – 125.

［15］Deininger K, Jin S, Nagarajan H K. Determinants and Consequences of Land Sales Market Participation: Panel Evidence from India. *World Development*, Vol. 37, No. 2, 2009, pp, 410 – 421.

［16］Coase R. H. Classic Papers in Natural Resource Economics. *UK: Palgrave Macmillan UK*, 1960.

［17］Bugri J. T, Kumi S. Dynamics of Community Perceptions, Common Resources and Compensation Practices in Mining: The Case of Newmont Ghana Gold Ltd at Ahafo. *International Journal of the Commons*, Vol. 12, No. 1, 2018, pp. 1 – 24.

［18］Sardaro R, Sala P. L, Roselli L. How Does the Land Market Capitalize Environmental, Historical and Cultural Components in Rural Areas? Evidences from Italy. *Journal of Environmental Management*, No, 269, 2020, pp. 110 – 776.

［19］Roy T, Jayaraj R, Kumar A. Defining Fair Market Value of Land in a Thin Land Market of India to Pay Just Compensation: A Case Study. *International Journal of Economics & Business Research*, Vol. 13, No. 3, 2017, p. 258.

［20］Ghatak M, Mookherjee D. Land Acquisition for Industrialization and Compensation of Displaced Farmers. *Journal of Development Economics*,

Vol. 110, No. 43, 2014, pp. 303 – 312.

［21］Prokić M. T. , Počuča M. Acquisition of Agricultural Land. Economics of Agriculture. *Ekonomika Poljoprivrede*, Vol. 63, No. 4, 2016, pp. 1281 – 1295.

［22］Choudhury S. R. Government Land Acquisition in India： Changes after 120 Years. *Real Estate Review*, Vol. 44, No. 1, 2015, pp. 61 – 68.

［23］Carolade G, Femke B C. Daalhuizen, Frank van Dam, et al. Once an Outsider, always, an Outsider? The Accessibility of the Dutch Rural Housing Market among Locals and Non-locals. *Journal of Rural Studies*, Vol. 28, No. 3, 2012, pp. 302 – 313.

［24］Brabec E, C. Simth, Agricultural land Fragmentation： The Spatial Effects of Three Land Protection Strategies in the Eastern United States. *Landscape and Urban Planning*, No. 58, 2002, pp. 224 – 229.

［25］Dutt A K, Achmatowicz – Otok A, Mukhopadhyay A, et al. Urban And Rural Housing Characteristics of Poland. *Landscape and Urban Planning*. Vol. 22, No. 4, 1992, pp. 153 – 160.

［26］Chaney P, Sherwood K. The Resale of Right to Buy Dwellings： A Case Study of Migration and Social Change in Rural England. *Journal of Rural Studies*, Vol. 16, No. 1, 2000, pp. 79 – 94.

［27］Lerman Z, Cimpoieş D. Land Consolidation as a Factor for Rural Development in Moldova. *Europe – Asia Studies*. Vol. 58, No. 3, 2006, pp. 439 – 455.

［28］Kupidura A, Frczewski M, Home R, etc. Public Perceptions of Rural Landscapes in Land Consolidation Procedures in Poland. *Land Use Policy*, Vol. 39, No. 3, 2014, pp. 313 – 319.

［29］Lisec A, Ferlan M, Lobnik F, et al. Modelling the Rural Land Transaction Procedure. *Land Use Policy*, Vol. 25, No. 2, 2008, pp. 286 – 297.

［30］Ritter M, Odening M. Testing for Regional Convergence of Agricultural Land Prices. *Land Use Policy*, Vol. 64, No. 5, 2017, pp. 64 – 75.

［31］严旭阳、汤利华、杨一介：《城乡关系视野下的空心村功能重构：动力与机理——北京密云干峪沟村"重生"案例研究》，载于

《管理评论》2020 年第 4 期。

[32] 陈波、耿达：《城镇化加速期我国农村文化建设：空心化、格式化与动力机制——来自 27 省（市、区）147 个行政村的调查》，载于《中国软科学》2014 年第 7 期。

[33] 原野、师学义、牛姝烨、张琛、闫帅：《基于 GWR 模型的晋城市村庄空心化驱动力研究》，载于《经济地理》2015 年第 7 期。

[34] 王国刚、刘彦随、王介勇：《中国农村空心化演进机理与调控策略》，载于《农业现代化研究》2015 年第 1 期。

[35] 崔卫国、李裕瑞、刘彦随：《中国重点农区农村空心化的特征、机制与调控——以河南省郸城县为例》，载于《资源科学》2011 年第 11 期。

[36] 魏程琳、史明萍：《空心村治理与宅基地制度变革——基于广西富县实地调研》，载于《城市规划》2017 年第 1 期。

[37] 徐安琪、高雪松、李启权、谢汀：《平原村落空心化特征分析及类型识别》，载于《资源科学》2016 年第 2 期。

[38] 关小克、王秀丽、张佰林、任圆圆、李乐：《不同经济梯度区典型农村居民点形态特征识别与调控》，载于《经济地理》2018 年第 10 期。

[39] 刘彦随、刘玉、翟荣新：《中国农村空心化的地理学研究与整治实践》，载于《地理学报》2009 年第 10 期。

[40] 刘彦随、刘玉：《中国农村空心化问题研究的进展与展望》，载于《地理研究》2010 年第 1 期。

[41] 郑小玉、刘彦随：《新时期中国"乡村病"的科学内涵、形成机制及调控策略》，载于《人文地理》2018 年第 2 期。

[42] 王介勇、刘彦随、陈玉福：《黄淮海平原农区农户空心村整治意愿及影响因素实证研究》，载于《地理科学》2012 年第 12 期。

[43] 张帅、李涛、杨晓霞：《人口—土地—产业视角下丘陵山区乡村空心化研究——以奉节县 12 个调研村为例》，载于《中国农学通报》2019 年第 22 期。

[44] 赵明月、王仰麟、胡智超、宋治清：《面向空心村综合整治的农村土地资源配置探析》，载于《地理科学进展》2016 年第 10 期。

[45] 宋伟、陈百明、张英：《中国村庄宅基地空心化评价及其影

响因素》，载于《地理研究》2013 年第 1 期。

［46］屠爽爽、龙花楼：《乡村聚落空间重构的理论解析》，载于《地理科学》2020 年第 4 期。

［47］龙花楼、屠爽爽：《乡村重构的理论认知》，载于《地理科学进展》2018 年第 5 期。

［48］易文彬：《论农村空心化治理的多重逻辑》，载于《西南民族大学学报（人文社科版）》2018 年第 7 期。

［49］郑秋月、姜广辉、张瑞娟：《基于乡村地域功能导向的土地整治分区——以北京市平谷区为例》，载于《中国农业资源与区划》2018 年第 11 期。

［50］屠爽爽、周星颖、龙花楼、梁小丽：《乡村聚落空间演变和优化研究进展与展望》，载于《经济地理》2019 年第 11 期。

［51］乔陆印：《乡村振兴视域下农村土地整治的内涵重构与系统特征》，载于《农业工程学报》2019 年第 22 期。

［52］曲衍波、姜广辉、商冉、高宇：《基于系统外部性和内部性特征的农村居民点整治典型村域模式》，载于《北京大学学报（自然科学版）》2017 年第 3 期。

［53］王语檬、陈建龙：《黑龙江平原农区村庄空心化演变及其整治措施研究》，载于《中国土地科学》2018 年第 12 期。

［54］陈玉福、孙虎、刘彦随：《中国典型农区空心村综合整治模式》，载于《地理学报》2010 年第 6 期。

［55］郑殿元、文琦、王银、米欢：《中国村域人口空心化分异机制及重构策略》，载于《经济地理》2019 年第 2 期。

［56］王文龙：《警惕农村的另类"空心"问题》，载于《经济体制改革》2010 年第 4 期。

［57］胡秀媚、冯健：《欠发达生态敏感区空心村整治规划体系构建——以宁夏西吉县为例》，载于《城市发展研究》2016 年第 12 期。

［58］谭雪兰、于思远、欧阳巧玲、毛克彪、贺艳华、周国华：《快速城市化区域农村空心化测度与影响因素研究——以长株潭地区为例》，载于《地理研究》2017 年第 4 期。

［59］张甜、王仰麟、刘焱序、赵明月：《多重演化动力机制下的空心村整治经济保障体系探究》，载于《资源科学》2016 年第 5 期。

［60］贾岚、郑循刚、谢艳、李何超、吴玺：《城镇近郊空心村建设用地整治效果及差异研究——以冉义镇 11 个村庄为例》，载于《中国农业资源与区划》2017 年第 9 期。

［61］藏波、吕萍、杨庆媛、王金满：《基于现代农业发展的丘陵山区农用地整治分区与发展策略——以重庆市云阳县为例》，载于《资源科学》2015 年第 2 期。

［62］冯健、杜瑶：《空心村整治意愿及其影响因素——基于宁夏西吉县的调查》，载于《人文地理》2016 年第 6 期。

［63］谢皖东、田双清、陈宇阳、陈文宽：《基于农户满意度的城镇近郊区空心村综合整治绩效评价——以成都市 17 个典型村庄 419 户农户问卷调查为例》，载于《中国农业资源与区划》2017 年第 6 期。

［64］王良健、吴佳灏：《基于 IAD 模型的空心村治理农户参与意愿分析》，载于《经济地理》2019 年第 8 期。

［65］王兆林、杨庆媛、张佰林：《户籍制度改革中农户土地退出意愿及其影响因素分析》，载于《中国农村经济》2011 年第 11 期。

［66］李亚莉：《河北省农村宅基地退出中农民权益保护问题研究》，载于《中国集体经济》2018 年第 6 期。

［67］许恒周、殷红春、石淑芹：《代际差异视角下农民工乡城迁移与宅基地退出影响因素分析——基于推拉理论的实证研究》，载于《中国人口·资源与环境》2013 年第 8 期。

［68］张建、诸培新、王敏：《政府干预农地流转：农户收入及资源配置效率》，载于《中国人口·资源与环境》2016 年第 6 期。

［69］杨玉珍：《农户闲置宅基地退出的影响因素及政策衔接——行为经济学视角》，载于《经济地理》2015 年第 7 期。

［70］许恒周、吴冠岑、郭玉燕、密长林：《宅基地确权对不同代际农民工宅基地退出意愿影响分析——基于天津 248 份调查问卷的实证研究》，载于《资源科学》2013 年第 7 期。

［71］郭贯成、戈楚婷：《推拉理论视角下的农村宅基地退出机制研究——基于南京市栖霞区农户意愿调查》，载于《长江流域资源与环境》2017 年第 6 期。

［72］万亚胜、程久苗、吴九兴、费罗成、徐玉婷：《基于计划行为理论的农户宅基地退出意愿与退出行为差异研究》，载于《资源科

学》2017 第 7 期。

[73] 杨璐璐：《沿海地区农民宅基地退出意愿的实证分析——以福建省晋江市为例》，载于《财经问题研究》2016 第 1 期。

[74] 汤爽爽、郝璞、黄贤金：《大都市边缘区农村居民对宅基地退出和定居的思考——以南京市江宁区为例》，载于《人文地理》2017 第 2 期。

[75] 梁发超：《闽南地区农村宅基地退出的影响因素》，载于《西北农林科技大学学报（社会科学版）》2017 第 1 期。

[76] 彭长生：《欠发达地区农村宅基地退出安置模式选择及影响因素分析》，载于《财贸研究》2014 第 3 期。

[77] 孙雪峰、朱新华、陈利根：《不同经济发展水平地区农户宅基地退出意愿及其影响机制研究》，载于《江苏社会科学》2016 第 2 期。

[78] 夏敏、林庶民、郭贯成：《不同经济发展水平地区农民宅基地退出意愿的影响因素——以江苏省 7 个市为例》，载于《资源科学》2016 年第 4 期。

[79] 秦怡：《农村宅基地退出意愿影响因素研究——基于江苏省的农户实地调查》，载于《中国国土资源经济》2016 年第 12 期。

[80] 彭长生：《农民宅基地产权认知状况对其宅基地退出意愿的影响——基于安徽省 6 个县 1413 户农户问卷调查的实证分析》，载于《中国农村观察》2013 年第 1 期。

[81] 邓梅娥、张安录、陈红兵：《基于集体土地产权权能的农户宅基地退出意愿：上海松江、金山区的实证分析》，载于《中国生态农业学报》2017 年第 9 期。

[82] 朱新华、蔡俊：《感知价值、可行能力对农户宅基地退出意愿的影响及其代际差异》，载于《中国土地科学》2016 年第 9 期。

[83] 高欣、张安录、李超：《社会保障，非农收入预期与宅基地退出决策行为——基于上海市金山区、松江区等经济发达地区的实证分析》，载于《中国土地科学》2016 年第 6 期。

[84] 张怡然、邱道持、李艳、骆东奇、石永明：《农民工进城落户与宅基地退出影响因素分析——基于重庆市开县 357 份农民工的调查问卷》，载于《中国软科学》2011 年第 2 期。

[85] 孙莉、陈志刚：《农民宅基地退出意愿及其影响因素分析——

基于有进城定居意愿的农民工视角》，载于《江苏农业科学》2016 年第 4 期。

[86] 黄贻芳、钟涨宝：《不同类型农户对宅基地退出的响应——以重庆梁平县为例》，载于《长江流域资源与环境》2013 年第 7 期。

[87] 孙艳梅、刘新平、周义才：《不同类型农户宅基地退出意愿影响因素分析——以新疆特克斯县为例》，载于《中国农学通报》2016 年第 11 期。

[88] 刘同山、牛立腾：《农户分化、土地退出意愿与农民的选择偏好》，载于《中国人口·资源与环境》2014 年第 6 期。

[89] 诸培新、叶琦：《农户分化下农民宅基地退出意愿差异性研究——基于江苏省 886 个样本数据》，载于《农林经济管理学报》2015 年第 3 期。

[90] 吴云青、王多多、密长林、郭佳、何英彬：《生计资产差异对农户宅基地退出意愿的影响研究——基于天津市 403 份调查问卷的实证分析》，载于《干旱区资源与环境》2017 年第 9 期。

[91] 许恒周：《基于农户受偿意愿的宅基地退出补偿及影响因素分析——以山东省临清市为例》，载于《中国可持续发展研究会》2013 年第 7 期。

[92] 杨雪锋、董晓晨：《不同代际农民工退出宅基地意愿差异及影响因素——基于杭州的调查》，载于《经济理论与经济管理》2015 年第 4 期。

[93] 艾文琦：《祖业观视野中的农户闲置宅基地退出意愿研究——基于江西省余江县（试点县）的调查》，载于《青岛农业大学学报（社会科学版）》2017 年第 1 期。

[94] 欧阳安蛟、蔡锋铭、陈立定：《农村宅基地退出机制建立探讨》，载于《中国土地科学》2009 年第 10 期。

[95] 张长春、高泽崇、李昕、陈英、于秋玲、王庆录、周智：《河北省农村宅基地退出模式类型划分与选择》，载于《江苏农业科学》2013 年第 4 期。

[96] 朱烨辛：《关于不同经济状况农民对宅基地置换工程补偿满意度的实证研究》，载于《安徽农业科学》2008 年第 10 期。

[97] 张世全、彭显文、冯长春、张震、刘效龙、郭焕：《商丘市构

建农村宅基地退出机制探讨》，载于《地域研究与开发》2012 年第 2 期。

[98] 张长春、高泽崇、李昕、陈英、于秋玲、王庆录、周智：《河北省农村宅基地退出模式类型划分与选择》，载于《江苏农业科学》2013 年第 4 期。

[99] 李艳、王群：《农村宅基地退出模式理论假说与实证检验——以成都、苏州模式为例》，载于《农村经济与科技》2016 年第 11 期。

[100] 魏后凯、刘同山：《农村宅基地退出的政策演变、模式比较及制度安排》，载于《东岳论丛》2016 年第 9 期。

[101] 欧阳安蛟、蔡锋铭、陈立定：《农村宅基地退出机制建立探讨》，载于《中国土地科学》2009 年第 10 期。

[102] 刘丹丹：《乡村振兴视角下农村宅基地退出与补偿机制实践模式研究》，载于《现代商贸工业》2020 年第 12 期。

[103] 周冠岚、许雪纯、张晨：《宅基地退出利益平衡机制研究》，载于《法制博览》2020 年第 13 期。

[104] 胡银根、王聪、廖成泉：《不同治理结构下农村宅基地有偿退出模式探析：以金寨、蓟州、义乌 3 个典型试点为例》，载于《资源开发与市场》2017 年第 12 期。

[105] 唐小宇：《农村宅基地退出补偿机制的构建与完善》，安徽农业大学硕士论文，2019 年。

[106] 张世全、彭显文、冯长春：《商丘市构建农村宅基地退出机制探讨》，载于《地域研究与开发》2012 年第 2 期。

[107] 张长春、高泽崇、李昕：《河北省农村宅基地退出模式类型划分与选择》，载于《江苏农业科学》2013 年第 4 期。

[108] 朱从谋：《基于土地发展权与功能损失的农村宅基地退出补偿研究》，浙江工商大学硕士论文，2018 年。

[109] 杨俊：《土地发展权视角下宅基地有偿退出路径》，载于《河南科技大学学报（社会科学版)》2019 年第 3 期。

[110] 高超、施建刚：《上海农村宅基地置换模式探析——以松江区佘山镇为例》，载于《中国房地产》2010 年第 7 期。

[111] 戴燕燕：《上海农村宅基地退出机制研究》，载于《上海国土资源》2012 年第 1 期。

[112] 卢艳霞、高魏、韩立：《典型地区耕地保护补偿实践述评》，

载于《中国土地科学》2011 年第 7 期。

[113] 陈科伟：《农村宅基地退出机制研究——以慈溪"农房两改"为例》，载于《宁波经济（三江论坛）》2018 年第 3 期。

[114] 张秀智、丁锐：《经济欠发达与偏远农村地区宅基地退出机制分析：案例研究》，载于《中国农村观察》2009 年第 6 期。

[115] 李长健、胡鹏：《我国农村宅基地退出困局及机制化弥合——基于农民权益保护的视角》，载于《湖湘论坛》2017 年第 3 期。

[116] 罗伟玲、刘禹麒：《基于产权的宅基地退出机制研究》，载于《国土资源科技管理》2010 年第 3 期。

[117] 黄增健、唐娟莉、黄宝连：《现代产权视角下完善农民土地有偿退出平台及运行机制研究》，载于《山西农业大学学报（社会科学版）》2018 年第 2 期。

[118] 彭小霞：《农民权益保护视角下农村宅基地退出机制之完善》，载于《农村经济》2015 年第 4 期。

[119] 周军辉、唐琰、孙浩：《基于城乡统筹的宅基地流转与退出机制研究》，载于《现代商贸工业》2011 年第 1 期。

[120] 孔东菊：《户籍改革背景下农村宅基地退出机制研究》，载于《华南农业大学学报（社会科学版）》2014 年第 4 期。

[121] 徐玉婷、黄贤金：《经济新常态下农村宅基地退出机制研究》，载于《中国土地》2015 年第 9 期。

[122] 吕军书、张誉戈：《供给侧结构改革视阈下农户宅基地有偿退出的实现路径——以"百村调查"为样本》，载于《经济体制改革》2017 年第 1 期。

[123] 胡银根、倪念、刘彦随：《宅基地置换前后农户福利变化测度研究——基于湖北四个新农村建设示范点的实证》，新华出版社 2015 年版。

[124] 李欢、张安录：《农村宅基地退出后农户福利测度及其动态变化——以浙江省德清县 201 户农户为例》，载于《农业技术经济》2019 年第 7 期。

[125] 朱玉蕾、陈姝灵、陈佳：《农户退出宅基地集中居住前后的福利水平变化——以苏州太仓市为例》，载于《北方经贸》2018 年第 7 期。

[126] 熊淑婷、邵智楠、吴培：《宅基地退出过程中的农户福利损

益研究——以江西省余江区为例》，载于《农村实用技术》2018 年第
11 期。

［127］杨丽霞、朱从谋、苑韶峰：《基于供给侧改革的农户宅基地
退出意愿及福利变化分析——以浙江省义乌市为例》，载于《中国土地
科学》2018 年第 1 期。

［128］邹伟、王子坤、徐博：《农户分化对农村宅基地退出行为影
响研究——基于江苏省 1456 个农户的调查》，载于《中国土地科学》
2017 年第 5 期。

［129］廖成泉：《宅基地置换中农户福利保障机制研究》，华中农
业大学硕士论文，2016 年。

［130］蒋和胜、费翔、唐虹：《不同经济发展水平下集中居住前后
农民的福利变化——基于成都市不同圈层的比较分析》，载于《经济理
论与经济管理》2016 年第 4 期。

［131］刘成铭、王坤鹏、欧名豪：《农户分化视角下农民退出宅基
地集中居住后的福利水平研究》，载于《长江流域资源与环境》2020 年
第 3 期。

［132］黄润韬：《不同生计资产类型农户宅基地退出福利变化研
究》，四川师范大学硕士论文，2020 年。

［133］张苗、陈银蓉、赵振国：《不同类型村庄农户福利需求、宅
基地腾退意愿及整理模式对比分析——基于山东省 30 个行政村实证分
析》，载于《山东农业科学》2014 年第 9 期。

［134］刘圣欢、杨砚池：《农村宅基地"三权分置"的权利结构与
实施路径——基于大理市银桥镇农村宅基地制度改革试点》，载于《华
中师范大学学报》2018 年第 5 期。

［135］王俊龙、郭贯成：《1949 年以来中国宅基地制度变迁的历史
演变、基本逻辑与展望》，载于《农业经济问题》2022 年第 3 期。

［136］刘守英、熊雪峰：《产权与管制——中国宅基地制度演进与
改革》，载于《中国经济问题》2019 年第 6 期。

［137］刘恒科：《宅基地流转的实践路径、权利结构与制度回应》，
载于《农业经济问题》2020 第 7 期。

［138］彭静：《农村宅基地管理问题探讨》，载于《农业经济》
2012 年第 10 期。

[139] 任育锋、李哲敏、芦千文：《农村宅基地制度：变迁历程、演变逻辑与改革路径》，载于《当代经济管理》2022 年第 4 期。

[140] 韩文龙、朱杰：《农村林地"三权"分置的实现方式与改革深化——对三个典型案例的比较与启示》，载于《西部论坛》2020 年第 1 期。

[141] 曲福田、田光明：《城乡统筹与农村集体土地产权制度改革》，载于《管理世界》2011 年第 6 期。

[142] 韩文龙、马文武：《新时代农民市民化过程中农地财产权的"新还权赋能"与实现》载于《天津社会科学》2020 年第 5 期。

[143] 丁关良：《1949 年以来中国农村宅基地制度的演变》，载于《湖南农业大学学报》2008 年第 4 期。

[144] 朱晓哲、刘瑞峰、马恒运：《中国农村土地制度的历史演变、动因及效果：一个文献综述视角》，载于《农业经济问题》2021 年第 8 期。

[145] 朱新华：《农村宅基地制度创新与理论解释——江苏省江都市的实证研究》，载于《中国人口·资源与环境》2012 年第 3 期。

[146] 郭贯成、李学增、王茜月：《新中国成立 70 年宅基地制度变迁、困境与展望：一个分析框架》，载于《中国土地科学》2019 年第 12 期。

[147] 胡震：《农村宅基地产权法律表达的 70 年变迁（1949—2019）》，载于《中国农业大学学报（社会科学版）》2019 年第 6 期。

[148] 丰雷、郑文博、张明辉：《中国农地制度变迁 70 年：中央—地方—个体的互动与共演》，载于《管理世界》2019 年第 9 期。

[149] 王俊龙、郭贯成：《1949 年以来中国宅基地制度变迁的历史演变、基本逻辑与展望》，载于《农业经济问题》2022 年第 3 期。

[150] 曲福田、田光明：《城乡统筹与农村集体土地产权制度改革》，载于《管理世界》2011 年第 6 期。

[151] 吕晓、薛萍、牛善栋、彭文龙：《县域宅基地退出的政策工具与实践比较》，载于《资源科学》2021 年第 7 期。

[152] 卢艳霞、胡银根、林继红、戴勇毅：《浙江农民宅基地退出模式调研与思考》，载于《中国土地科学》2011 年第 1 期。

[153] 郭贯成、杜鹏：《江苏省农户宅基地退出意愿影响因素分

析》，载于《农业与技术》2020 年第 24 期。

［154］孙雨婷：《禹城农村宅基地退出的问题及对策建议》，载于《浙江农业科学》2017 年第 10 期。

［155］李泉：《农村宅基地制度改革试点：典型案例与经验借鉴——来自浙江义乌、江西余江和贵州湄潭的实践探索》，载于《社科纵横》2022 年第 3 期。

［156］王向阳：《因地制宜：当前农村宅基地闲置类型分析及其有效治理——基于江西余江宅改实践的考察》，载于《四川行政学院学报》2020 年第 6 期。

［157］夏丹波：《贵州盘活农村宅基地研究——以全国 33 个试点改革为参照》，载于《理论与当代》2020 年第 10 期。

［158］曲衍波、柴异凡、朱伟亚、平宗莉、宗海柠、王森：《基于"诊断—设计—结果"框架的农村宅基地退出模式原型分析》，载于《资源科学》2021 年第 7 期。

［159］冯娜娜、沈月琴、孙小龙、刘雅慧：《"三圈理论"视角下农村宅基地退出模式比较：基于义乌市的观察》，载于《中国农业资源与区划》2021 年第 2 期。

［160］徐玉婷、黄贤金：《经济新常态下农村宅基地退出机制研究》，载于《中国土地》2015 年第 9 期。

［161］胡银根、王聪、廖成泉、吴昕：《不同治理结构下农村宅基地有偿退出模式探析：以金寨、蓟州、义乌 3 个典型试点为例》，载于《资源开发与市场》2017 年第 12 期。

［162］王贺强：《农村宅基地有偿退出的困境与破局》，载于《农业经济》2020 年第 7 期。

［163］宇林军、孙大帅、张定祥、郑博、韩乐然、宇振荣：《基于农户调研的中国农村居民点空心化程度研究》，载于《地理科学》2016 年第 7 期。

［164］智超、彭建、杜悦悦、宋治清、刘彦随、王仰麟：《基于供给侧结构性改革的空心村综合整治研究》，载于《地理学报》2016 年第 12 期。

［165］孔晴晴、陈玉福、唐海萍：《平原农区空心村综合整治规划的农民意愿分析——以山东省禹城市典型村庄为例》，载于《农业现代

化研究》2017 年第 1 期。

　　［166］沈斌莉：《杭嘉湖地区空心村整治模式及效益评价研究》，浙江农林大学硕士论文，2015 年。

　　［167］黄惠敏：《乡村振兴战略背景下广西山区空心村治理问题研究》，广西大学硕士论文，2019 年。

　　［168］王志远：《禹州市空心村治理研究》，郑州大学硕士论文，2016 年。